审 计 基 础

李红梅　高丽霞　赵丽洪
陈宇菲　毛　庆　　编　著

清华大学出版社
北京

内 容 简 介

本书是按照审计基础课程的要求组织编写的。全书共分为十章，主要内容包括审计基础理论、审计组织和审计职业素养、管理层认定和审计目标、审计证据和审计工作底稿、审计技术方法、审计计划和审计重要性、审计程序和审计风险、审计业务循环、完成审计工作、审计报告。

本书体系完整、结构严谨、内容翔实、重点突出、行文简明、表达流畅，可作为普通高职学校审计、会计、财务管理等专业的教材，也可作为成人高校会计、财务管理专业的通用教材，还可供其他人士自学使用。

本书封面贴有清华大学出版社防伪标签，无标签者不得销售。

版权所有，侵权必究。侵权举报电话：**010-62782989   13701121933**

图书在版编目(CIP)数据

审计基础/李红梅等编著. —北京：清华大学出版社，2020.7

ISBN 978-7-302-55870-5

Ⅰ. ①审…　Ⅱ. ①李…　Ⅲ. ①审计学　Ⅳ. ①F239.0

中国版本图书馆 CIP 数据核字(2020)第 109880 号

责任编辑：陈冬梅
装帧设计：杨玉兰
责任校对：李玉茹
责任印制：杨　艳
出版发行：清华大学出版社

　　　　网　　　址：http://www.tup.com.cn, http://www.wqbook.com
　　　　地　　　址：北京清华大学学研大厦 A 座　　　邮　　　编：100084
　　　　社 总 机：010-62770175　　　　　　　　　　邮　　　购：010-62786544
　　　　投稿与读者服务：010-62776969, c-service@tup.tsinghua.edu.cn
　　　　质量反馈：010-62772015, zhiliang@tup.tsinghua.edu.cn
　　　　课件下载：http://www.tup.com.cn, 010-62791865

印 装 者：三河市国英印务有限公司
经　　销：全国新华书店
开　　本：185mm×260mm　　　印　　张：17.75　　　字　　数：425 千字
版　　次：2020 年 8 月第 1 版　　　　　　　　　印　　次：2020 年 8 月第 1 次印刷
定　　价：49.00 元

产品编号：077386-01

前　　言

　　为适应高等职业院校的教学改革，审计基础课程改革的方向是实现"教、学、做"一体的教学模式，本书的编写目标是培养学生相关的专业知识、能力和素质，为学生可持续发展奠定良好的基础。要求教师按照理论与实践相结合的原则，传授审计基础课程的理论知识体系，学生在学习审计基础课程的过程中，应理解、吸收教师讲解的审计基本理论及实际应用技巧，系统地掌握审计的基本理论知识，并充分地理解基本实务的要点，缩短理论与实践的距离，为培养审计业务操作技能打下良好基础，以适应未来实际工作的需要。

　　本书按照审计实际工作业务流程设计，在内容上突出以下几个特点。

　　(1) 本书的内容设计，是以培养学生相关的专业知识、能力和素质，为学生可持续发展奠定良好的基础为目标。

　　(2) 本书由审计专业一线教师，凭借多年工作经验结合会计师事务所用人需求和岗位技能操作所必需的理论，精心撰写完成。

　　(3) 本书在编写过程中，聘请会计师事务所的注册会计师进行指导和修订，在知识结构体系和重点内容上，均与实际工作需要紧密衔接。

　　本书教学内容的学时分配建议如下。

内　容	理论板块课时	实践板块课时
第一章　审计基础理论	4	
第二章　审计组织和审计职业素养	4	
第三章　管理层认定和审计目标	4	2
第四章　审计证据和审计工作底稿	4	4
第五章　审计技术方法	8	4
第六章　审计计划和审计重要性	4	2
第七章　审计程序和审计风险	6	2
第八章　审计业务循环	8	2
第九章　完成审计工作	4	2
第十章　审计报告	2	2
总课时(68)	48	20

　　本书由秦皇岛职业技术学院李红梅、高丽霞、赵丽洪、陈宇菲、毛庆编著。具体编写分工如下：李红梅编写第五章和第七章；高丽霞编写第三章和第九章；赵丽洪编写第六章和第八章；陈宇菲编写第一章和第二章；毛庆编写第四章和第十章。全书由李红梅、高丽霞统编、定稿。

　　本书在编写过程中得到了河北衡信会计师事务所有限公司注册会计师、注册税务师王金红的指导和协助。限于学识水平和实践经验，书中不足之处在所难免，恳请读者批评指正。

编　者

目　　录

第一章

审计基础理论

知识能力目标

(1) 了解审计产生的基础和发展历程;

(2) 理解审计的定义和分类;

(3) 理解审计的职能和特征;

(4) 能够认识审计的主体和对象;

(5) 能描述审计的目标和职能。

问题提示

早在先秦时期,夏王朝的统治者就开始注重对国家财政的监督,但这一时期我国还处于奴隶社会,国家意识模糊,中央对地方的控制不强,再加上时常爆发的叛乱,导致审计制度无法建立。随后历经商周,中央集权不断加强,在西周时期便设立了"宰夫"一职专管审计事务,到东周时更是制定了上计制度,审计制度的雏形开始出现,这在全世界都属先例。

《周礼》:"宰夫之职,掌治朝之法。以正王及三公、六卿、大夫、群吏之位,掌其禁令。叙群吏之治,以待宾客之令、诸臣之复、万民之逆。""宰夫岁终,则令群吏正岁会;月终,则令正月要;旬终,则令正日成,而以考其治,治不以时举者,以造而诛之。"又说:"宰夫考其出入,而定刑赏。"

其大意是:宰夫的职责,(是)掌管有关治朝的法令,以规正王及三公、六卿、大夫和群吏的朝位,监察他们是否违反禁令。依尊卑安排群吏的职事,以待治理来朝宾客的小事,受理诸臣的奏事,以及民众的上书。年终就命令官吏们总结确定一年的会计文书,月终就命令总结确定当月的会计文书,每十天就命令总结确定这十天的会计文书,用于考核官吏们的政绩。政令不按时施行的,就报告(上级)加以责罚。

问题: 宰夫的职能与现行审计的职能相同之处是什么?

第一节　审计的产生和发展

一、审计产生的基础

"先有会计,后有审计,审计的对象是会计资料。因此,会计活动就是审计产生的基础"。这一论断或许存在于许多人的认识之中,审计产生的基础真的是会计活动吗?那么,我们先来了解审计是如何产生的。审计,作为一种经济监督活动,自从有了社会经济管理活动,就必然在一定意义上存在了。所不同的是,在社会发展的各个时期,由于生产力发展水平不同,社会经济管理方式不同,审计的广度、深度和形式也自然各不相同。

在生产力极为低下的原始社会是不会产生审计的,因为此时的生产资料公有化,生产者也就是所有者,不需要监督活动的参与。随着社会生产力的提高和社会经济的发展,社会财富日益增多,出现了剩余产品,当生产资料的所有者不能直接管理和经营其所拥有的财富时,就有必要授权或委托他人代为管理和经营,这就导致了生产资料所有权和经营管理权的分离,从而也就产生了委托和受托代理之间的经济责任关系,这就为以经济监督为职责的审计诞生奠定了基础。因此,受托经济责任关系,才是审计产生的真正基础。

当社会生产力发展到一定的水平,随着国家疆土的扩大与财富的增多,导致了统治者分封王族、功臣和贵族分属地方的统治,这些诸侯受命于国王,管理国王的土地,并向国王缴纳一定的贡赋。这种国有制与经营权的分离,成为国家审计的雏形"官厅审计"产生的基础。

民间审计最早产生于合伙制企业出现以后。因为企业合伙人授权或委托部分合资者经营管理企业,并需要监督检查经营管理者履行合伙契约的情况。正因为企业的所有权与管理权有了一定程度的分离,而需要委托第三者审查,所以就导致了民间审计的诞生。

由于科学技术的进步,不仅使企业、事业单位及行政机关的规模不断扩大,业务范围更加广泛,也导致了授权管理方法的普遍使用,以及授权层次的增加和授权范围的扩大。这样,部门和单位的最高管理者就有必要对其下属各层次管理者履行职责的情况进行监督检查,部门和单位的内部审计也就因此而产生。

在审计实施过程中,审计委托人、被审计人和审计人形成了最初的审计三方关系,如图 1-1 所示。

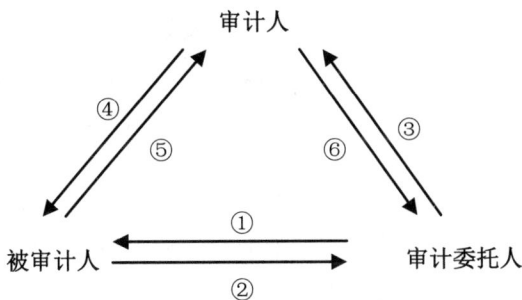

图 1-1 最初的审计三方关系

①委托经营管理;②履行受托责任;③委托审计;④进行审计;⑤提供资料;⑥报告审计结果

审计三方关系.mp4

二、西方国家审计的发展历程

(一)国家审计的发展

据考证,早在奴隶制度下的古埃及、古罗马时代,统治者为了维护其统治地位,让自己的一些可靠亲信担任监督官,行使财政监督、行政监督和司法监督职能,负责检查监督各级官员是否尽职守法,但没有专门独立的审计机构,国家审计处于萌芽状态。古希腊已有了官厅审计机构,审计人员以"听证"(Audit)的方式,对掌管国家财物和赋税的官吏进行考核,成为具有审计性质的经济监督工作。

在西方的封建王朝中，各国的君王纷纷设置具有权威性的审计部门，并由过去的财政、审计合一模式逐步转变为独立审计模式，负责国家财政收支和会计账簿的审查，处理各种财务纠纷，使审计有了长足的发展。例如，法国在资产阶级大革命前就设有审计厅，大革命后，拿破仑创建的审计法院，至今仍是法国政府实施事后审计的最高法定机构。特别值得一提的是，法国的国王路易九世于 1256 年颁布"伟大法令"，要求各级官员必须接受每年一次的定期审计，开了西方司法审计的先河。

在资本主义时期，随着社会的发展和资产阶级国家政权组织形式的完善，国家审计也有了进一步的发展。欧洲的许多国家于 19 世纪在宪法或特别法令中都明确了审计的法律地位，确立了国家审计机关的职权、地位和审计范围，授权其独立地对财政、财务收支进行监督。

(二)民间审计的发展

西方国家的民间审计(又称注册会计师审计)，随着资本主义经济的兴起而形成并得到迅速发展。民间审计起源于企业所有权和经营权的分离，是市场经济发展到一定阶段的产物。

从民间审计发展的历程来看，民间审计最早起源于意大利合伙企业，在英国股份公司出现后得以形成，伴随着美国资本市场的发展而逐步完善。

16 世纪末期，由于地中海沿岸商品贸易得到了发展，意大利商业城市威尼斯出现了最早的合伙企业。在合伙企业中，有的合伙人参与企业的经营管理，有的合伙人不参与经营管理，所有权和经营权开始分离。在这种情况下，客观上需要独立的第三者对合伙企业的经营状况进行监督和检查，从而产生了对社会审计的最初需求。1581 年，一批具有良好知识，专门从事查账和公证工作的专业人员，在威尼斯创立了威尼斯会计协会，其成为世界上第一个会计职业团体。

工业革命以后，英国的资本主义经济得到了迅速发展，生产的社会化程度大大提高，企业的所有权与经营权进一步分离。企业主希望有外部的会计师来检查他们所雇用的管理人员是否存在贪污、盗窃和其他舞弊行为，于是英国出现了第一批以查账为职业的独立会计师。他们受企业主委托，对企业会计账目进行逐笔检查，目的是查错防弊，检查结果只向企业主报告。注册会计师审计产生的"催化剂"是 1721 年英国的"南海公司事件"，对该事件进行审计的会计师查尔斯·斯耐尔，以"会计师"的名义出具了"查账报告书"，从而宣告了独立会计师——注册会计师的诞生，于是查尔斯·斯耐尔成为世界上第一位注册会计师。此后，英国政府对一批精通会计业务、熟悉查账知识的独立会计师进行了资格确认。1853 年，苏格兰爱丁堡创立了第一个注册会计师专业团体——爱丁堡会计师协会，这个协会的成立标志着注册会计师职业的诞生。

注册会计师审计的发展经历了几个比较典型的历史阶段。

(1) 1844 年至 20 世纪初的英式详细审计。其主要特点是：注册会计师审计由任意审计转为法定审计；审计的目的是查错防弊，保护企业资产的安全和完整；审计的方法是对会计账目进行逐笔审计；审计报告使用人主要为企业股东等。其中详细审计的精华一直沿用至今。

(2) 自 20 世纪初到 20 世纪 30 年代初的美式资产负债表审计。这一时期的显著变化是由于全球经济发展重心逐步由欧洲转向美国,注册会计师审计发展的中心也由英国转向了美国。因此,美国的注册会计师审计得到了迅速发展,它对注册会计师职业在全球的发展也发挥了重要作用。20 世纪早期的美国,经济形势发生了很大变化,由于金融资本对产业资本更为广泛的渗透,企业同银行的利益关系更加紧密,银行逐渐把企业资产负债表作为了解企业信用的主要依据。于是在美国产生了帮助贷款人及其他债权人了解企业信用的资产负债表审计。美式审计的重要特点是:审计对象由会计账目扩大到资产负债表;审计的主要目的是通过对资产负债表数据的审查,判断企业信用状况;审计方法是从详细审计初步转向抽样审计;审计报告使用人除企业股东外,更突出了债权人。

(3) 20 世纪 30 至 40 年代的会计报表审计。从 1929 年到 1933 年,资本主义世界经历了历史上最严重的经济危机,大批企业倒闭,投资者和债权人蒙受了巨大的经济损失,这在客观上促使企业利益相关者从只关心企业财务状况转变到更加关心企业的盈利水平,注册会计师审计的重点从以保护债权人为目的的资产负债表审计,转向了以保护投资者为目的的利润表为中心的财务报表审计。其主要特点是:审计对象转为以资产负债表和收益表为中心的全部会计报表及相关财务资料;审计的主要目的是对会计报表发表审计意见,以确定会计报表的可信性,查错防弊转为次要目的;审计的范围已扩大到测试相关的内部控制,并广泛采用抽样审计方式;审计报告使用人扩大到股东、债权人、证券交易机构、税务、金融机构及潜在投资者;与此同时,审计准则开始拟订,审计工作向标准化、规范化过渡;注册会计师资格考试制度广泛推行,注册会计师专业素质普遍提高。

(4) 20 世纪 40 年代以后的管理审计与国际审计。由于企业管理舞弊现象普遍出现,针对这种行为,审计人员开始对审计全过程中各种风险因素进行充分评估和分析,将风险控制方法融入传统审计方法中,进而获取审计证据、得出审计结论,形成了风险导向审计模式,这也是现代审计的主要模式。其特点是审计竞争日益激烈,事务所之间的合并加剧,先后产生了"八大"国际会计师事务所,后又合并为"六大"会计师事务所,时至今日已合并为"四大"会计师事务所。它们是普华永道、安永、毕马威和德勤会计师事务所。与此同时,审计的技术也在不断地发展:抽样审计方法得到广泛采用,制度基础审计方法得到推广,计算机辅助审计技术得到广泛采用。注册会计师业务扩大到代理纳税、会计服务和管理咨询等领域。

(三)内部审计的发展

西方国家的内部审计同样可以追溯到古代和中世纪,由于受托经济责任关系和授权管理的产生,经济组织中的内部经济监督也就有了必要。最早的内部审计模式,如庄园审计、宫廷审计、行会审计、寺院审计等,也就因此而产生。不过早期的内部审计与外部审计并无原则上的区别。

20 世纪前后,资本主义经济获得发展,生产和资本高度集中,托拉斯式的大型企业大量出现,企业内部只能采取分级、分散管理体制,这就要求大型企业内部必须设立专门的机构和人员,由最高管理当局授权,对其所属分支机构的经营业绩进行独立的内部审计监督，近代内部审计也就因此而产生。现代内部审计出于经济预测和事先控制的需要开展了事前审计，所涉及的领域也由财务审计扩大到对经营管理及经济效益等方面的审计，内部审计正逐渐成为企业经营管理中的重要环节，发挥着不可替代的作用。

三、我国审计的发展历程

(一)国家审计的发展

我国审计历史源远流长，从国家审计发展过程来看，大体经历了古代审计、近代审计和现代审计三个阶段。

1. 古代审计

公元前 11 世纪至 1840 年为我国古代审计阶段。我国国家审计产生于西周时代，其主要标志是"宰夫"一职的出现。宰夫是周代官厅审计的主持者，不掌管财物收支，只负责对各官府的财政收支进行全面审查，就地稽查财物收支情况，监视群吏执行朝法。春秋战国时期出现了第一个审计制度"上计制度"，即地方守、相向朝廷申报一岁治状的制度。上计就是地方政府向朝廷汇报当地社会经济与财政收支的基本情况，为国家编制财政预算提供依据。秦汉时期是审计与会计由合一而渐次分离，审计走向独立的阶段。这一阶段实行御史制度，由御史大夫兼上计之职，行使监察大权，在全国设监御史，使全国形成了完整的监督系统。隋唐两代，在"刑部"下设"比部"，进行审计。比部是独立的审计组织，独立于财政部门之外，这是我国审计发展的又一进步。宋朝时，除了设有比部外，还在太府寺内设"审计司"，后改为"审计院"，从此诞生了"审计"这一专有名词。元、明、清三朝基本上未设专门的审计机构，审计处于衰落时期。

2. 近代审计

1840—1949 年为我国近代审计阶段。辛亥革命以后，1912 年，北洋军阀控制下的北京政府，在国务院下设"中央审计处"，并颁布多项审计法规。1928 年，国民政府公布《审计组织法》，仍设"审计院"。民国时期审计法规的完备达到空前的程度。在中华人民共和国成立前，中国共产党领导下的革命组织和根据地工农政权中也实行了审计制度，有一定的组织，也颁布了一些法规。

3. 现代审计

中华人民共和国成立后，我国审计步入现代阶段。中华人民共和国成立初期，学习苏联的经验，以会计检查取代了审计，国家未设立独立的审计机构。但随着经济发展的需要，1982 年 12 月，第五届全国人民代表大会第五次会议通过的《中华人民共和国宪法》，规定了在我国建立审计机构，实行审计监督制度。1983 年，国务院设立了审计署。1984 年，中国审计学会成立。1985 年，颁布了第一个审计工作的法规《国务院关于审计工作的暂行规定》。1994 年 8 月 31 日，第八届全国人民代表大会常务委员会第九次会议通过了《中华人民共和国审计法》。1997 年，国务院发布了《中华人民共和国审计法实施条例》。2006 年 2 月 28 日,第十届全国人民代表大会常务委员会第二十次会议通过了《全国人民代表大会常务委员会关于修改〈中华人民共和国审计法〉的决定》。2010 年,国务院颁布了修订后的《中华人民共和国审计法实施条例》。30 多年来,我国审计工作取得了巨大成就,积累了宝贵的经验。

(二)社会审计的发展

中国注册会计师审计的历史比西方国家要短得多,始于辛亥革命之后。为了维护民族利益与尊严,以谢霖为代表的一批爱国会计学者积极倡导创建中国的注册会计师职业。1918 年 9 月,北洋政府农商部颁布了我国第一部注册会计师法规——《会计师暂行章程》,并于同年批准谢霖先生为中国的第一位注册会计师,谢霖创办的中国第一家会计师事务所——正则会计师事务所获准成立。至 1947 年,中国已拥有注册会计师 2619 人,在上海、天津、广州等城市相继成立了一批会计师事务所,为企业设计会计制度、代理申报纳税、培训会计人才和提供其他会计咨询服务。

中华人民共和国建立初期,注册会计师依法对工商企业进行查账,粉碎了资本家囤积居奇、哄抬物价的阴谋,在恢复经济中发挥了积极的作用。但后来由于中国推行苏联高度集中的计划经济模式,使注册会计师审计暂时退出了历史的舞台。

1978 年,党的十一届三中全会以后,我国实行改革开放的方针,把工作重点转移到社会主义现代化建设上来,商品经济得到迅速发展,为注册会计师制度的恢复重建创造了客观条件,注册会计师职业得到了长足的发展。1994 年 1 月 1 日《中华人民共和国注册会计师法》(以下简称《注册会计师法》)正式施行,1995—2006 年,中国注册会计师协会先后组织制定发布了 48 个准则项目,独立审计准则框架体系基本形成。2006 年 2 月 15 日,财政部在北京召开"中国会计审计准则体系发布会",48 项注册会计师审计准则正式发布,其中拟定了 22 项新准则,修订了 26 项准则,这标志着适应我国市场经济发展要求、与国际惯例趋同的注册会计师审计准则体系正式建立。2010 年 11 月,中国注册会计师协会又对 38 项审计准则进行了分批修订,保持了与国际准则持续全面的国际趋同,我国注册会计师审计行业的国际影响力和国际地位日益提高。

(三)内部审计的发展

我国早期的宫廷审计、寺院审计均属于内部审计的范畴。现代内部审计在民国时期就已经诞生,在铁路、银行系统,有了较为健全的内部稽核制度。中华人民共和国成立初期,我国一些大型专业公司和厂矿企业也曾设有内部审计部门,一些中型企业也设有专职的审计人员,只是到 1953 年全面学习苏联后才被撤销。

我国社会主义的内部审计是从 1983 年以后逐步建立起来的。1985 年 12 月,审计署公布了《审计署关于内部审计工作的若干规定》,1995 年和 2003 年审计署又先后两次颁布了《审计署关于内部审计工作的规定》。多年来,我国内部审计工作走过了一段起伏不定的历程,随着人们对经济管理的重视和对内部审计作用的认识,现在我国内部审计步入了稳定发展的阶段,走上了行业管理的轨道。

注意

从审计的产生和发展历程可以看出，审计的产生和发展有其历史必然性。

(1) 审计是商品经济发展到一定阶段的产物，其产生的直接原因是财产所有权与经营权的分离。

(2) 审计随着商品经济的发展而发展。

四、审计产生与发展历程的启示

从我国和西方国家审计产生与发展的历程中，可以看出以下几点。

(1) 不论是我国审计还是西方各国审计，它的产生和发展都有其客观依据：都同财产所有权与经营权相分离而产生的受托经济责任关系有关，没有这种受托经济责任关系，就不可能产生审计行为。

(2) 从审计的内容和范围看，都有着大体相同的发展过程和趋势，即从财政财务审计(包括财经法纪审计)发展到经济效益审计，从事后审计发展到事前审计，从外部审计发展到内部审计。

(3) 在审计方法上，从详细审计发展到以评价内部控制制度为基础的抽样审计。

(4) 在审计机构设置上，从萌芽时的不独立到形成时的相对独立，再到现代审计的真正独立；从立足本国到跨出国门。

第二节　审计的概念和特征

一、审计的概念

我国"审计"一词最早见于宋代的《宋史》，从词义上解释，"审"为审查，"计"为会计账目，审计就是审查会计账目。"审计"一词英文单词为"Audit"，被注释为"查账"，兼有"旁听"的含义。由此可见，早期的审计就是审查会计账目，与会计账目密切相关。但是这种理解只能反映传统财务审计的含义，而不能反映现代审计的本质特征。审计发展至今，早已超越了查账的范畴，涉及对各项工作的经济性、效率性和效果性的查证。因此，我们对审计工作有了新的定义。

审计的概念.mp4

审计是由独立的专门机构和人员，接受委托或根据授权，依法对被审计单位的财务报表和其他资料及其所反映的经济活动的真实性、合法性、效益性进行审查并作出结论的一种监督、鉴证和评价的活动。这个定义准确地说明了审计主体、对象、工作方式、依据和目的。

(一)审计主体

审计主体即审计的执行者,是审计的专职机构和人员。专职机构是指政府审计机关、内部审计机构和会计师事务所,专职人员则指专门从事政府审计、内部审计和注册会计师审计的工作人员。只有专职机构和人员所从事的审查活动,才可以称之为审计。

(二)审计对象

审计对象即被审计单位在一定时期的全部或部分经济活动及其相关资料。由于审计主体不同,审计对象也不完全相同,随着社会经济的不断发展,审计对象也在不断发生变化。

(三)审计工作方式

审计由接受委托或授权形成。通常情况下,我国政府审计和内部审计是根据上级管理部门或领导的授权进行的,而注册会计师审计是通过签订审计业务委托书的形式来进行的。

(四)审计依据

审计依据即查明审计客体的行为规范,是据以作出审计结论、提出处理意见和建议的客观尺度。审计依据有以下四类。

(1) 国家颁布的法律、法规和各项方针、政策,如《宪法》《民法》《会计法》《审计法》等。

(2) 中央各部委、地方行政主管部门制定的规章制度,如《企业会计准则》、会计制度、成本管理制度等。

(3) 国家、地方各级政府和企事业单位编制的预算、计划、签订的经济合同等。

(4) 国家、中央各部委、地方各级政府和企事业单位制定的业务规范、技术经济指标等。

只有对审计工作和审计对象都有鲜明的判断依据,才能使审计结论被社会公众接受。

(五)审计目的

审计目的即判断经济活动及其相关资料的真实性、合法性、效益性,并发表审计意见。审计的目的取决于审计的职能和审计委托人或授权人对审计工作的要求。其中,真实性是指反映财政收支、财务收支以及有关经济活动的信息与实际情况相符合的程度;合法性是指财政收支、财务收支以及有关经济活动遵守法律、法规或者规章的情况;效益性是指财政收支、财务收支以及有关经济活动实现的经济效益、社会效益和环境效益。

💡 **注意**

现代版本的审计定义由于对不同审计主体的侧重不同,因此也会产生不同的解释,有的定义侧重于政府审计,而有的定义更加侧重于社会审计。我们尽量选择一个不太具有倾向性的定义。

二、审计的特征

审计与经济管理活动、非经济监督活动以及其他专业性经济监督活动相比较，主要具有以下几方面的基本特征。

(一)独立性特征

独立性是审计的本质特征，也是保证审计工作顺利进行的必要条件。

国内外审计实践经验表明，审计在组织上、人员上、工作上、经费上均具有独立性。为确保审计机构独立地行使审计监督权，审计机构必须是独立的专职机构，应单独设置，与被审计单位没有组织上的隶属关系。为确保审计人员能够实事求是地检查、客观公正地评价与报告，审计人员与被审计单位应当不存在任何经济利益关系，不参与被审计单位的经营管理活动；如果审计人员与被审计单位或者审计事项有利害关系，应当回避。审计人员依法行使审计职权应当受到国家法律保护。审计机构和审计人员应依法独立行使审计监督权，必须按照规定的审计目标、审计内容、审计程序，并严格地遵循审计准则、审计标准的要求，进行证明资料的收集，作出审计判断，表达审计意见，提出审计报告。审计机构和审计人员应保持职业精神上的独立性，不受其他行政机关、社会团体或个人的干涉。审计机构应有自己专门的经费来源或一定的经济收入，以保证有足够的经费独立自主地进行审计工作，不受被审计单位的牵制。

审计对象或审计监督的内容，一般是指被审计单位的经济活动和经济资料。着眼点在于评价经济责任。因此，审计监督是一种经济监督，并不同于行政监督或司法监督。行政监督的对象是国家行政机关实施的行政管理活动(包括经济活动)；行政监督不是以第三者身份，通过授权或委托进行监督，其执行主体本身就具有管理权和处罚权。法律监督的客体是法律关系，其依据是法律。法律监督的最高机关是全国人民代表大会及其常委会，有权监督宪法的贯彻实施。实行法律监督的主体是法院和检察院，其监督要按照法律程序进行。审计虽然也是依法监督，但除以法律为其依据外，还有国家的方针、政策、计划、规章、标准、法规等，依法审计，并不等于就是法律监督。审计监督虽说也是经济监督，但又不同于其他专业经济监督。审计监督是专设的部门所实行的监督，审计部门无任何经济管理职能，不参与被审计人及审计委托人的任何管理活动，具有超脱性；审计监督内容取决于授权人或委托人的需要，具有广泛性；审计监督代表国家实施监督，被审计单位不得阻挠；审计监督不仅可以对所有的经济活动进行监督，而且还可以对其他经济监督部门以及它们监督过的内容进行再监督。如对会计、财政、税务、银行等可以实行经济监督，但它们不是独立的经济监督部门，而主要是经济管理部门，经济监督是其经济管理的附带职能，监督是为其管理服务的，监督的内容总是与其管理的范围相一致。

(二)权威性特征

审计的权威性，是保证有效行使审计权的必要条件。审计的权威性往往与独立性相关，它离不开审计组织的独立地位与审计人员的独立执业。各国国家法律对实行审计制度、建立审计机关以及审计机构的地位和权力都有明确规定，这样使审计组织具备了法律的权威性。我国实行审计监督制度在宪法中有明文规定，《审计法》中又进一步规定：国家实行审计监督制度。国务院和县级以上地方人民政府设立审计机关。审计机关依照法律规定的职权和程序，进行审计监督。

审计人员依法履行职务，受法律保护。任何组织和个人不得拒绝、阻碍审计人员依法履行职务，不得打击报复审计人员。审计机关负责人在没有违法失职或者其他不符合任职条件的情况下，不得随意撤换。审计机关有要求报送资料权，检查权，调查取证权，采取临时强制措施权，建议主管部门纠正其有关规定权，通报、公布审计结果权，对被审计单位拒绝、阻碍审计工作的处理、处罚权，对被审计单位违反预算或者其他违反国家规定的财政收支行为的处理权，对被审计单位违反国家规定的财务收支行为的处理、处罚权，给予被审计单位有关责任人员行政处分的建议权等。我国审计人员依法行使独立审计权时受法律保护，如被审计单位拒绝、阻碍审计时，或有违反国家规定的财政财务收支行为时，审计机关有权作出处理、处罚的决定或建议，这更加体现了我国审计的权威性。审计人员应当具备与其从事的审计工作相适应的专业知识和业务能力。审计人员应当执行回避制度和负有保密的义务，审计人员办理审计事项应当客观公正、实事求是、廉洁奉公、保守秘密。审计人员滥用职权、徇私舞弊、玩忽职守，构成犯罪的，依法追究法律责任；不构成犯罪的，给予行政处分。这样不仅有利于保证审计执业的独立性、准确性和科学性，而且有利于提高审计报告与结论的权威性。

根据我国审计法规的要求，被审计单位应当坚决执行审计决定，如将非法所得及罚款按期缴入审计机关指定的专门账户。对被审计单位和协助执行单位未按规定期限和要求执行审计决定的，应当采取措施责令其执行；对拒不执行审计决定的，可申请法院强制执行，并可依法追究其责任。由此可见，我国政府审计机关的审计决定具有法律效力，可以强制执行，这也充分地体现了我国审计的权威性。

我国社会审计组织，也是经过有关部门批准、登记注册的法人组织，依照法律规定独立承办审计查账验证和咨询服务业务，其审计报告对外具有法律效力，这也充分体现出它们同样具有法定地位和权威性。我国内部审计机构也是根据法律规定设置的，在单位内部具有较高的地位和相对的独立性，因此也具有一定的权威性。各国为了保障审计的权威性，分别通过《公司法》《证券交易法》《商法》《破产法》等，从法律上赋予审计超脱的地位及监督、评价、鉴证职能。一些国际性的组织为了提高审计的权威性，也通过协调各国的审计制度、准则以及制定统一的标准，使审计成为一项世界性的权威的专业服务。

(三)公正性特征

与权威性密切相关的是审计的公正性。从某种意义上说，没有公正性，也就不存在权威性。审计的公正性，反映了审计工作的基本要求。审计人员理应站在第三者的立场上，进行实事求是的检查，作出不带任何偏见的、符合客观实际的判断，并作出公正的评价和进行公正的处理，以正确地确定或解除被审计人的经济责任，审计人员只有同时保持独立性、公正性，才能取信于审计授权者或委托者以及社会公众，才能真正树立审计权威的形象。

第三节 审计的职能和作用

一、审计的职能

审计的职能是审计自身固有的，是由审计的本质决定的。它说明审计能够做什么，不是以人们的主观意志为转移的，而是由社会经济条件和经济发展的客观需要来决定的。审计的职能并非一成不变，会随着经济的发展而不断变化。目前来说审计的职能主要有监督、鉴证和评价。

(一)监督职能

监督是指监察和督促被审计单位的经济活动在规定的范围之内，遵循正常的秩序运行。监督是审计最基本的职能。

纵观审计产生和发展的历史，不论是传统审计，还是现代审计，其基本职能都是经济监督。传统的审计监督属于微观经济监督，主要是对被审计单位的财务收支活动进行监督，通过审查会计资料、财务收支活动的合理性、合法性，查错防弊，达到节约支出、促进增产增收的目的。现代审计监督是一种高层次的经济监督，除了进行微观经济监督外，还要进行宏观经济监督。

不仅国家审计具有监督职能，社会审计和内部审计同样具有监督职能。但必须明确，监督不是唯一的职能。还应该明确的是，监督是审计的基本职能只是说明各项审计都有监督职能，而不意味着其他各项职能实质上都是监督职能。

审计工作的核心是通过审核检查，查明被审计事项的真相，然后对照一定的标准，作出被审计单位经济活动是否真实、合法、有效的结论。从依法检查到依法评价，直到依法作出处理决定以及督促决定的执行，无不体现了审计的监督职能。

(二)鉴证职能

鉴证是指通过审计人员的审计，对被审计单位的财务报表等信息作出结论，以增强其可信度，供有关利益关系人使用。鉴证职能是在传统审计职能的基础上扩展而来的。

审计的经济鉴证职能，包括鉴定和证明两个方面。鉴定是一个审核调查的过程，它贯穿于审计工作的始终，做好鉴定乃是取得证明的有力依据。例如，会计师事务所接受中外合资经营企业的委托，对其投入资本进行验资，对其年度财务报表进行审查，或对其合并、解散事项进行审核，然后出具验资报告、查账报告和清算报告等，均属于审计履行经济鉴证职能。再如，国家审计机关对厂长(经理)的离任审计，对承包、租赁经营的经济责任审计，对国际组织的援助项目和世界银行贷款项目的审计等，也都属于经济鉴证的范围。

(三)评价职能

评价是指审计人员通过对被审计单位的经济活动进行审计后，就其预算、计划、方案和经济决策的可行性、执行情况、经济效益以及内部控制的有效性等方面作出评价，并有针对性地提出合理的意见和建议。评价职能也是在传统审计职能的基础上扩展而来的。

审计的经济评价职能，包括评定和建议两个方面。例如，审计人员通过审核检查，评定被审计单位的经营决策、计划、方案是否切实可行、是否科学先进、是否贯彻执行；评定被审计单位内部控制制度是否健全和有效；评定被审计单位各项会计资料及其他经济资料是否真实、可靠；评定被审计单位各项资源的使用是否合理和有效，等等。并根据评定的结果，提出改善经营管理的建议。评价的过程，也是肯定成绩、发现问题的过程，其建议往往是根据存在的问题提出的，以利于被审计单位克服缺点、纠正错误、改进工作。经济效益审计是最能体现审计评价职能的一种审计。

在实际工作中，经济评价是在经济监督的基础上进行的，评价的过程实质上是肯定成绩和发现问题的过程。只有在查清事实真相以后，才能依据国家的政策、法律法规、规章制度进行分析，客观、公正地对被审计单位作出评价，只有这样，才能被社会各界接受。

需要注意的是：虽然审计的职能客观地存在于审计之中，但要实现审计的职能，真正发挥审计的制约性、证明性和促进性作用还必须具备以下条件：第一，取决于审计主体的工作效率，即对审计机构的要求，包括审计机构的组织形式、管理水平等方面；第二，取决于审计人员的思想素质和业务素质，即对审计人员的要求，包括对审计人员的资格认定、监督管理、责任划分和业绩考评以及赏罚等方面；第三，取决于社会的支持和重视，即对审计环境的要求，特别对注册会计师尤其重要；第四，取决于审计工作条件的保证，如审计经费的来源与保障等方面。

二、审计的作用

审计的作用是指在审计实践中履行审计职能所产生的客观影响和实际效果。审计的作用可以概括为防护性作用和建设性作用。

(1) 防护性作用。防护性作用即制约作用，是指通过对被审计单位的财务收支及其有关经济活动进行审查和监督，在保障国家财经法规和财务制度的遵守和执行方面起到制约、防护作用。

(2) 建设性作用。建设性作用即促进作用，是指通过对被审计单位的财务收支及其有关经济活动进行审查和评价，对被审计单位建立和健全内部控制，加强管理，提高经济效益起到促进作用。

审计的具体作用，还因国家审计、社会审计和内部审计在监督经济活动中所处的位置和检查范围不同而有所不同。

(一)国家审计的作用

(1) 为宏观政策的制定提供决策依据。

(2) 维护财经法纪，监督、保障和促进各项宏观调控政策的贯彻执行。

(3) 追踪反馈宏观调控政策的运行效果。

(二)社会审计的作用

1. 促进提高经济信息的质量及其可信性，从而增强整个市场体系运行的有序性

市场体系的建立，一改以往生产要素及资源由政府统一计划配置、风险由政府承担的局面，转而由作为独立实体的企业自己通过市场来进行配置，这就增加了企业的风险意识，同时各种不同的所有制形式和分配方式对人们切身利益的影响，使不论是企业法人还是社会个人对企业财务信息及其质量的关心已成为其日常经营活动的重要组成部分，这也是市场经济的一个重要特征。顺应这种发展而建立起来的社会审计能通过其独立、公正的鉴证提高这些信息的可信性。

2. 促进专业技术服务社会化，提高整个市场控制机制的效率

长期以来，政府对经济的集中管理逐渐形成了大政府、小服务的社会格局，其结果是政府部门机构臃肿、效率低下。市场经济的确立使政府部门的管理职能从无所不包的全能型转向抓结构协调、市场规范的控制型，从而将生产经营管理的职能全部下放于企业，将一些专业技术性的管理职能推向社会，形成小政府、大服务的社会格局。社会审计对财务信息进行鉴证的服务就是这种政府专业技术管理职能社会化的典型。

3. 促进各组织内部控制制度的健全和完善，提高企业管理的素质

前已述及，现代审计是建立在对内部控制制度的评价和测试基础上的制度基础审计，因此，不仅内部审计对内部控制具有依存性，社会审计对内部控制同样具有较强的依存性，对于大公司大企业的审计尤其如此。社会审计在对被审计单位内部控制的完善性的评价及其运行有效性的测试中，一旦发现失控现象或薄弱环节，就会提出积极的建议帮助完善。因此，通过审计，被审计单位可迅速掌握本单位内部控制制度的不足之处，并可迅速地加以完善和改进，从而促进被审计单位管理素质的提高。

4. 改善投资软环境，有助于改革开放的进一步发展

当今世界经济的特点是互通有无、取长补短、既竞争又合作的国际经济大协作，各个国家都在这种国际经济大协作中提高自己、强大自己。因此，我国实行改革开放是顺应世界经济发展潮流的英明决策。但是要参与国际大协作及吸引外资，不仅需要具备优越的投资硬环境，而且需要具备完善的投资软环境。具备国际一流水平的社会审计职业就是其中的一个重要组成部分。通过他们查账、验资等工作，可为我国顺利引进外资、外商投资企业的利润分成、企业所得税的缴纳以及向银行贷款等提供必不可少的有效服务。因此，社会审计不仅随改革开放应运而生，而且也反过来可促进改革开放的不断发展。

(三)内部审计的作用

内部审计的作用是随着内部审计的内容、范围、职能的发展而逐渐扩大的。在社会主义市场经济条件下，内部审计具有双重任务：一方面要对部门、单位的经营活动进行监督，促使其合法合规；另一方面要对部门、单位的领导负责，促进经营管理状况的改善、经济效益的提高。具体地说，内部审计的作用主要包括以下几个方面。

(1) 监督各项制度、计划的贯彻情况，为本部门、本单位领导的经营决策提供依据。内部审计不仅可以确定本部门、本单位的活动是否符合国家的经济方针、政策和有关法令，又可以确定部门内部的各项制度、计划是否得到落实，是否已达到预期的目标和要求。通过内部审计所搜集到的信息，如生产规模、产品品种、质量、销售市场等，或发现的某些具有倾向性、苗头性、普遍性的问题，都是领导作出经营决策的重要依据。

(2) 揭示经营管理薄弱环节，促进部门、单位健全自我约束机制。在社会主义市场经济条件下，各部门、单位的活动不仅要受到国家财经政策、财政制度和法令的制约，而且要遵守本部门、本单位内部控制制度的规定。内部审计机构可以相对独立地对本部门、单位内部控制情况进行监督、检查，客观地反映实际情况，并通过这种自我约束性的检查，促进本部门、本单位建立、健全内部控制制度。

(3) 促进本部门、本单位改进工作或生产，提高经济效益。内部审计通过对经济活动全过程的审查，对有关经济指标的对比分析，揭示差异，分析差异形成的因素，评价经营业绩，总结经济活动的规律，从中揭示未被充分利用的人财物的内部潜力，并提出改进措施，可以极大地促进经济效益的提高。

(4) 监督受托经济责任的履行情况，以维护本部门、本单位的合法经济权益。同外部审计一样，所有权与经营权的分离是内部审计产生的前提，确定各个受托责任者的经济责任履行情况也是内部审计的主要任务。内部审计通过查明各责任者是否完成了应负经济责任的各项指标，这些指标是否真实可靠，有无不利于国家经济建设和企业发展的长远利益的短期行为等，既可以对责任者的工作进行正确评价，也能够明确责任者与整个部门、单位的正当权益，有利于维护有关各方的合法经济权益。

(5) 监控财产的安全，促进部门、单位财产物资的保值增值。财产物资是部门、单位进行各种活动的基础。内部审计通过对财产物资的经常性监督、检查，可以有效及时地发现问题，指出财产物资管理中的漏洞，并提出意见和建议，以促进或提醒有关部门加强财产物资管理，努力保证财产物资的安全完整并实现其保值、增值。

第四节　审计的分类

对审计进行分类主要是从不同角度进一步地观察、研究审计的不同特性和内容，以便审计人员更好地理解、掌握审计在社会经济中的职能，根据审计目标选用适当的审计方式，组织审计实施，提高审计工作效率，充分发挥审计的作用。

结合我国目前经济类型和审计监督的特点，审计可以从不同角度加以考察，从而作出不同的分类。

一、按审计主体不同分类

按照审计主体的不同，可将审计划分为国家审计(也称政府审计)、内部审计和社会审计(也称注册会计师审计、独立审计、民间审计)。

(一)国家审计

国家审计又称政府审计或官方审计，是由国家审计机关所实施的审计，包括政府财政收支审计和国有企业审计两部分。国家审计最大的特点是具有法律所赋予的权威性和强制性，被审计单位不得拒绝，主要体现审计的监督职能。

(二)内部审计

内部审计是由部门和单位中设置的审计机构或专职人员对本部门、本单位及下属单位的财务收支及有关经济活动进行的审计，旨在改善组织的运营，提高组织内部的经济效益，主要体现审计的评价职能。我国内部审计分为两个层次，即部门内部审计和单位内部审计。

(1) 部门内部审计是指在国务院各部门和地方各级政府内部设立的审计机构及专职审计人员对本部门及下属单位的财政财务收支、经营管理活动及相关资料所进行的审计。这一层次的内部审计实行双重领导，即在行政上要接受本部门的领导，同时，在业务上还要接受政府审计机关的指导，对本部门和政府审计机关负责，并且报告工作。

(2) 单位内部审计是指企业、事业单位以及大型基建项目的建设单位内部设置的审计机构和专职审计人员依法对本单位的财务收支、经营管理活动及其经济效益所进行的审计。这一层次的内部审计，除了接受本单位主管人员领导外，还要接受上一级主管部门审计机构的指导，对本单位和上一级主管部门审计机构负责，并且报告工作。

(三)社会审计

社会审计又称注册会计师审计、民间审计和独立审计，是由独立的注册会计师所实施的审计，主要是接受委托对单位的财务报表进行审查并发表意见，其审计意见主要具有鉴证作用。社会审计的特点是：实行有偿服务、自收自支、自负盈亏、独立核算、依法纳税、具有法人资格。因此，在业务上具有较强的独立性和客观公正性，它是商品经济中审计的主体。我国的社会审计起步比较晚，但近期发展较快，对市场经济的影响和作用越来越强。

注意

(1) 国家审计与社会审计是外部审计。

(2) 社会审计独立性最强，内部审计独立性最弱；社会审计属于双向独立，国家审计与内部审计则属于单向独立。

二、按审计的内容与目的不同分类

按照审计的内容与目的不同，可将审计划分为财务报表审计、经营审计和合规性审计。

(一)财务报表审计

财务报表审计是指审计主体通过执行审计工作，对被审计单位的财务报表是否按照规定的标准编制发表审计意见。

(二)经营审计

经营审计是指审计主体为了评价被审计单位经营活动的效率和效果，而对其经营程序和方法进行的评价。

(三)合规性审计

合规性审计是指审计主体为确定被审计单位是否遵守了特定的法律、法规、规则或有关要求而实施的审计。

注意

社会审计的主要业务范围是财务报表审计，内部审计主要进行的是经营审计，国家审计的工作重点往往是合规性审计。

三、按审计主体与被审计单位的关系分类

按照审计主体与被审计单位的关系不同，可将审计划分为外部审计和内部审计。

(一)外部审计

外部审计是指由政府审计机关、社会审计组织对被审计单位所进行的审计。

(二)内部审计

内部审计是指由部门、单位内部设置的专职机构和配备的专职人员所进行的审计。

外部审计和内部审计既有区别，又有联系。区别是：审计的范围不同；实施的程序不同；审计结果的效力不同。联系是：外部审计和内部审计都是审计监督体系的重要组成部分，其审计的总目标是一致的；外部审计和内部审计是相互依存、相互支持的，内部审计是外部审计的基础，外部审计的深度和广度在很大程度上取决于内部审计工作的健全程度，而内部审计，特别是政府审计机关对内部审计具有指导和监督的责任。

四、按审计的范围分类

按照审计的范围不同，可将审计划分为全面审计、局部审计和专项审计。

(一)全面审计

全面审计又称全部审计，是指审计机构和专职审计人员对被审计单位某一特定会计期间的财政财务收支活动、经营管理活动及其相关的会计资料、其他资料等进行周密而全面的审计。这种审计方式涉及范围广泛，审计程序严谨，在审计过程中，不仅要详细地审阅

资料、核对账目，而且还要对各项经营管理活动进行实地观察。

全面审计的优点是：审查详尽，不易遗漏重大问题，审计效果好。缺点是：审计的工作量大，耗费的时间多，审计的成本高。这种审计方式只适用于规模小、业务简单、会计资料少的企业事业单位。如果被审计单位属于大中型企业，规模大、业务也复杂，但是内部控制制度薄弱，内部管理比较混乱，审计机构也必须采用这种方式实施审计，以确保审计结论的真实性和可靠性。

(二)局部审计

局部审计又称部分审计，是指审计机构和专职审计人员对被审计单位某一特定会计期间的部分财政财务收支活动、经营管理活动及其相关的部分会计资料所进行的审计。如对企业存货中的材料进行审计，对长期资产中的固定资产进行审计，对负债业务中的应付工资进行审计等均属局部审计。

局部审计的优点是：审计的范围小、针对性强、节省时间、成本低，可以在较短的时间内实现审计目标。缺点是：容易遗漏重大问题，具有一定的局限性，审计结论有时不够准确。

(三)专项审计

专项审计又称专题审计或特种审计，是指审计机构根据授权人或委托人提出的审计目标、时间和范围，对被审计单位特定的审计项目进行的审计。如对被审计单位某一贷款项目进行审计，对经济效益和经济责任进行审计，对贪污、受贿问题进行审计等均属于专项审计。专项审计的范围比局部审计小，但针对性更强，审计重点更突出，提出的审计意见更可行，作出的审计结论更准确。

例如，在财务报表审计中，对所有财务报表都进行的审计属于全面审计；只审计部分财务报表，如利润表审计，属于局部审计；如果专门针对某一个项目，如收入的审计，则属于专项审计。

五、按审计实施的时间分类

按照审计实施的时间不同，可将审计划分为事前审计、事中审计和事后审计。

这一分类是根据被审计对象是否已经发生或存在而划分的。例如，财务报表审计通常需要被审计单位完成财务报表之后再进行，因此以事后审计为主；而对于一些工程项目的审计则一般都属于事前审计或事中审计。

(一)事前审计

事前审计是指审计机构的专职人员在被审计单位的财政财务收支活动及其他经济业务活动发生之前所进行的审计。如对预算、计划编制的审核，对经济合同签字前的复查，对经济决策及可行性研究报告的鉴证等。进行事前审计可防止错误和弊端，起到防患于未然的作用，以保证各项经济活动的合理性、合法性、真实性和效益性。

(二)事中审计

事中审计是指审计机构的专职人员对被审计单位的财政财务收支及其他经济业务活动运行过程所进行的审计。例如，对企业的费用开支标准、材料消耗定额等执行过程中有关经济业务进行事中审计。事中审计便于及时发现问题和解决问题，挖掘企业内部潜力，改善经营管理，提高经济效益。

(三)事后审计

事后审计是指审计机构的专职人员在被审计单位的财政财务收支及其他经济活动结束以后所进行的审计。事后审计的目的是对各项经济活动的合规性、合法性、真实性和效益性作出评价和判断，从而确定或解除被审计单位的受托经济责任。

六、按审计的执行地点分类

按照审计的执行地点不同，可将审计划分为报送审计和就地审计。

(一)报送审计

报送审计又称送达审计，是指被审计单位按照审计机关的要求，将需要审查的全部资料送到审计机关所在地进行的审计，这是政府审计机关进行审计的重要方式。这种审计方法的优点是省时、省力；缺点是不易发现被审计单位的实际问题，不便于用观察的方法或盘点的方法进一步审查取证，从而使审计的质量受到一定的影响。

(二)就地审计

就地审计又称现场审计，是审计机构派出审计小组和专职人员到被审计单位现场进行的审计。它是国家审计机关、民间审计组织和内部审计部门进行审计的主要类型。

就地审计按其具体方式可以分为驻在审计、专程审计和巡回审计三类。

(1) 驻在审计(又称常驻审计)是指审计机构派出审计人员到被审计单位设立派出机构，常驻被审计单位所进行的审计。

(2) 专程审计是指审计机构为查明某一重点问题或审查某一经济案件，委派有关人员专程到被审计单位进行审计，审计工作结束后再返回原审计机构。

(3) 巡回审计是指审计机构对须进行审计的单位派定审计次序，派出审计小组和专职人员依次周而复始地到各个被审计单位进行审计。

为了便于搜集资料和寻找证据，审计工作通常都是进入被审计单位实施的，这就是就地审计。就地审计的可靠性强、审计风险低、效果好，但审计时间长、审计成本大。如果被审计单位不能满足就地审计的需要，或者工作量小、不受地点的影响，则可以进行报送审计。

七、按审计是否通知被审计单位分类

按照审计是否通知被审计单位，可将审计划分为预告审计和突击审计。

(一)预告审计

预告审计是指在审计之前将审计的日期、审计的目的及主要内容，预先通知被审计单位而进行的审计。预告审计的优点是：事前与被审计单位进行沟通与协调，可以节约审计时间，提高审计效率。社会审计通常为预告审计。

(二)突击审计

突击审计是指在审计之前未将审计的日期、目的及内容通知被审计单位而进行的审计。突击审计的优点是可以防止对方销毁证据，使审计正常进行，取得原有效果。涉及违法案件的特种审计通常为突击审计。

八、按审计动机分类

按照审计动机的不同，可将审计划分为强制审计和任意审计。

(一)强制审计

强制审计又称为法定审计，是指审计机构和审计人员根据法律、法规的规定对被审计单位所进行的审计。强制审计在我国有几种类型：一是政府审计机关根据法律赋予的权力，对国务院各部门和地方各级政府的财政财务收支及财政金融机构、企事业单位的财政财务收支实行强制审计；二是内部审计机构对本单位及下属单位的财务收支及各项活动实行强制审计；三是接受审计机构委托的社会审计组织对指定的被审计单位或审计事项实行强制审计。

(二)任意审计

任意审计又称自愿审计，是指根据被审计单位自身的需要，委托审计机构对其进行审计，一般是指社会审计。社会审计组织也要根据有关的法律法规制度，如《中华人民共和国会计法》《企业会计准则》等进行审查。这种审计的目的在于提高企业在社会上的地位和信誉，维护其自身的经济利益。

课堂实训

【实训操作内容】掌握审计的分类。

【实训操作要求】请根据以上学习的分类方式，回答以下几个问题。

(1) 按照审计的独立性，给国家审计、注册会计师审计和内部审计排序，并探讨它们是单向独立，还是双向独立。

(2) 讨论国家审计、注册会计师审计、内部审计通常进行的是事前审计、事中审计，还是事后审计。

(3) 注册会计师审计的核心业务是财务报表审计，讨论财务报表审计按其他分类方式应如何划分。

能 力 训 练

一、判断题(正确打√，错误打×)

1. 审计是社会经济发展到一定阶段的产物，是在财产所有权与经营权相分离而形成的受托责任关系下，基于监督的客观需要而产生的。 （　　）

2. 审计按其内容与目的分为国家审计、内部审计与注册会计师审计。 （　　）

3. 注册会计师审计的首要特征是独立性，它不同于国家审计和内部审计，审计主体既独立于被审计单位，又独立于审计委托人。 （　　）

4. 审计的对象是指被审计单位的财务收支及其有关的经营管理活动，以及作为提供这些活动信息载体的会计资料和其他有关资料。 （　　）

5. 注册会计师审计的产生早于政府审计。 （　　）

6. 审计的目的就是查错揭弊。 （　　）

7. 国家审计和内部审计都具有强制性的特点。 （　　）

8. 审计对象就是被审计单位。 （　　）

二、单项选择题

1. 注册会计师审计产生的直接原因是(　　)。
   A. 所有权和经营权的分离　　　　　B. 合伙企业制度的产生
   C. 股份制企业制度的形成　　　　　D. 资本市场的发展

2. 下列表述中正确的是(　　)。
   A. 政府审计是独立性最强的一种审计
   B. 报表的合法性是报表使用者最为关心的
   C. 注册会计师应保证财务报表的可靠程度
   D. 内部审计在审计内容、审计方法等方面与注册会计师审计具有一致性

3. 按照审计的主体不同，审计可以分为(　　)。
   A. 财务报表审计和合规性审计
   B. 政府审计、内部审计和注册会计师审计
   C. 详细审计和资产负债表审计
   D. 整体审计和局部审计

4. 审计的最基本职能是(　　)。
   A. 监督　　　　B. 鉴证　　　　C. 评价　　　　D. 建设性

5. (　　)是审计的本质属性和重要特征，也是审计的精髓。
   A. 权威性　　　B. 独立性　　　C. 客观性　　　D. 合法性

6. 关于国家审计，下列说法正确的是(　　)。
   A. 国家审计关系是经过授权形成的　　　B. 国家审计是独立性最强的审计
   C. 国家审计是我国审计监督体系的主体　　D. 国家审计是有偿审计

7. 从独立性来看，社会审计( )。

    A. 仅仅与委托人独立，与被审计单位不独立

    B. 仅仅与被审计单位独立，与委托人不独立

    C. 与审计委托人和被审计单位都独立

    D. 与审计委托人和被审计单位都不独立

8. ( )是指审计的执行者。

    A. 审计主体   B. 审计对象   C. 审计委托人   D. 被审计单位

9. 我国审计的确立阶段是( )。

    A. 秦汉时期   B. 隋唐及宋   C. 元明时期   D. 辛亥革命时期

10. 下面有关注册会计师审计与政府审计关系的表述中，正确的是( )。

    A. 注册会计师审计与政府审计在审计目标上具有一致性

    B. 如果被审计单位拒绝审计调整建议，注册会计师和政府审计部门均应出具审计意见书

    C. 注册会计师审计与政府审计部门在获取审计证据时具有同等权力，任何单位或个人不得拒绝

    D. 注册会计师审计与政府审计均是外部审计，都具有较强的独立性

三、多项选择题

1. 审计关系的构成要素有( )。

    A. 审计组织和审计人员   B. 被审计单位

    C. 注册会计师协会   D. 审计授权人或委托人

2. 社会审计组织对企业年度财务报表的审计属于( )。

    A. 财政财务审计 B. 事后审计   C. 定期审计   D. 事中审计

3. 审计主体包括( )。

    A. 国家审计机关 B. 内部审计机构 C. 公司经理   D. 注册会计师

4. 审计的基本职能有( )。

    A. 经济监督   B. 经济鉴证   C. 经济评价   D. 经济建议

5. 按审计主体分类，可以把审计分为( )。

    A. 政府审计   B. 民间审计   C. 内部审计   D. 外部审计

6. 审计的作用通常包括( )。

    A. 监督   B. 评价   C. 制约性   D. 建设性

7. 审计的特征有( )。

    A. 权威性   B. 经济监督   C. 独立性   D. 建设性

四、思考题

1. 简述审计产生的基础。

2. 审计主体有哪些？简述它们的主要职能。

第二章
审计组织和审计职业素养

知识能力目标

(1) 识别不同类型的审计组织和人员；

(2) 认识审计组织和审计人员的类型和职责范围；

(3) 理解并掌握审计人员的行为准则、职业道德规范和法律责任的形成。

问题提示

安达信会计师事务所，简称安达信，原国际五大会计师事务所之一。于 1913 年由亚瑟·安达信在芝加哥创建，为全球第五大会计师事务所，代理着美国 2300 家上市公司的审计业务，占美国上市公司总数的 17%；在全球 84 个国家设有 390 个分公司，拥有 4700 名合伙人、2000 个合作伙伴，专业人员达 8.5 万人，这些分公司同属于总部"安达信国际"。安达信国际公司总部设在瑞士日内瓦，是一个由各国的成员公司组成的联合体。

安然公司成立于 1930 年，总部设在美国休斯敦，曾是一家位于美国得克萨斯州休斯敦市的一家能源类公司。安然公司在 2000 年《财富》世界 500 强中排名第 16 位，是美国最大的天然气采购商及出售商，也是领先的能源批发商。安然公司同时也经营纸、煤和化学药品等日用品。该公司在美国控制着一条长达 32000 英里的煤气输送管道，并且提供有关能源输送的咨询、建筑工程等服务。然而真正使安然公司在全世界声名大噪的，却是这个拥有上千亿资产的公司于 2002 年在几周内破产，其原因是该公司持续多年精心策划乃至制度化、系统化的财务造假丑闻。安然欧洲分公司于 2001 年 11 月 30 日申请破产，美国本部于 2 日后同样申请破产，破产前的资产规模为 498 亿美元，并有 312 亿美元的沉重债务。过度膨胀的快速发展使其无法应对经济环境的逆转，而导致无法扭转经营运作状况的恶化形势，以破产结束。

安然公司自 1930 年成立以来，其财务报表一直由安达信审计，1997 年至 2000 年出具的审计报告均为无保留意见。其中，2000 年安达信为安然公司出具了两份报告，一份是无保留意见加解释性说明段对会计政策变更的说明的审计报告，另一份是对安然公司管理当局声称其内部控制能够合理保证其财务报表可靠性予以认可的评价报告。这两份报告与安然公司重大的会计问题形成鲜明反差。报告所描述的财务状况以及内部控制的有效性严重偏离了安然公司的实际情况。安然的一系列关联交易和衍生业务并不是非常高明，但为其审计的安达信却一直出具无保留意见的审计报告。

"一个审计师不但要在实质上保持独立，而且要在形式上也保持独立"，这是安达信对其每个新员工都要培训的一课，但是安达信管理层却忘了这基本的一点。在安然事件中，安达信扮演了一个极不光彩的角色，在销毁安然审计证据的同时，也最终"销毁"了安达信的百年信誉。

问题：安达信为什么倒闭？

第一节 审计组织和审计人员

一、审计组织认知

审计组织体系是指担负着不同审计任务的组织之间结成的相互联系、互为补充的整体审计系统。我国审计组织体系包括国家(政府)审计机关(国家审计署管理)、社会(民间)审计组织(中国注册会计师协会管理)、内部审计机构(部门、企事业单位内部管理)。

二、国家审计机关和人员

(一)国家审计机关的几种组织模式

国家审计机关(又称政府审计机关),是指代表国家依法行使审计监督权的国家机关,具有法律赋予的独立性和权威性。国家审计机关按照隶属关系的不同,一般可以分为以下几种组织模式。

1. 立法型模式

审计机关由议会领导,主要职能是协助立法机构对政府进行监督,并在一定程度上影响立法机构的决策。立法型模式的审计机关地位最高,独立性最强,完全不受政府的干预,如英国、美国、加拿大等国。

2. 司法型模式

审计机关由司法系统领导,最高审计机构是审计法院,具有司法性质,权威性高。这种模式下的审计机关拥有最终判决权,具有较高的独立性和权威性,如法国、意大利等国。

3. 行政型模式

审计机关由政府领导,向政府负责并报告工作。这种模式下的审计机关根据国家法律赋予的权限,对政府各部门、各单位的财政预算和财务收支活动进行审计,其独立性受到一定程度的限制,如泰国、瑞典等国。

另外,除了以上三种模式之外,一些国家的审计机关不隶属于任何机构,如德国。这些国家的审计机关独立于立法、司法和行政三权之外,在审计过程中,依法审计,只对法律负责,不受任何政治因素的影响。但审计出的问题,还应交予司法机关审理。

(二)我国的审计机关

我国的审计机关设在政府,由国务院总理直接领导,属于行政型模式。其一般分为以下两个层次。

1. 最高审计机关

《中华人民共和国宪法》第九十一条规定:"国务院设审计机关,对国务院各部门和地方各级政府的财政收支、对国家的财政金融机构和企业、事业组织的财务收支进行审计监督。审计机关在国务院总理的领导下，依照法律规定独立行使审计监督权，不受其他行政机关、社会团体和个人的干涉。"国家审计署是中华人民共和国的最高审计机关，主管全国的审计工作，内部设置有几种类型的机构，即行政职能机构、事业机构和派出机构。

2. 地方各级审计机关

县级以上地方政府设立的审计机关，分别在省长、自治区主席、市长、州长、县长、区长和上一级审计机关的领导下，负责本行政区域内的审计工作，对上级审计机关和本级人民政府负责并报告工作。地方政府审计机关内部机构的设置应与国家审计署机构相对应，有些相近的职能部门可以合并，有的机构也可以不设。

(三)政府审计机关的职责

政府审计机关的职责，是国家法律、行政法规规定的审计机关应当完成的任务和承担的责任，主要包括以下各点。

(1) 审计机关对本级各部门和下级政府的预算执行情况、决策以及预算外资金的管理和使用情况，进行审计监督。

(2) 审计署在国务院总理领导下，对汇总预算执行情况进行审计监督，向国务院总理提出审计报告。

地方各级审计机关分别在省长、自治区主席、市长、州长、县长、区长和上一级审计机关的领导下，对本级预算执行情况进行审计监督，向本级人民政府和上一级审计机关提出审计报告。

(3) 审计署对中央银行的财务收支进行审计监督。审计机关对国有金融机构的资产、负债和损益进行审计监督。

(4) 审计机关对国家事业组织的财务收支进行监督。

(5) 审计机关对国有企业的资产、负债和损益进行监督。

(6) 审计机关对与国计民生有重大关系的国有企业、接受财政补贴较多或亏损数额较大的国有企业以及国务院和本级地方人民政府指定的其他国有企业应当有计划地定期进行审计。

(7) 对国有资产占控股地位的企业的审计监督由国务院规定。

(8) 审计机关对国家建设项目的预算执行情况和决算进行审计监督。

(9) 审计机关对政府部门管理的和社会团体受政府委托管理的社会保障基金、社会捐赠基金以及其他有关基金、资金的财务收支进行审计监督。

(10) 审计机关对国际组织和外国政府援助、贷款项目的财务收支进行审计监督。

(四)政府审计机关的权限

政府审计机关的权限，是国家依法赋予审计机关在审计监督过程中享有的资格和权限。

为了保证审计机关履行审计监督职责，及时制止和纠正违反国家规定的财政收支、财务收支行为，《审计法》赋予政府审计机关一定的权限，主要有：监督检查权、采用行政强制措施权、通报或公布审计结果权、处理处罚权、建议纠正处理权。

(1) 监督检查权。监督检查权体现在：①审计机关有权要求被审计单位按照规定报送预算或者财务收支计划、预算执行情况、决算执行情况、财务报告、社会审计机构出具的审计报告以及其他与财政收支有关的资料，被审计单位不得拒绝、拖延、撒谎。②审计机关进行审计，有权检查被审计单位的会计凭证、会计账簿、会计报表以及其他与财政收支有关的资料和资产，被审计单位不得拒绝。③审计机关进行审计时，有权就审计事项的有关问题向有关单位个人进行调查，并取得有关证明材料。有关单位和个人应当支持、协助审计机关工作，如实向审计机关反映情况，提供有关证明材料。④审计机关进行审计时，被审计单位不得转移、隐匿、篡改或毁弃会计凭证、会计账簿、会计报表以及其他与财政收支有关的资料，不得转移、隐匿所持有的违反国家规定取得的资产。

(2) 采用行政强制措施权。审计机关对被审计单位正在进行的违反国家规定的财政收支、财务收支行为，有权予以制止；制止无效的，经县级以上审计机关负责人批准，通知财政部门和有关主管部门暂停拨付与违反国家规定有关的款项，已经拨付的，暂停使用。采用该项措施不得影响被审计单位合法的业务活动和生产经营活动。

(3) 通报或公布审计结果权。审计机关对审计事项实施审计后，将审计事项中的内容向政府有关部门通报或向社会公布的权限。但是审计机关通报或者公布审计结果，应当依法保守国家秘密和被审计单位的商业秘密，并遵守国家有关规定。

(4) 处理处罚权。处理处罚权主要分为经济处理权和行政处罚权，前者是采取纠正措施的权限，后者是采取行政制裁的权限，内容为：警告、通报批评、罚款等。我国审计机关对违反财经法律法规的单位或个人，更多的是采取建议纠正处理权。

(5) 建议纠正处理权。建议纠正处理权，是指审计机关对违反《审计法》和其他财经法规的有关行为以及被审计单位及其负有直接责任的主管人员和其他直接责任人员，建议有关部门予以纠正和处理的权限。主要包括建议纠正违法规定、建议行政处分规定、建议刑事处分规定。

我国的国家审计机关从创立之初至今，在维护国家预算的健康执行，维护社会经济秩序等方面都发挥着重要的作用，但是由于隶属关系、部门之间关系以及权限大小等诸多原因，还未能使其作用得到最大限度发挥，可以说我国的国家审计机关还处在发展、成熟的过程中。

我国国家审计人员属于国家公务人员，且设置专业技术职务，即高级审计师、审计师和助理审计师，通过全国统一的专业技术资格考试获得相应的任职资格。

三、内部审计机构和人员

内部审计机构是指本组织内部设立的从事审计业务的专门审计机构，是组织内部经营管理的组成部分。内部审计机构一般有三种主要设置形式：①受本单位总会计师或主管财务的副总经理领导；②受本单位总经理领导；③受本单位董事会或其下属的审计委员会领导。

我国的内部审计机构一般属于第二种形式，即受本单位总经理领导。从审计的独立性和有效性来看，领导层次越高，内部审计工作就会越有效果。

(一)内部审计的特点

(1) 服务的内向性。内部审计机构和人员处于本部门、本单位的内部，是为加强经济管理和监督服务的，是部门、单位领导的助手和参谋。

(2) 范围的广泛性。内部审计机构和人员不仅可进行财务收支的审计，还可进行经济效益等方面的审计，既可进行事后审计，又可进行事前、事中审计，其审计范围要比外部审计范围广泛得多。

(3) 审计的及时性。内部审计机构和人员比较熟悉本部门、本单位的情况，可随时掌握各种情况，发现各种问题，及时地采取措施，提出建议，纠错防弊。

(4) 微观监督和宏观监督的统一性。内部审计机构和人员一方面为加强内部管理和监督服务，另一方面还必须从国家利益出发，对本部门、本单位是否遵守国家政策、法律、法规和规章制度进行审查，既是部门、单位领导在经济管理和监督方面的助手和参谋，又是政府审计的重要业务基础。

(二)内部审计机构的职责和权限

1. 内部审计机构的职责

内部审计机构和人员对本部门及本部门下属单位的下列事项进行审计监督。
(1) 财务计划或者单位预算的执行情况和决算。
(2) 与财务收支有关的经济活动及其经济效益。
(3) 国家和单位资产的管理情况。
(4) 违反国家财经法律法规的行为。
(5) 承包、租赁经营的有关审计事项。
(6) 所在单位领导或审计机关委托的其他审计事项。

2. 内部审计机构的权限

内部审计机构在审计过程中，有下列主要职权。
(1) 检查会计凭证、账簿、报表、决算、资金、财产，审阅有关的文件、资料。
(2) 参加有关的会议。
(3) 对审计中发现的问题向有关单位和人员进行调查以及索取证明材料。
(4) 提出制止、纠正和处理违反财经法纪事项的意见以及改进管理、提高效益的建议。
(5) 对严重违反财经法纪和严重失职造成重大经济损失的人员，向领导提出追究其责任的建议。
(6) 对阻挠、拒绝和破坏内部审计工作的人员，必要时，经领导批准可采取封存账册和资财的临时措施，并提出追究有关人员责任的建议。

(7) 对工作中的重大事项，单位或部门应向上级内部审计机构或同级政府审计机关反映。此外，内部审计机构所在单位可以在管理权限范围内，授予内部审计机构经济处理、处罚的权限。

我国内部审计的从业人员要具有岗位资格证书，岗位资格证书可以通过资格认证和考试两种方法取得。

四、民间审计组织和人员

民间审计组织是指依法设立，接受委托从事鉴证、咨询等相关服务业务的专业中介组织，在我国主要指会计师事务所。

(一)会计师事务所的组织形式

综观各国会计师事务所的组织形式，会计师事务所主要有独资、普通合伙制、有限责任公司制、有限责任合伙制四种组织形式。

1. 独资会计师事务所

独资会计师事务所又称个人会计师事务所，由具有注册会计师执业资格的个人独立开业，承担无限责任。它的优点是，对执业人员的需求不多，容易设立，执业灵活，能够在代理记账、代理纳税等方面很好地满足小型企业对注册会计师服务的需求，虽承担无限责任，但实际发生风险的程度相对较低。缺点是无力承担大型业务，缺乏发展后劲。

2. 普通合伙制会计师事务所

普通合伙制会计师事务所是由两位或两位以上合伙人组成的合伙组织。合伙人以各自的财产对事务所的债务承担无限连带责任。它的优点是在风险的牵制和共同利益的驱动下，可以促使事务所提高执业质量，扩大业务规模，提高控制风险的能力。缺点是建立一个跨地区、跨国界的大型会计师事务所要经历一个漫长的过程。同时，任何一个合伙人执业中的失误或舞弊行为，都可能会给整个会计师事务所带来灭顶之灾，使其一日之间土崩瓦解。

3. 有限责任公司制会计师事务所

有限责任公司制会计师事务所由执业注册会计师认购会计师事务所股份，并以其所认购股份对会计师事务所承担有限责任。会计师事务所以其全部资产对其债务承担有限责任。它的优点是可以通过公司制形式迅速聚集一批注册会计师，组成大型会计师事务所，承办大型业务。缺点是降低了风险责任对执业行为的高度制约，弱化了注册会计师的个人责任。

4. 有限责任合伙制会计师事务所(特殊的普通合伙制会计师事务所)

有限责任合伙制会计师事务所在我国又称特殊的普通合伙制会计师事务所。无过失的合伙人对于其他合伙人的过失或不当执业行为以自己在事务所的财产为限承担责任，不承担无限责任，除非该合伙人参与了过失或不当执业行为。它的最大特点在于既融入了普通合伙制和有限责任公司制会计师事务所的优点，又摒弃了它们的不足。这种组织形式是为顺应经济发展对注册会计师行业的要求，于 20 世纪 90 年代初期兴起的，到 1995 年年底，原"六大"国际会计公司在美国的执业机构已完成了向有限责任合伙制的转型。有限责任合伙制会计师事务所已成为当今注册会计师职业界组织形式发展的一大趋势。

【课堂案例】 特殊普通合伙制扑面而来，会计师事务所迎来"化蝶"时刻

随着财政部、国家工商行政管理总局联合发布《关于推动大中型会计师事务所采用特殊普通合伙组织形式的暂行规定》(财会〔2010〕12 号)(下称《暂行规定》)，我国大中型会计师事务所的组织形式将全面迈进特殊普通合伙时代。

在 2009 年我国前百家会计师事务所中，几乎所有的事务所都采用了有限责任制的组织形式，采用合伙制的事务所仅有 3 家。然而，事务所的进一步高速发展却面临着来自于自身的阻碍。"当前形势下，有限责任制组织形式在决策机制、股东限制、质量控制、税收政策等方面均日渐显现出其制度弊端，难以满足大中型会计师事务所加快发展的形势需要"，财政部会计司负责制定《暂行规定》的有关人士说。这种"不适应"的核心表现在于风险责任的不合理，有限责任制以其股东在事务所中的出资额为限承担执业责任，淡化了股东的风险约束和赔偿责任，不利于事务所"人和"文化的确立。而有限责任制最为束缚事务所的表现在于其对合伙人数量限制在 50 人以内，这使事务所在扩大规模方面被套上了枷锁。另一方面，在采用普通合伙制形式的会计师事务所当中，合伙制"一人犯法，全体受罚"的无限责任同样不适应现代事务所的发展现实。

面对有限责任制的困扰，特殊普通合伙制的到来可谓是正当其时。特殊普通合伙的引入，无疑为会计师事务所做大做强提供了有效的制度框架，它是注册会计师行业在会计师事务所组织形式上的国际趋同。相对于目前大多数会计师事务所采用的有限责任公司形式而言，特殊普通合伙，意味着会计师事务所将为自己的执业行为承担更多的社会责任。它再一次表达了注册会计师行业志在维护公众利益的诚意。

民间审计人员主要是注册会计师。注册会计师是指取得注册会计师资格并在会计师事务所执业的人员。要想取得注册会计师资格必须通过注册会计师全国统一考试。注册会计师还必须具有两年以上在会计师事务所从事审计业务的经验。注册会计师只有加入会计师事务所才能接受委托承办业务。

(二)注册会计师的业务范围

根据《中华人民共和国注册会计师法》的规定，注册会计师依法承办审计业务和会计咨询、会计服务业务。此外，注册会计师还可根据委托人的委托，从事审阅业务、其他鉴证业务和相关服务业务，具体如图 2-1 所示。

我国注册会计师的业务范围包括鉴证业务和相关服务业务两大类。

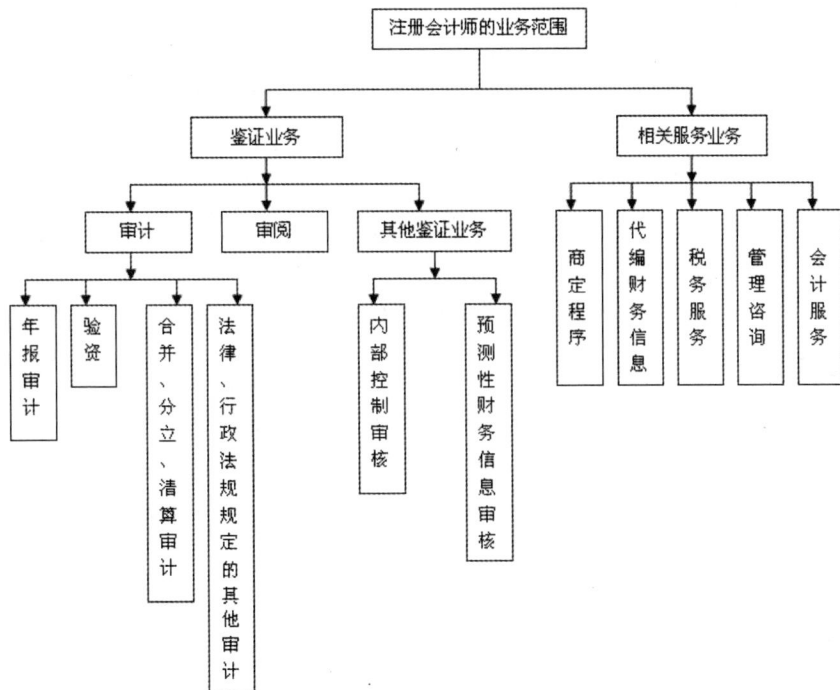

图 2-1　注册会计师的业务范围

1. 鉴证业务

鉴证业务按照提供的保证程度和鉴证对象的不同，可分为审计业务、审阅业务和其他鉴证业务。

(1) 审计业务。审计业务是指注册会计师综合运用审计方法，对所审计的历史财务信息是否不存在重大错报提供合理保证，并以积极方式作出结论。所谓合理保证，是指注册会计师将审计风险降至该业务环境下可接受的低水平，并对鉴证后的信息提供高水平保证。注册会计师不能对财务报表整体不存在重大错报提供绝对保证。"以积极的方式作出结论"就是从正面发表审计意见。例如，"我们认为，ABC 公司财务报表在所有重大方面按照企业会计准则的规定编制，公允反映了 ABC 公司××××年××月××日的财务状况以及××××年度的经营成果和现金流量"。

审计业务是注册会计师的法定业务，其他组织或个人不得承办注册会计师的法定审计业务。审计业务的具体类型有以下几种。

① 审查企业财务报表，出具审计报告。

② 验证企业资本，出具验资报告。

③ 办理企业合并、分立、清算事宜中的审计业务，出具有关报告。

④ 办理法律、行政法规规定的其他审计业务，出具相应的审计报告。

(2) 审阅业务。审阅业务是指注册会计师主要利用询问和分析程序，对所审阅的历史财务信息是否不存在重大错报提供有限程度的保证，并以消极方式作出结论。所谓有限保证,是指注册会计师将审阅业务的风险降至该业务环境下可接受的水平(高于审计中的低水平),对审阅后的信息提供低于审计中的高水平的保证。"以消极方式作出结论"是指不从正面发表意见。例如,"根据我们的审阅,我们没有注意到任何事项使我们相信财务报表没有按照企业会计准则和相关会计制度的规定编制,未能在所有重大方面公允反映被审阅单位的财务状况、经营成果和现金流量"。

(3) 其他鉴证业务。其他鉴证业务是指注册会计师执行的除了审计和审阅业务以外的鉴证业务,根据鉴证业务的性质和业务约定的要求,其保证程度可能是合理保证,也可能是有限保证。例如,内部控制审核、预测性财务信息审核等业务。

2. 相关服务业务

相关服务业务是指非鉴证业务,包括对财务信息执行商定程序、代编财务信息、税务服务、管理咨询和会计服务等。相关服务业务通常不像鉴证业务那样对注册会计师提出独立性要求。在提供相关服务时,注册会计师不能提供任何程度的保证,因为注册会计师不能给自己的行为作出保证。

第二节　审　计　准　则

审计准则是审计机关和审计人员履行法定审计职责的行为规范,是执行审计业务的职业标准,是评价审计质量的基本尺度,也是控制审计风险的途径。审计准则具有权威性、规范性、可操作性、相对独立性等基本特征。按照审计准则作用的范围不同,我国的审计准则分为国家审计准则、内部审计准则和注册会计师执业准则三个方面。

一、国家审计准则

国家审计准则是由审计署制定颁布的,是中国审计法律规范体系的重要组成部分,是全面落实《中华人民共和国审计法》,实现审计工作法制化、制度化和规范化的重要手段,能够起到提高审计质量、规范审计行为、明确审计责任等重要作用。

目前我国最新的国家审计准则是审计署于 2010 年重新修订的《中华人民共和国国家审计准则》(中华人民共和国审计署令第 8 号),并于 2011 年 1 月 1 日起施行。国家审计准则共分为七章,除了总则和附则以外,主要内容为审计机关和审计人员、审计计划、审计实施、审计报告、审计质量控制和责任。

二、内部审计准则

内部审计准则是用来规范内部审计人员执行审计业务、出具审计报告的专业标准,是内部审计人员进行审计的行为规范。内部审计准则有利于提高内部审计的质量,维护内部审计人员的权益,发挥内部审计的作用。

我国内部审计准则是中国内部审计工作规范体系的重要组成部分,由内部审计基本准则、内部审计具体准则和内部审计实务指南三个层次组成。

三、注册会计师执业准则

注册会计师执业准则用来规范注册会计师的执业行为，提高执业质量，维护社会公众利益。2006 年财政部颁布了新的注册会计师执业准则体系。新的准则体系根据注册会计师新的发展现状，将中国注册会计师执业准则体系分为鉴证业务准则、相关服务准则和会计师事务所质量控制准则三个部分，从内容上充分体现了与国际的趋同。

中国注册会计师执业准则体系的具体框架如表 2-1 所示。

表 2-1　中国注册会计师执业准则体系

		鉴证业务基本准则	1 项
中国注册会计师执业准则体系	鉴证业务准则（共 45 项）	审计准则（共 42 项） 一般原则与责任	8 项
		风险评估以及风险应对	5 项
		审计证据	12 项
		利用其他主体的工作	3 项
		审计结论与报告	4 项
		特殊领域	9 项
		审阅准则	1 项
		其他鉴证业务准则	2 项
	相关服务准则		2 项
	质量控制准则		1 项

第三节　审计职业道德

审计职业道德是审计人员应当遵守的一种职业行为规范，是对审计人员的道德意识、道德修养等所做的基本要求。按照审计主体的不同，分别形成了国家审计人员职业道德、内部审计人员职业道德和注册会计师职业道德。国家审计人员职业道德和内部审计人员职业道德分别在审计准则中作出了具体规定。有关注册会计师的职业道德规范由中国注册会计师协会制定了《中国注册会计师职业道德守则》和《中国注册会计师协会非执业会员职业道德守则》，是独立于执业准则而存在的，是高于注册会计师执业准则的，是对注册会计师执行具体业务的最高要求。下面主要介绍注册会计师的职业道德。

一、职业道德基本原则

注册会计师的职业道德是指注册会计师在执业时所应遵循的行为规范，是指职业品德、专业胜任能力、职业责任及职业行为的总

职业道德基本原则.mp4

称。中国注册会计师协会在《中国注册会计师职业道德守则》中要求注册会计师在执业时，应遵守下列几个基本原则。

(一)诚信

诚信是指诚实、守信。也就是说，一个人言行与内心思想一致，不虚假；能够履行与别人的约定而取得对方的信任。诚信原则要求注册会计师应当在所有的职业关系和商业关系中保持正直和诚实，秉公处事、实事求是。

(二)独立性

独立性是指不受外来力量控制、支配，按照一定之规行事。在执行鉴证业务时，注册会计师必须保持独立性，如果注册会计师不能与客户保持独立性，而是存在经济利益、关联关系，或屈从于外界压力等不利影响，就很难取信于社会公众。

独立性的内涵包括实质上的独立和形式上的独立。实质上的独立性是一种内心状态，使注册会计师在作出结论时不受个人或外界等损害职业判断因素的影响，诚信行事，遵循客观和公正原则；形式上的独立性是一种外在表现，是指注册会计师与被审计单位或个人没有任何特殊的利益关系，使一个理性且掌握充分信息的第三方，在权衡所有相关事实和情况后，认为会计师事务所或审计项目组成员没有损害诚信原则、客观和公正原则或职业怀疑态度。注册会计师执行审计和审阅业务及其他鉴证业务时，应当从实质和形式上保持独立性，不得因任何利害关系影响其独立性。

独立原则在强调社会审计人员对于委托单位保持独立性的同时，也要求他独立于外部的其他机构和组织。社会审计人员对他所出具的审计报告负法律责任，因此不论是业务的承接、执行，还是报告的形成与提交，社会审计人员均应依法办事，独立自主，不依附于其他机构和组织也不受其干扰和影响。社会审计人员的审计报告无须经任何部门审定和批准。

按照《职业道德准则》的要求，社会审计人员与委托单位存在以下利害关系时，应向所在的会计师事务所声明并实行回避。为保持独立性而应回避的事项如下。
(1) 曾在委托单位任职，离职后未满两年的。
(2) 持有委托单位股票、债券或在委托单位有其他经济利益的。
(3) 与委托单位的负责人、主管人员、董事或委托事项的当事人有近亲关系的。
(4) 担任委托单位常年会计顾问或代为办理会计事项的。
(5) 其他为保持独立性而应回避的事项。

注意

实质上独立与否，是很难界定的。一方面，形式上不独立很可能导致实质上不独立；另一方面，即使实质上独立，形式上的不独立也会造成审计报告丧失可信度，从而使审计毫无意义。所以常以比较容易把握的形式上的独立作为独立性评价的标准。

(三)客观和公正

客观是指按照事物的本来面目去考察、判断，不掺杂个人主观意愿，不受委托单位或第三者的意见所左右。公正是指公平正直，不偏不倚地对待有关利益各方，不以牺牲一方利益为条件而使另一方受益。客观和公正原则要求注册会计师应当公正处事、实事求是，不得由于偏见、利益冲突或他人的不当影响而损害自己的职业判断。如果存在导致职业判断出现偏差或对职业判断产生不当影响的情形，注册会计师不得提供相关专业服务。

(四)专业胜任能力和应有的关注

1. 专业胜任能力

专业胜任能力是指注册会计师具有的专业知识、技能和经验，能够经济、有效地完成客户委托的业务。注册会计师作为专业人士，在许多方面都要履行相应的责任，保持和提高专业胜任能力就是其中的重要内容。注册会计师如果不能保持和提高专业胜任能力，就难以完成客户委托的业务。事实上，如果注册会计师在缺乏足够的知识、技能和经验的情况下提供专业服务，就构成了一种欺诈。

1) 不得从事不能胜任的工作

一般说来，社会公众很难对社会审计人员的业务质量作出评价，但人们委托社会审计人员或依赖社会审计人员的报告，就有权期望社会审计人员在业务上合格胜任、人格上高尚廉洁。社会审计人员接受了委托，从事业务活动，便意味着他有足够的业务能力完成所受委托的业务。因此，《职业道德准则》规定，禁止注册会计师承接、从事本人不能胜任或不能按时完成的业务。同时规定，如果对某项业务整个会计师事务所都无法胜任或不能按时完成的话，会计师事务所应当拒绝接受该项业务的委托。

2) 注册会计师对其助理人员和其他专业人员的责任

注册会计师的大部分业务都需要助理人员的参加，某些特殊的业务还需要聘请其他专业人员(如评估师、律师等)才能胜任，但审计报告则要由注册会计师签章，并对其审计报告负法律责任，这就要求注册会计师对助理人员和其他人员的工作结果负责。《国际审计准则》规定："当审计人员委派工作给助理人员，或利用其他审计人员或专家执行工作时，他仍应负责对财务资料的形成表示意见。"我国《独立审计基本准则》第十条也有此规定。

注册会计师对助理人员和其他专业人员的工作结果负责，就要求其对助理人员和其他专业人员的能力进行评价，看其能否胜任所分派的工作；在执行业务之前，需就项目的性质、时间、范围和方法等对助理人员和其他专业人员进行必要的培训；在执行业务过程中应对助理人员和其他专业人员予以切实的指导、监督和检查，包括复核其工作底稿。

3) 接受继续教育

社会审计人员不能停留于已有的知识和经验而故步自封、裹足不前，用经验主义、教条主义的方式去处理各种新问题，必须适应时代的要求，按照注册会计师协会的规定，不断地接受继续教育，更新和提高专业知识，保持和发展专业技能，熟悉并掌握现行各种有关规定和实务标准，不断提高业务能力。

2．应有的关注

应有的关注，是要求注册会计师遵守执业准则和职业道德规范的要求，勤勉尽责，认真、全面、及时地完成工作任务。在审计过程中，注册会计师应当保持职业怀疑态度，运用专业知识、技能和经验，获取和评价审计证据。

(五)保密

保密原则要求注册会计师应当对在职业活动中获知的涉密信息保密，不得有下列行为：①未经客户授权或法律法规允许，向会计师事务所以外的第三方披露其所获知的涉密信息；②利用所获知的涉密信息为自己或第三方谋取利益。

注册会计师在社会交往中应当履行保密义务，应当警惕无意泄密的可能性，特别是警惕无意中向近亲属或关系密切人员泄密的可能性。近亲属是指配偶、父母、子女、兄弟姐妹、祖父母、外祖父母、孙子女、外孙子女。另外，注册会计师应当对拟接受的客户或拟受雇的工作单位向其披露的涉密信息保密。

注册会计师在下列情况下可以披露涉密信息。

(1) 法律法规允许披露，并且取得客户或工作单位的授权。

(2) 根据法律法规的要求，为法律诉讼、仲裁准备文件或提供证据以及向有关监管机构报告发现的违法行为。

(3) 法律法规允许的情况下，在法律诉讼、仲裁中维护自己的合法权益。

(4) 接受注册会计师协会或监管机构的执业质量检查，答复其询问和调查。

(5) 法律法规、执业准则和职业道德规范规定的其他情形。

(六)良好的职业行为

注册会计师应当遵守相关法律法规，避免发生任何损害职业声誉的行为。注册会计师在向公众传递信息以及推介自己和工作时，应当客观、真实、得体，不得损害职业形象，不得有下列行为。

(1) 夸大宣传提供的服务、拥有的资质或获得的经验。

(2) 贬低或无根据地比较其他注册会计师的工作。

(3) 会计师事务所、注册会计师不得允许他人以本所或本人的名义承办业务。

课堂实训 2-1

【实训操作内容】注册会计师的职业道德。

【实训操作要求】掌握注册会计师职业道德的基本原则。

【实训资料】衡信会计师事务所在对东方公司 2012 年度的财务报表进行审计时，关于职业道德方面存在以下事项。

(1) 由于东方公司的财务总监是衡信会计师事务所所长的老同学，因此，衡信会计师事务所每次审计后都为其出具无保留意见的审计报告。

(2) 由于近期业务增多，衡信会计师事务所人手不足，于是派出了只有半年审计经验的注册会计师李明担任东方公司审计业务的项目经理。

(3) 衡信会计师事务所在接受注册会计师协会的检查时，拒绝向注册会计师协会提供东方公司的相关底稿，目的是保护自己客户的商业秘密。

(4) 东方公司在 A 国设有分支机构，A 国允许会计师事务所通过广告招揽业务。因此，衡信会计师事务所委托其在 A 国的分支机构，在该国媒体进行广告宣传以招揽该国在中国设立企业的审计业务，相关广告费已由衡信会计师事务所支付。

【实训要求】简述注册会计师的职业道德及其基本原则。判别衡信会计师事务所在对东方公司进行审计时的以上做法是否违背职业道德，并简要说明理由。

二、解决违反职业道德的基本思路

在遵守职业道德的过程中，注册会计师应当运用职业判断，如果发现存在可能违反职业道德基本原则的情形，注册会计师应当评价其对职业道德基本原则的不利影响。在评价不利影响的严重程度时，应当从性质和数量两个方面予以考虑。如果认为对职业道德基本原则的不利影响超出可接受的水平，注册会计师应当确定是否能够采取防范措施消除不利影响或将其降低至可接受的水平。

为了遵循职业道德的基本原则，注册会计师可以采用以下工作思路。

(1) 识别对注册会计师遵循职业道德基本原则的不利影响。

(2) 评价已识别不利影响的重要程度。

(3) 采取必要的防范措施消除或将其降至可接受水平。

(4) 如果不能将不利影响消除或降至可接受的水平，注册会计师应考虑拒绝、终止或解除业务约定。

三、对遵循职业道德的不利影响

注册会计师对职业道德基本原则的遵循可能受到多种因素的不利影响。不利影响的性质和严重程度因注册会计师提供服务类型的不同而不同。可能对职业道德基本原则产生不利影响的因素包括自身利益、自我评价、过度推介、密切关系和外在压力。

对职业道德的不利影响.mp4

(一)自身利益导致的不利影响

如果经济利益或其他利益对注册会计师的职业判断或行为产生不当影响，将产生自身利益导致的不利影响。自身利益导致不利影响的情形主要包括以下几种。

(1) 鉴证业务项目组成员在鉴证客户中拥有直接经济利益。

(2) 会计师事务所的收入过分依赖某一客户。

(3) 鉴证业务项目组成员与鉴证客户存在重要且密切的商业关系。

(4) 会计师事务所担心可能失去某一重要客户。

(5) 鉴证业务项目组成员正在与鉴证客户协商受雇于该客户。

(6) 会计师事务所与客户就鉴证业务达成或有收费的协议。

(7) 注册会计师在评价所在会计师事务所以往提供的专业服务时，发现了重大错误。

(二)自我评价导致的不利影响

如果注册会计师对其(或者其所在会计师事务所或工作单位的其他人员)以前的判断或服务结果作出不恰当的评价，并且将据此形成的判断作为当前服务的组成部分，将产生自我评价导致的不利影响。自我评价导致不利影响的情形主要包括以下几种。

(1) 会计师事务所在对客户提供财务系统的设计或操作服务后，又对系统的运行有效性出具鉴证报告。

(2) 会计师事务所为客户编制原始数据，这些数据构成鉴证业务的对象。

(3) 鉴证业务项目组成员担任或最近曾经担任客户的董事或高级管理人员。

(4) 鉴证业务项目组成员目前或最近曾受雇于客户，并且所处职位能够对鉴证对象施加重大影响。

(5) 会计师事务所为鉴证客户提供直接影响鉴证对象信息的其他服务。

(三)过度推介导致的不利影响

如果注册会计师过度推介客户或工作单位的某种立场或意见，使其客观性受到损害，将产生过度推介导致的不利影响。过度推介导致不利影响的情形主要包括以下几种。

(1) 会计师事务所推介审计客户的股份。

(2) 在审计客户与第三方发生诉讼或纠纷时，注册会计师担任该客户的辩护人。

(四)密切关系导致的不利影响

如果注册会计师与客户或工作单位存在长期或亲密的关系，而过于倾向他们的利益，或认可他们的工作，将产生密切关系导致的不利影响。密切关系导致不利影响的情形主要包括以下几种。

(1) 项目组成员的近亲属担任客户的董事或高级管理人员。

(2) 项目组成员的近亲属是客户的员工，其所处职位能够对业务对象施加重大影响。

(3) 客户的董事、高级管理人员或所处职位能够对业务对象施加重大影响的员工，最近曾担任会计师事务所的项目合伙人。

(4) 注册会计师接受客户的礼品或款待。

(5) 会计师事务所的合伙人或高级员工与鉴证客户存在长期业务关系。

(五)外在压力导致的不利影响

如果注册会计师受到实际的压力或感受到压力(包括对注册会计师实施不当影响的意图)而无法客观行事，将产生外在压力导致的不利影响。外在压力导致不利影响的情形主要包括以下几种。

(1) 会计师事务所受到客户解除业务关系的威胁。

（2）　审计客户表示，如果会计师事务所不同意对某项交易的会计处理，则不再委托其承办拟议中的非鉴证业务。

（3）　客户威胁将起诉会计师事务所。

（4）　会计师事务所受到降低收费的影响而不恰当地缩小工作范围。

（5）　由于客户员工对所讨论的事项更具有专长，注册会计师面临服从其判断的压力。

（6）　会计师事务所合伙人告知注册会计师，除非同意审计客户不恰当的会计处理，否则将影响晋升。

课堂实训 2-2

【实训操作内容】注册会计师的职业道德。

【实训操作要求】掌握对职业道德产生的不利影响。

【实训资料】衡信会计师事务所对东方公司 2012 年度的财务报表进行审计，发生了以下事项。

（1）　衡信会计师事务所的注册会计师张军持有东方公司的股票 100 股，每股市值约600 元。由于数额较小，注册会计师张军既未将该股票售出，也未予以回避。

（2）　衡信会计师事务所与东方公司签订的审计业务约定书中约定：审计费用为 100 万元，客户在衡信会计师事务所提交审计报告时支付一半的审计费用，剩余一半视该公司股票能否发行上市再决定是否支付。

（3）　由于计算机专家李先生曾在东方公司信息部工作，且参与了其现行计算机信息系统的设计，衡信会计师事务所特聘请李先生协助测试东方公司的计算机信息系统。

（4）　由于东方公司与 ABC 公司发生了经济纠纷，东方公司请衡信会计师事务所为其提供相关证据，衡信会计师事务所为了与客户保持良好关系，同意替其提供证据。

（5）　东方公司要求衡信会计师事务所的注册会计师李丽参与东方公司审计项目组，因为李丽的丈夫是东方公司的总经理，衡信会计师事务所同意了这一要求。

（6）　由于东方公司降低 2012 年度财务报表审计费用近 1/3，导致衡信会计师事务所审计收入不能弥补审计成本，衡信会计师事务所决定不再对东方公司下属的两个重要的销售分公司进行审计，并以审计范围受限为由出具了保留意见的审计报告。

【实训要求】根据中国注册会计师职业道德规范的有关规定，判断以上情形是否对衡信会计师事务所接受审计业务时的职业道德产生不利影响，并简要说明理由。

四、违反职业道德的防范措施

防范措施是指可以消除不利影响或将其降至可接受水平的行动或其他措施。应对不利影响的防范措施包括两大类：法律法规和职业规范规定的防范措施，以及在具体工作中采取的防范措施。

(一)法律法规和职业规范规定的防范措施

（1）　取得会员资格必需的教育、培训和经验要求。

(2) 持续的职业发展要求。

(3) 公司治理方面的规定。

(4) 执业准则和职业道德规范的规定。

(5) 监管机构或注册会计师协会的监控和惩戒程序。

(6) 由依法授权的第三方对会员编制的业务报告、申报资料或其他信息进行外部复核。

(二)注册会计师在具体工作中采取的防范措施

在具体工作中，应对不利影响的防范措施包括会计师事务所层面的防范措施和具体业务层面的防范措施。

1. 会计师事务所层面的防范措施

(1) 领导层强调遵循职业道德基本原则的重要性以及鉴证业务项目组成员应当维护公众利益。

(2) 制定有关政策和程序，实施项目质量控制，监督业务质量。

(3) 制定有关政策和程序，保证遵循职业道德基本原则，或者识别对职业道德基本原则的不利影响，评价不利影响的严重程度，采取防范措施消除不利影响或将其降低至可接受的水平。

(4) 制定有关政策和程序，防止项目组以外的人员对业务结果施加不当影响。

(5) 向鉴证客户提供非鉴证服务时，指派鉴证业务项目组以外的其他合伙人和项目组，并确保鉴证业务项目组和非鉴证业务项目组分别向各自的业务主管报告工作。

(6) 及时向所有合伙人和专业人员传达会计师事务所的政策、程序及其变化情况，并就这些政策和程序进行适当的培训。

(7) 指定高级管理人员负责监督质量控制系统是否有效运行。

(8) 向合伙人和专业人员提供鉴证客户及其关联实体的名单，并要求合伙人和专业人员与之保持独立。

(9) 制定有关政策和程序，鼓励员工就遵循职业道德基本原则方面的问题与领导层沟通。

(10) 建立惩戒机制，保障相关政策和程序得到遵守。

2. 具体业务层面的防范措施

(1) 对已执行的非鉴证业务，由未参与该业务的注册会计师进行复核，或在必要时提供建议。

(2) 对已执行的鉴证业务，由鉴证业务项目组以外的注册会计师进行复核，或在必要时提供建议。

(3) 向客户审计委员会、监管机构或注册会计师协会咨询。

(4) 与客户治理层讨论有关的职业道德问题。

(5) 向客户治理层说明提供服务的性质和收费的范围。

(6) 由其他会计师事务所执行或重新执行部分业务。

（7）　轮换鉴证业务项目组合伙人和高级员工。

课堂实训 2-3

【实训操作内容】注册会计师的职业道德。

【实训操作要求】掌握违反职业道德防范措施的运用。

【实训资料】衡信会计师事务所承接了东方公司年报审计业务后，应当有相应业务层面的防范措施来确保消除或降低对职业道德的不利影响。防范措施可能包括以下几种。

（1）　由审计项目组以外的更有经验的注册会计师复核已执行的审计工作。

（2）　向东方公司的独立董事咨询。

（3）　向东方公司的治理层披露服务性质。

（4）　与东方公司的财务总监讨论职业道德问题。

【实训要求】简要说明以上的防范措施中哪些可能是无效的。

五、注册会计师拒绝、终止或解除业务约定的情形

如果采取以上防范措施不能消除不利影响，或将不利影响降至可接受水平，则注册会计师应当考虑拒绝、终止或解除业务约定。其情形主要包括以下几种。

（1）　会计师事务所、审计项目组成员或其直系亲属，在审计客户(或可以对审计客户施加控制的实体)中拥有直接经济利益或重大间接经济利益。

（2）　会计师事务所、审计项目组成员或其直系亲属，从非银行或类似机构等审计客户取得贷款或担保，或者向审计客户提供贷款或担保，且金额巨大。

（3）　审计项目组的前任成员或事务所前任合伙人现在担任审计客户的董事、高级管理人员，或可以对财务报表施加重大影响的员工，且仍与事务所保持重要联系。

（4）　为审计客户提供某些非鉴证服务，如代编财务信息、资产评估等。

课堂实训 2-4

【实训操作内容】注册会计师的职业道德。

【实训操作要求】掌握违反职业道德防范措施的运用，以及终止业务的情形。

【实训资料】注册会计师在审查东方公司 2012 年度财务报表时发现其存在以下几个问题。

（1）　审计小组成员张芳的父亲是被审计单位的财务总监。

（2）　会计师事务所的注册会计师李敏成了被审计单位的经理。

（3）　审计小组成员李豪在被审计单位的控股子公司中拥有 5%的股份。

（4）　在审计报告涉及的期间内，审计小组成员张品是被审计单位的董事。

【实训要求】以上哪种情况会影响会计师事务所的独立性，且导致事务所不能承接该业务？对于其他情形，事务所应当采取哪些防范措施？

第四节　审计法律责任

审计法律责任是指审计人员在履行审计职责的过程中因损害法律上的义务关系所承担的法律后果。下面主要介绍注册会计师的法律责任。

一、注册会计师法律责任的成因

注册会计师在执行审计业务时，应当按照审计准则的要求审慎执业，保证执业质量，控制审计风险。否则，一旦审计失败，就有可能承担相应的责任。法律责任的出现，通常是因为注册会计师在执业时没有保持应有的职业谨慎，并因此导致了对他人权利的损害。应有的职业谨慎，指的是注册会计师应当具备足够的专业知识和业务能力，能够按照执业准则的要求执业。注册会计师承担的责任，通常由被审计单位的经营失败引发，如果没有应有的职业谨慎，就会出现审计失败，审计风险就会变成实际的损失。

因此，从理论上说，注册会计师是否承担法律责任最终取决于注册会计师自身是否有过错(是否没有保持应有的职业谨慎)。

二、注册会计师法律责任的认定

注册会计师需要承担的法律责任，通常包括违约、过失和欺诈等类型。

(一)违约

违约是指合同的一方或多方未能履行合同条款规定的义务。当注册会计师违约给他人造成损失时，注册会计师应负违约责任。例如，会计师事务所在商定的期间内未能提交纳税申报表，或违反了与被审计单位订立的保密协议等。

(二)过失

过失是指在一定条件下，注册会计师没有保持应有的职业谨慎。评价注册会计师的过失，是以其他合格注册会计师在相同条件下可做到的谨慎为标准的。当过失给他人造成损失时，注册会计师应负过失责任。过失按其程度不同分为普通过失和重大过失。

(1) 普通过失。普通过失也称一般过失，通常是指没有保持职业上应有的职业谨慎。对注册会计师而言，普通过失则是指没有完全遵循专业准则的要求。例如，未按特定审计项目获取充分、适当的审计证据就出具审计报告的情况，可视为一般过失。

(2) 重大过失。重大过失是指连起码的职业谨慎都没有保持。对注册会计师而言，则是指根本没有遵循专业准则或没有按专业准则的基本要求执行审计。

(三)欺诈

欺诈又称舞弊，是以欺骗或坑害他人为目的的一种故意的错误行为。作案具有不良动机是欺诈的重要特征，也是欺诈与普通过失和重大过失的主要区别之一。对于注册会计师而言，欺诈就是为了达到欺骗他人的目的，明知委托单位的财务报表有重大错报，却加以虚伪的陈述，出具无保留意见的审计报告。

注册会计师的欺诈行为主要指以下几种情形：①明知委托单位的会计报表有重大错误，却加以虚伪的陈述，而出具无保留意见审计报告；②明知委托单位有严重损害国家或其他经济单位的不法行为，而违反社会审计人员的职业道德，接受委托单位的示意或牟取私利，对事实加以掩饰、缩小或完全加以篡改，致使国家或其他经济单位、个人遭受严重的损失；③明知委托单位的会计报表无重大错误，但出于社会审计人员的个人目的，有意制造不符合事实的审计事项，伪造审计证据，或夸大事实，致使委托单位的正当权益受到损害。

三、注册会计师承担法律责任的种类

注册会计师因违约、过失或欺诈给被审计单位或其他利害关系人造成损失的，按照有关法律规定，可能被判承担民事责任、刑事责任、行政责任，如表 2-2 所示。这三种责任可单处，也可并处。

(一)民事责任

民事责任是指注册会计师由于民事违法而应承担的法律后果。我国注册会计师承担的民事责任主要有赔偿损失、支付违约金、消除影响、恢复名誉、赔礼道歉等形式。

(二)刑事责任

刑事责任是指注册会计师由于违反国家的法律、法规，情节严重的，构成刑事犯罪而应承担的法律后果。按情节严重，处五年以下有期徒刑或者拘役，并处罚金。

(三)行政责任

行政责任是指注册会计师由于行政违法而应承担的法律后果。我国注册会计师承担的行政责任主要有警告、暂停执业、吊销注册会计师证书等形式。

表 2-2　注册会计师法律责任的种类

责任种类 责任主体	民事责任 (违约、过失、欺诈)	刑事责任 (欺诈)	行政责任 (违约、过失)
注册会计师个人	无	五年以下有期徒刑或者拘役，并处罚金	警告、暂停执业、吊销注册会计师证书

四、社会审计人员避免法律责任的措施

(一)严格遵循独立审计准则和职业道德的要求

不能苛求社会审计人员对会计报表中的所有错报事项都要承担法律责任，社会审计人

员是否承担法律责任，关键在于是否有过失或欺诈行为。而判别社会审计人员是否有过失的关键在于其是否遵照专业标准执业。因此，保持良好的职业道德，严格遵循专业标准的要求执行业务、出具报告，对于避免法律诉讼或在提起的诉讼中保护社会审计人员具有无比的重要性。

(二)建立、健全会计师事务所质量控制制度

会计师事务所不同于一般的公司、企业，质量管理是会计师事务所各项管理工作中的核心、关键。如果一个会计师事务所质量管理不严，很有可能因为某一个人或一个部门的原因导致整个会计师事务所遭受灭顶之灾。因此，会计师事务所必须建立健全一套科学、严密的内部质量控制制度，并把这套制度推行到每一个人、每一个部门和每一项业务，迫使审计人员按照专业标准的要求执业，保证整个会计师事务所的质量。具体措施如：招收合格的审计助理人员，建立严格的复核制度等。

(三)与委托人严格签订业务约定书

严格签订业务约定书是确定社会审计人员和委托人责任的重要文件。无论执行何种业务，都要在执行业务之前与委托单位签订审计业务约定书，明确业务的性质、范围和双方的责、权、利，这样才能在发生法律诉讼时减少无休止的争执。《中华人民共和国注册会计师法》第十六条规定注册会计师承办业务，由其所在的会计师事务所统一受理，并与委托人签订委托合同(即业务约定书)。

(四)审慎选择被审计单位

一是要选择正直的被审计单位。如果被审计单位对其顾客、职工、政府部门或其他方面没有正直的品格，也必然会蒙骗社会审计人员，使社会审计人员落入他们设定的圈套，出现法律纠纷的可能性就比较大。这就要求社会审计组织在接受委托之前，应当采取必要的措施获得对委托单位的基本了解，评价它的品格，一旦发现委托单位缺乏正直的品格，就应拒绝接受委托。二是对陷入财务和法律困境的被审计单位要注意。中外历史上绝大部分涉及注册会计师的诉讼案件，都集中在宣告破产的被审计单位。

(五)深入了解被审计单位的业务

在很多案件中，社会审计人员之所以未能发现错误，一个重要的原因就是他们不了解被审计单位所在行业的情况及被审计单位的业务。会计是经济活动的综合反映，不熟悉被审计单位的经济业务和生产经营活动，仅局限于有关的会计资料，就可能发现不了某些错误。

(六)提取风险基金或购买责任保险

在西方国家，投保充分的责任保险是会计师事务所一项极为重要的保护措施，尽管保险不能免除可能引起的法律诉讼，但能防止或减少诉讼失败时会计师事务所发生的财务损失。《中华人民共和国注册会计师法》也规定了会计师事务所应当按规定建立职业风险基

金，办理职业保险。

(七)聘请熟悉《中华人民共和国注册会计师法》的律师

有条件的会计师事务所，应尽可能聘请熟悉相关法律法规及注册会计师法律责任的律师。在执业过程中，如遇到重大法律问题，注册会计师应同本所的律师或外聘律师详细讨论所有潜在的风险情况，并仔细考虑律师的建议。一旦发生法律诉讼，也应请有经验的律师参与诉讼。

能 力 训 练

一、判断题(正确打√，错误打×)

1. 审计业务属于注册会计师的法定业务，非注册会计师不得承办。　　　　(　　)

2. 审计准则是注册会计师实施审计工作时应遵循的行为规范，但它不是衡量审计工作质量的标准。　　　　(　　)

3. 注册会计师若与被审计单位的某位员工具有近亲属关系，就不得执行该客户的审计业务。　　　　(　　)

4. 如果注册会计师未查出被审计单位财务报表中的错报，则注册会计师应当承担法律责任。　　　　(　　)

5. 一般情况下，因违约可能使注册会计师承担民事责任，情节严重者应负刑事责任。　　　　(　　)

6. 如果注册会计师拥有被审计单位的少量股票，但没有达到直接控制，也没有达到重大的间接控制，不影响独立性，注册会计师不需要回避。　　　　(　　)

7. 会计师事务所在任何情况下不得对外泄露审计档案所涉及的商业秘密等有关内容。　　　　(　　)

8. 我国普通合伙设立的会计师事务所的债务以其全部资产为限，不足部分由有过失的合伙人承担无限责任。　　　　(　　)

二、单项选择题

1. 注册会计师审计产生的直接原因是(　　)。
   A. 所有权和经营权的分离　　　　B. 合伙企业制度的产生
   C. 股份制企业制度的形成　　　　D. 资本市场的发展

2. 注册会计师审计在市场经济中的特殊作用是(　　)。
   A. 防止错误与舞弊行为的发生
   B. 提高企业财务信息的可靠性和可信性
   C. 正确反映企业财务状况和经营成果
   D. 帮助企业改善经营管理、提高经济效益

3. 我国目前的审计机关由(　　)领导。

A. 全国人民代表大会　　　　　　B. 中国注册会计师协会

C. 政府　　　　　　　　　　　　D. 财政部门

4. 能够对我国注册会计师进行管理的机构是(　　)。

　　A. 国家审计署　　　　　　　　B. 国家审计署的特派机构

　　C. 事务所所在地区的审计局　　D. 中国注册会计师协会

5. 会计师事务所如无法胜任或不能按时完成审计业务，应该(　　)。

　　A. 减少审计收费　　　　　　　B. 转包给其他会计师事务所

　　C. 拒绝接受委托　　　　　　　D. 聘请其他专家帮助

6. 会计师事务所给他人造成经济损失时，应予赔偿，这表明会计师事务所要承担(　　)。

　　A. 行政责任　　　B. 刑事责任　　　C. 民事责任　　　D. 道德责任

7. (　　)是指注册会计师没有完全遵循执业准则的要求执业。

　　A. 普通过失　　　B. 重大过失　　　C. 欺诈　　　　　D. 违约

8. 在注册会计师鉴证业务准则中，起统领作用的是(　　)。

　　A. 鉴证业务基本准则　　　　　B. 审计准则

　　C. 审阅准则　　　　　　　　　D. 鉴证业务准则指南

9. 注册会计师应当对在执业过程中获知的客户信息保密，但也有例外。下列不属于保密例外情形的是(　　)。

　　A. 法律法规允许披露，并且取得客户或雇用单位的授权

　　B. 另一客户提出查看的要求

　　C. 接受、答复注册会计师协会或监管机构的质量检查、询问和调查

　　D. 法律法规要求披露，包括为法律诉讼出示文件或提供证据以及向有关监管机构报告发现的违法行为

10. 注册会计师职业道德规范的基本原则中，既要求注册会计师具有专业知识、技能和经验，又要求其经济、有效地完成客户委托的业务的是(　　)。

　　A. 独立客观公正　　　　　　　B. 专业胜任能力

　　C. 保密　　　　　　　　　　　D. 职业行为

三、多项选择题

1. 下列情形中属于产生自身利益不利影响的有(　　)。

　　A. 在被审计单位拥有直接经济利益

　　B. 审计项目组成员与审计客户进行雇佣协商

　　C. 审计项目负责人长期与被审计单位总裁个人发生借贷关系

　　D. 会计师事务所承接的审计业务没有采用或有收费安排

2. 下列情形中属于产生自我评价不利影响的有(　　)。

　　A. 审计项目组成员现在是或最近曾是客户的董事或高级管理人员

　　B. 审计项目组成员与审计客户的董事存在直系亲属关系

  C. 审计客户的董事最近曾是会计师事务所的合伙人

  D. 审计项目负责人最近曾受雇于审计客户

3. 如果注册会计师没有查出被审计单位财务报表中存在的错报，在以下(　　)条件同时被满足的情况下，注册会计师才可能被判处负重大过失相应的法律责任。

  A. 错报是重大的

  B. 注册会计师没有运用适当的实质性程序

  C. 注册会计师具有不良动机

  D. 被审计单位的内部控制有效

4. 以下属于或有收费的有(　　)。

  A. 审计客户要求注册会计师出具标准审计报告，否则就不付费

  B. 审计客户按照审计后的净利润水平高低付费

  C. 法规认可按照审计对象的一定百分比收取费用

  D. 经法院或其他公共管理机构确定某一基础收取费用

5. 下列有关注册会计师审计的说法中正确的有(　　)。

  A. 注册会计师审计就是注册会计师代表本所或个人接受委托对被审计单位的财务报表进行审计并发表审计意见

  B. 注册会计师审计的独立体现为双向独立

  C. 注册会计师审计实际上提供的是一种有偿服务

  D. 注册会计师在执行审计工作时必须利用内部审计的工作成果

6. 解决职业道德问题的思路包括(　　)。

  A. 识别对遵循职业道德基本原则的威胁

  B. 评价已识别威胁的重要程度

  C. 采取必要的防范措施消除威胁或将其降至可接受水平

  D. 如果不能消除威胁或将其降至可接受水平，考虑拒绝、终止或解除业务约定

7. 会计师事务所正考虑承接下列客户的审计业务。为此首先应当考虑本事务所的独立性。在以下所列的各个客户中，如承接其年度财务报表审计业务就可能损害 E 会计师事务所独立性的客户包括(　　)。

  A. 由于 E 会计师事务所 2013 年度失去了大量客户，导致其从 A 公司收取的 2012 年度财务报表审计费用占该所全年业务收入的 70%

  B. E 会计师事务所在与 B 公司商定审计收费时，B 公司提出其 2012 年度财务报表的审计费用为本公司 2013 年度业务收入的 0.5%，具体金额到 2014 年年初确定

  C. C 公司为中介公司，其业务包括为 E 会计师事务所介绍审计客户。虽然 C 公司 2012 年没有为 E 会计师事务所介绍过几家客户，但双方还是续签了 2013 年度的合作协议

  D. D 公司与 E 会计师事务所已于 2012 年年末达成口头协议，双方同意 E 会计师

事务所的现任主任会计师于 2013 年 7 月借调到 D 公司财务部门任职，借调费用为每月 3 万元

8. 注册会计师存在下列行为时，需承担法律责任的有(　　)。

    A. 违约　　　　　B. 过失　　　　　C. 欺诈　　　　　D. 无法表示审计意见

四、案例分析题

V 公司系 ABC 会计师事务所的常年审计客户。2013 年 11 月，ABC 会计师事务所与 V 公司续签了审计业务约定书，审计 V 公司 2013 年度财务报表。假定存在以下情形：

(1) V 公司由于财务困难，应付 ABC 会计师事务所的 2012 年度审计费用 100 万元一直没有支付。经双方协商，ABC 会计师事务所同意 V 公司延期至 2014 年年底支付。在此期间，V 公司按银行同期贷款利率支付资金占用费。

(2) V 公司由于财务人员短缺，2013 年向 ABC 会计师事务所借用一名注册会计师，由该注册会计师将经会计主管审核的记账凭证录入计算机信息系统。ABC 会计师事务所未将该注册会计师包括在 V 公司 2013 年度财务报表审计项目组。

(3) 甲注册会计师已连续 5 年担任 V 公司年度财务报表审计的签字注册会计师。根据有关规定，在审计 V 公司 2013 年度财务报表时，ABC 会计师事务所决定不再由甲注册会计师担任签字注册会计师。但在成立 V 公司 2013 年度财务报表审计项目组时，ABC 会计师事务所要求其继续担任外勤审计负责人。

(4) V 公司要求 ABC 会计师事务所在出具审计报告的同时，提供内部控制审核报告。为此，双方另行签订了业务约定书。

(5) ABC 会计师事务所针对审计过程中发现的问题，向 V 公司提出了会计政策选用和会计处理调整的建议，并协助其解决相关账户调整问题。

【要求】(1) 根据职业道德基本原则的相关规定，分别判断上述五种情形是否对职业道德基本原则产生不利影响，并简要说明理由。

(2) 判断本案例中，会计师事务所和审计人员应承担的审计责任有哪些？原因是什么？

五、思考题

1. 注册会计师职业道德的基本原则有哪些？
2. 简述注册会计师法律责任的成因及认定类型。

第三章
管理层认定和审计目标

知识能力目标

(1) 了解总体审计目标;

(2) 了解并掌握管理层认定的具体内容;

(3) 能够撰写总体审计报告;

(4) 能够根据管理层认定,确定具体的审计目标。

问题提示

(1) 什么是管理层认定?

(2) 管理层认定的类型包括哪些?

(3) 管理层认定与具体审计目标有什么关系?

第一节 财务报表审计的总体目标

一、审计工作的前提

法律法规规定了管理层和治理层与财务报表相关的责任,注册会计师按照审计准则的规定执行审计工作的前提是管理层和治理层已认可并理解其应当承担的责任。

(一)管理层和治理层的概念

管理层是指对被审计单位经营活动的运营负有经营管理责任的人员或组织,管理层通过编制财务报表反映受托责任的履行情况。治理层是指对被审计单位战略方向以及管理层履行经营管理责任负有监督责任的人员或组织,治理层的责任包括监督财务报告过程。在治理层的监督下,管理层作为会计工作的行为人,对编制财务报表负有直接责任。财务会计报告应当由单位负责人和主管会计工作的负责人、会计机构负责人(会计主管人员)签名并盖章;设置总会计师的单位,还须由总会计师签名并盖章。

(二)与财务报表相关的责任

财务报表是由被审计单位管理层在治理层的监督下编制的。管理层和治理层认可与财务报表相关的责任,是注册会计师执行审计工作的前提,构成注册会计师按照审计准则的规定执行审计工作的基础。这些责任主要包括下列各点。

(1) 按照适用的财务报告编制基础编制财务报表,并使其公允反映财务状况。

(2) 设计、执行和维护必要的内部控制,以使财务报表不存在由于舞弊或错误导致的重大错报。

(3) 为注册会计师提供必要的工作条件,包括允许注册会计师接触与编制财务报表相关的所有信息(如记录、文件和其他事项),向注册会计师提供审计所需的其他信息,允许注册会计师在获取审计证据时不受限制地接触其认为必要的内部人员和其他相关人员。

(三)注册会计师的责任

按照《中国注册会计师审计准则》(以下简称审计准则)的规定对财务报表发表审计意见是注册会计师的责任。注册会计师作为独立的第三方，对财务报表发表审计意见，有利于提高财务报表的可信赖程度。为履行这一职责，注册会计师应当遵守相关职业道德要求，按照审计准则的规定计划并实施审计工作，获取充分、适当的审计证据，并根据获取的审计证据得出合理的审计结论，发表恰当的审计意见。注册会计师通过签署审计报告确认其责任。

注意

审计意见旨在提高财务报表的可信度，但审计意见本身并不是对被审计单位持续经营能力或管理层经营效率、经营效果的保证。

(四)注册会计师责任与管理层和治理层责任之间的关系

财务报表审计不能减轻被审计单位管理层和治理层的责任。

财务报表编制和财务报表审计是财务信息生成链条上的不同环节，两者各司其职。法律法规要求管理层和治理层对编制财务报表承担责任，有利于从源头上保证财务信息质量。同时，在某些方面，注册会计师与管理层和治理层之间可能存在信息不对称现象。管理层和治理层作为内部人员，对企业的情况更为了解，更能作出适合企业特点的会计处理决策和判断，因此，管理层和治理层理应对编制财务报表承担完全责任。尽管在审计过程中，注册会计师可能向管理层和治理层提出调整建议，甚至在不违反独立性的前提下为管理层编制财务报表提供协助，但管理层仍然对编制财务报表承担责任，并通过签署财务报表确认这一责任。

注册会计师对财务报表承担审计责任。如果财务报表存在重大错报，而注册会计师通过审计没有能够发现，也不能因为财务报表已经注册会计师审计这一事实而减轻管理层和治理层对财务报表的责任。

二、财务报表审计的目标和作用

审计目标是在一定历史环境下，通过审计实践活动所期望达到的境地或最终结果，它包括财务报表审计目标以及与各类交易、账户余额和披露相关的审计目标两个层次，即审计总体目标和审计具体目标。

(一)总体目标

审计的目的是提高财务报表预期使用者对财务报表的信赖程度，这一目的可以通过注册会计师对财务报表发表审计意见得以实现。因此，执行财务报表审计工作时，注册会计师的总体目标包括下列两项。

一是对财务报表整体是否不存在由于舞弊或错误导致的重大错报获取合理保证，使注册会计师能够对财务报表是否在所有重大方面按照适用的财务报告编制基础编制发表审计意见；二是按照审计准则的规定，根据审计结果对财务报表出具审计报告，并与管理层和治理层沟通。

(二)财务报表审计的作用和局限性

注册会计师应当按照审计准则的规定，对财务报表整体是否不存在由于舞弊或错误导致的重大错报获取合理保证，以作为发表审计意见的基础。注册会计师作为独立第三方，运用专业知识、技能和经验对财务报表进行审计并发表审计意见，旨在提高财务报表的可信赖程度。由于审计存在固有限制，注册会计师据以得出结论和形成审计意见的大多数审计证据是说服性而非结论性的，因此，审计只能提供合理保证，不能提供绝对保证。虽然财务报表使用者可以根据财务报表和审计意见对被审计单位未来生存能力或管理层的经营效率、经营效果作出某种判断，但审计意见本身并不是对被审计单位未来生存能力或管理层经营效率、经营效果提供的保证。

第二节　管理层认定和具体审计目标

一、管理层认定的含义

管理层认定是指管理层在财务报表中作出的明确或隐含的表达，注册会计师将其用于考虑可能发生的不同类型的潜在错报。认定与审计目标密切相关，注册会计师的基本职责就是确定被审计单位管理层对其财务报表的认定是否恰当。注册会计师了解了认定，就很容易确定每个项目的具体审计目标。

管理层认定的含义.mp4

当管理层声明财务报表已按照适用的财务报告编制基础进行编制，在所有重大方面作出公允反映时，就意味着管理层对财务报表各组成要素的确认、计量、列报以及相关的披露作出了认定。管理层在财务报表上的认定有些是明确表达的，有些则是隐含表达的。例如，管理层在资产负债表中列报存货及其金额，意味着作出下列明确的认定：①记录的存货是存在的；②存货以恰当的金额包括在财务报表中，与之相关的计价或分摊调整已恰当记录。

同时，管理层也作出下列隐含的认定：①所有应当记录的存货均已记录；②记录的存货都由被审计单位拥有。

管理层对财务报表各组成要素均作出了认定，注册会计师的审计工作就是要确定管理层的认定是否恰当。

【课堂案例】东方企业 2012 年 12 月 31 日资产负债表中的货币资金为 500000 元。

【参考解析】

明确的认定：(1) 记录的货币资金是真实存在的；

(2) 记录的货币资金期末余额是 500000 元。

隐含的认定: (1) 所有应列报的货币资金都包括在财务报表中;

(2) 记录的货币资金全部由东方企业所拥有;

(3) 货币资金的使用不受任何限制(由本企业控制)。

【课堂案例】东方企业 2012 年度利润表中的营业收入为 1000000 元。

【参考解析】

明确的认定: (1) 记录的营业收入是真实发生的;

(2) 记录的全年营业收入金额是 1000000 元。

隐含的认定: (1) 所有应列报的营业收入都包括在财务报表中;

(2) 记录的营业收入全部与东方企业有关;

(3) 所有记录的营业收入都是在 2012 年度发生的。

注意

比较资产负债表项目与利润表项目在认定上有什么不同。

课堂实训 3-1

【实训操作内容】描述管理层认定。

【实训操作要求】掌握管理层认定的表达方式。

【实训资料】注册会计师在审查东方企业 2012 年度财务报表时，假设已知东方企业的资产负债表和利润表中部分项目列示如下。

应收账款	3000000
固定资产	5000000
短期借款	1000000
营业成本	600000
管理费用	100000

【实训要求】请分析上述财务报表项目中被审计单位作出的认定有哪些?

二、管理层认定的类别

(一)与所审计期间各类交易和事项相关的认定

与注册会计师所审计期间的各类交易和事项相关的认定通常分为以下几种类型。

(1) 发生。该类认定是指记录的交易或事项已发生，且与被审计单位有关。发生认定所要解决的问题是管理层是否把那些不曾发生的项目列入财务报表，它主要与财务报表组成要素的高估有关。

管理层认定的类别.mp4

(2) 完整性。该类认定是指所有应当记录的交易和事项均已记录。发生和完整性这两类认定强调的是相反的关注点。发生认定的目标针对潜在的高估，而完整性认定的目标则针对漏记交易(低估)。

(3) 准确性。该类认定是指与交易和事项有关的金额及其他数据已恰当记录。

(4) 截止。该类认定是指交易和事项已记录于正确的会计期间。

(5) 分类。该类认定是指交易和事项已记录于恰当的账户。

💡 注意

准确性与发生、完整性这些认定之间存在区别。例如，若已记录的销售交易是不应当记录的(如发出的商品是寄销商品)，则即使发票金额是准确计算的，仍违反了发生认定的目标。再如，若已入账的销售交易是对正确发出商品的记录，但金额计算错误，则违反了准确性认定的目标，但没有违反发生认定的目标。在完整性与准确性之间也存在同样的关系。例如，若真实的销售交易没有记录，则属完整性认定错报。再如，若真实的销售交易已记录，但金额计算少了，则属于准确性认定错报，但完整性认定没有错报。

【课堂案例】东方企业 2012 年度利润表中的营业收入为 1000000 元。

【参考解析】

发生认定：记录的营业收入是真实发生的，并且全部与东方企业有关；

完整性认定：所有应列报的营业收入都包括在财务报表中；

准确性认定：记录的全年营业收入金额是 1000000 元；

截止认定：所有记录的营业收入都是在 2012 年度发生的；

分类认定：所有应当记录在营业收入中的交易都已记录在营业收入中，所有不应当记录在营业收入中的交易都没有记录在营业收入中。

(二)与期末账户余额相关的认定

注册会计师对期末账户余额运用的认定通常分为以下几种类型。

(1) 存在。该类认定是指记录的资产、负债和所有者权益是存在的。与发生认定类似，存在认定所要解决的问题是管理层是否把那些不存在的项目列入财务报表，也主要与财务报表组成要素的高估有关。

(2) 权利和义务。该类认定是指记录的资产由被审计单位拥有或控制，记录的负债是被审计单位应当履行的偿还义务。

(3) 完整性。该类认定是指所有应当记录的资产、负债和所有者权益均已记录。主要与财务报表组成要素的低估有关。

(4) 计价和分摊。该类认定是指资产、负债和所有者权益以恰当的金额包括在财务报表中，与之相关的计价或分摊调整已恰当记录。

【课堂案例】东方企业 2012 年 12 月 31 日资产负债表中的货币资金为 500000 元。

【参考解析】

存在认定：记录的货币资金是真实存在的；

权利和义务认定：记录的货币资金全部由东方企业所拥有或控制；

完整性认定：所有应列报的货币资金都包括在财务报表中；

计价和分摊认定：记录的货币资金期末余额是 500000 元。

(三)与列报和披露相关的认定

各类交易和账户余额的认定正确只是为列报正确打下了必要的基础，财务报表还可能因被审计单位误解有关列报的规定或舞弊等而产生错报。另外，还可能因被审计单位没有遵守一些专门的披露要求而导致财务报表错报。因此，即使注册会计师审计了各类交易和账户余额的认定，实现了各类交易和账户余额的具体审计目标，也不意味着获取了足以对财务报表发表审计意见的充分、适当的审计证据。因此，注册会计师还应当对各类交易、账户余额及相关事项在财务报表中列报的正确性实施审计。

注册会计师对列报和披露运用的认定通常分为以下几种类型。

(1) 发生以及权利和义务认定。该类认定是指披露的交易、事项和其他情况已发生，且与被审计单位有关。例如，复核董事会会议记录中是否记载了固定资产抵押等事项，询问管理层固定资产是否被抵押，即是对列报的权利认定的运用。如果被审计单位拥有被抵押的固定资产，则需要将其在财务报表中列报，并说明与之相关的权利受到限制。

(2) 完整性认定。该类认定是指所有应当包括在财务报表中的披露均已包括。例如，检查关联方和关联交易，以验证其在财务报表中是否得到充分披露，即是对列报的完整性认定的运用。

(3) 分类和可理解性认定。该类认定是指财务信息已被恰当地列报和描述，且披露内容表述清楚。例如，检查存货的主要类别是否已披露，是否将一年内到期的长期负债列为流动负债，即是对列报的分类和可理解性认定的运用。

(4) 准确性和计价认定。该类认定是指财务信和其他信息已公允披露，且金额恰当。例如，检查财务报表附注是否分别对原材料、在产品和产成品等存货成本核算方法作了恰当说明，即是对列报的准确性和计价认定的运用。

注册会计师可以按照上述分类运用认定，也可按其他方式表述认定，但应涵盖上述所有方面。例如，注册会计师可以选择将有关交易和事项的认定与有关账户余额的认定综合运用。又如，当发生和完整性认定包含了对交易是否记录于正确会计期间的恰当考虑时，就可能不存在与交易和事项截止相关的单独认定。

课堂实训 3-2

【实训操作内容】指出相关的管理层认定。

【实训操作要求】掌握管理层认定的运用。

【实训资料】注册会计师在审查东方企业 2012 年度财务报表时，假设东方企业 2012 年 12 月 31 日的资产负债表中列示的存货余额为 5000000 元。

【实训要求】请将下列认定的序号填入与对认定的描述相符的括号中。

1. 发生 　　2. 存在 　　3. 发生以及权利和义务 　　4. 完整性 　　5. 权利和义务

6. 准确性 　　7. 准确性和计价 　　8. 计价和分摊 　　9. 截止 　　10. 分类和可理解性

A. 记录的存货全部由东方企业所拥有或控制 　　　　　　　　　(　　　)

B. 记录的存货期末余额是 5000000 元 　　　　　　　　　　(　　　)

C. 所有记录的存货是真实存在的 　　　　　　　　　　　　　(　　　)

D. 所有应当披露的存货信息已被恰当地列报和描述，且内容表述清楚 (　　　)

E. 所有应列报的存货都包括在财务报表中 　　　　　　　　　(　　　)

三、管理层认定与具体审计目标关系

(一)与所审计期间各类交易和事项相关的审计目标

(1) 与发生认定相关的审计目标。由发生认定推导的审计目标是确认已记录的交易是真实的。例如，如果没有发生销售交易，但在销售日记账中记录了一笔销售，则违反了该目标。

(2) 与完整性认定相关的审计目标。由完整性认定推导的审计目标是确认已发生的交易确实已经记录。例如，如果发生了销售交易，但没有在销售明细账和总账中记录，则违反了该目标。

(3) 与准确性认定相关的审计目标。由准确性认定推导出的审计目标是确认已记录的交易是按正确金额反映的。例如，如果在销售交易中，发出商品的数量与账单上的数量不符，或开账单时使用了错误的销售价格，或数量与单价相乘与销售金额不符，或在销售明细账中记录了错误的金额，则违反了该目标。

(4) 与截止认定相关的审计目标。由截止认定推导出的审计目标是确认接近于资产负债表日的交易记录于恰当的期间。例如，如果本期交易推到下期，或下期交易提到本期，均违反了截止目标。

(5) 与分类认定相关的审计目标。由分类认定推导出的审计目标是确认被审计单位记录的交易经过适当分类。例如，如果将现销记录为赊销，将出售经营性固定资产所得的收入记录为营业收入，则导致交易分类的错误，违反了分类的目标。

(二)与期末账户余额相关的审计目标

(1) 与存在认定相关的审计目标。由存在认定推导的审计目标是确认记录的金额确实存在。例如，如果不存在某顾客的应收账款，在应收账款明细表中却列入了对该顾客的应收账款，则违反了存在目标。

(2) 与权利和义务认定相关的审计目标。由权利和义务认定推导的审计目标是确认资产归属于被审计单位，负债属于被审计单位的义务。例如，将他人寄售商品列入被审计单位的存货中，违反了权利目标；将不属于被审计单位的债务记入账内，违反了义务目标。

(3) 与完整性认定相关的审计目标。由完整性认定推导的审计目标是确认已存在的金额均已记录。例如，如果存在某顾客的应收账款，在应收账款明细表中却没有列入对该顾客的应收账款，则违反了完整性目标。

(4) 与计价和分摊认定相关的审计目标。由计价和分摊认定推导的审计目标是资产、负债和所有者权益以恰当的金额包括在财务报表中，与之相关的计价和分摊调整已恰当记录。

(三)与列报和披露相关的审计目标

(1) 与发生以及权利和义务相关的审计目标。将没有发生的交易、事项，或与被审计单位无关的交易和事项包括在财务报表中，则违反了该目标。

(2) 与完整性相关的审计目标。如果应当披露的事项没有包括在财务报表中，则违反了该目标。

(3) 与分类和可理解性相关的审计目标。该目标是财务信息已被恰当地列报和描述，且披露内容表述清楚。

(4) 与准确性和计价相关的审计目标。该目标是财务信息和其他信息已公允披露，且金额恰当。

通过上面介绍可知，管理层认定是确定具体审计目标的基础，注册会计师通常应将管理层认定转化为能够通过审计程序予以实现的具体审计目标，然后通过执行一系列审计程序获取充分、适当的审计证据以实现审计目标。管理层认定、审计目标和审计程序之间的关系(以具体项目的审计为例)如表 3-1 所示。

表 3-1　管理层认定、审计目标和审计程序之间的关系

管理层认定	具体审计目标	具体审计程序
存在	资产负债表列示的存货存在	实施存货监盘程序
完整性	销售收入包括所有已发生的交易	检查发货单和销售发票的编号及销售明细账
准确性	应收账款反映的销售业务是否基于正确的价格和数量，计算是否正确	比较价格清单与发票上的价格，发货单与销售订购单上的数量是否一致，重新计算发票上的金额
截止	销售业务记录在恰当的期间	比较上一年度最后几天和下一年度最初几天的发货单日期与记账日期
权利和义务	资产负债表中的固定资产确实为企业所拥有	查阅所有权证书、购货合同、结算单和保险单
计价和分摊	以净值记录应收账款	检查应收账款账龄分析表，评估计提的坏账准备是否充足

课堂实训 3-3

【实训操作内容】根据具体审计目标或审计程序，指出相关的管理层认定。

【实训操作要求】掌握管理层认定、具体审计目标和审计程序之间的关系。

【实训资料】注册会计师K在审查东方企业年度财务报表时，针对该企业财务报表的不同项目提出了若干具体审计目标或审计程序。下面摘录了其中的一部分。所摘录的审计目标或审计程序对所述项目并不一定是最主要的。

【实训要求】将与所列示的审计目标或审计程序相对应的管理层认定填入表3-2中。

表3-2　审计目标或审计程序所对应的管理层认定

具体目标或程序号	管理层认定的名称
(1)确定应收票据是否存在漏记的情况	
(2)检查生产设备的购货发票，核实付款人是否为东方企业	
(3)固定资产与低值易耗品的金额界限是否明确	
(4)应收票据明细账余额加计是否与总账余额相符	
(5)存货的跌价准备已适当计提	
(6)账龄超过一年的预收账款未予结转的原因	
(7)确定当年所购商品验收单的最大号码	
(8)编制或获取营业收入项目的明细表，复核、加计正确	

能 力 训 练

一、判断题(正确打√，错误打×)

1. 注册会计师对财务报表审计，能够减轻被审计单位管理层与治理层的责任。(　　)

2. 管理层认定只是对财务报表各组成要素的确认、计量、列报作出明确的表达。

(　　)

3. 发生认定可能存在的问题是漏记交易(低估)。(　　)

4. 完整性认定可能存在的问题是管理层把那些不曾发生的项目记入财务报表，它主要与财务报表组成要素的高估有关。(　　)

5. 若已入账的销售交易是对正确发出商品的记录，但金额计算错误，则属于准确性认定错报，而发生认定没有错报。(　　)

6. 为证实被审计单位管理层对存货项目的存在认定，注册会计师应当从存货明细账、存货盘点记录中选取项目追查至存货实物，以测试存货明细账和存货盘点记录的存在。(　　)

7. 如果被审计单位为了取得某笔借款而将其固定资产用作担保、抵押物，则应以隐含性的方式予以认定。(　　)

8. 认定与审计目标密切相关，注册会计师的基本职责就是确定被审计单位管理层对其财务报表的认定是否恰当。(　　)

9. 选择适用的会计准则和相关的会计制度是注册会计师和被审计单位管理层双方的责任。 ( )

10. 注册会计师应合理保证已审计后的财务报表不存在重大错报，如果存在重大错报，注册会计师应承担完全责任。 ( )

二、单项选择题

1. 被审计单位管理层对各类交易和事项的认定不包括( )。
   A. 完整性　　　B. 准确性和截止　　　C. 分类　　　　D. 准确性和计价

2. 被审计单位当年购入设备一台，会计部门在记账时，漏记了该设备的运费，则被审计单位违反的认定是( )。
   A. 准确性　　　B. 完整性　　　　C. 截止　　　　D. 发生

3. 被审计单位当年建造完工厂房已投入使用，并办理了固定资产竣工决算手续，但注册会计师发现在建造厂房的"工程成本"中有多笔职工福利开支费，显然，被审计单位固定资产报表项目不正确的认定是( )。
   A. 存在　　　　B. 完整性　　　　C. 计价与分摊　　D. 分类

4. 下列各项中，( )违反了权利和义务的认定。
   A. 将未曾发生的销售入账　　　　B. 将已发生的销售业务不登记入账
   C. 未将已抵押的存货披露　　　　D. 待摊费用摊销期限不恰当

5. 下列事项中属于被审计单位"计价和分摊"认定错误的是( )。
   A. 将应付账款 100 万元记为 1000 万元
   B. 将营业收入 100 万元计入营业外收入
   C. 将销售费用 200 万元计入管理费用
   D. 将营业成本 30 万元记为营业外支出

6. 注册会计师在对上市企业的年报进行审计时，一般会将"发生"认定作为重点证明的认定项目是( )。
   A. 应付账款　　　B. 营业收入　　　C. 预收款项　　　D. 预付款项

7. 注册会计师通过分析存货周转率最有可能证实存货的认定是( )。
   A. 存在　　　　B. 权利和义务　　C. 分类和可理解性　　D. 计价和分摊

8. 注册会计师发现 X 企业将 2009 年 12 月 31 日已经发生的一笔赊销业务计入 2010 年 1 月 3 日的营业收入的确凿审计证据，则与该笔业务有关的认定注册会计师最关注的是( )。
   A. 分类　　　　B. 准确性　　　　C. 截止　　　　D. 计价和分摊

9. 注册会计师在对被审计单位存货进行盘点时，发现有盘盈情况，说明会计报表( )认定有错误。
   A. 存在　　　　B. 完整性　　　　C. 权利和义务　　D. 计价和分摊

10. 甲企业将 2011 年度的主营业务收入列入 2010 年度的财务报表，则其 2010 年度的财务报表存在错误的认定是( )。

A. 发生　　　　B. 完整性　　　　C. 准确性　　　　D. 分类

三、多项选择题

1. 审查上市企业财务报表的(　　)项目时，注册会计师应侧重验证"存在"认定。

　　A. 存货　　　　B. 短期借款　　　　C. 应收账款　　　　D. 库存现金

2. 如果被审计单位将应记入X账户的业务错记在同一会计期间的Y账户中，则以下说法中正确的有(　　)。

　　A. X账户违反了完整性认定　　　　B. Y账户违反了存在认定

　　C. 被审计单位违反了分类认定　　　　D. 注册会计师可以通过截止测试发现

3. 注册会计师所确定的以下具体审计目标中，(　　)是根据管理层关于完整性认定推论得出的。

　　A. 营业收入明细账余额合计是否与总账余额相符

　　B. 存货是否已适当地计提跌价损失准备

　　C. 存放在其他企业的存货是否包括在存货项目内

　　D. 有关短期借款的入账是否及时

4. 注册会计师黄彬在审查G企业 2011 年度财务报表的固定资产项目时，需要获取审计证据以证实G企业外购固定资产的权利和义务认定。为此，除了检查相关所有权凭证外，黄彬还应检查的文件和凭证有(　　)。

　　A. 购货合同　　　　B. 购货发票　　　　C. 保险单　　　　D. 发运凭证

5. 管理层对编制财务报表的责任包括(　　)。

　　A. 选择适用的会计准则和相关的会计制度

　　B. 设计、实施和维护与财务报表编制相关的内部控制

　　C. 根据企业的具体情况，作出合理的会计估计

　　D. 选择和运用恰当的会计政策

6. 关于被审计单位的会计责任和注册会计师的审计责任，以下说法正确的有(　　)。

　　A. 保证会计报表的质量，既是被审计单位管理层和治理层的责任，也是注册会计师的责任

　　B. 注册会计师可以要求被审计单位管理层和治理层提供书面声明，以明确双方的责任

　　C. 注册会计师的审计责任不能替代、减轻或免除被审计单位的会计责任

　　D. 被审计单位的会计责任不能替代、减轻或免除注册会计师的审计责任

7. 注册会计师对上市企业进行审计时，将"完整性"作为重点证明的认定有(　　)。

　　A. 预付账款　　　　B. 短期借款　　　　C. 应付账款　　　　D. 应收账款

8. 截止测试的目的主要是确定被审计单位的交易是否已记入恰当的会计期间，它与管理层对财务报表的(　　)认定相关。

A. 存在或发生   B. 完整性   C. 截止   D. 表达与披露

9. 某企业 2008 年 12 月 31 日资产负债表流动资产项下列示存货为 1000000 元，则明确的认定包括(   )。

    A. 记录的存货是存在的

    B. 记录的存货的正确余额是 1000000 元

    C. 所有应列报的存货都包括在财务报表中

    D. 记录的存货全部由本企业所拥有且使用不受任何限制

10. 注册会计师对财务报表审计是对(   )内容发表审计意见。

    A. 财务报表是否不存在重大错报

    B. 财务报表是否按照适用的会计准则和相关会计制度的规定编制

    C. 财务报表是否反映了管理层的判断和决策

    D. 财务报表是否在所有重大方面公允反映被审计单位的财务状况、经营成果和现金流量

四、综合分析题

注册会计师通常依据各类交易、账户余额和列报的相关认定确定审计目标，根据审计目标设计审计程序。表 3-3 给出了采购交易的审计目标，根据审计目标，填写管理层认定，并选择相应的实质性程序。

实质性程序：

A. 将采购明细账中记录的交易同购货发票、验收单和其他证明文件进行比较。

B. 根据购货发票反映的内容，比较会计科目表中的分类。

C. 从购货发票追查至采购明细账。

D. 从验收单追查至采购明细账。

E. 将验收单和购货发票上的日期与采购明细账中的日期进行比较。

F. 检查购货发票、验收单、订货单和请购单的合理性和真实性。

G. 追查存货的采购至存货永续盘存记录。

【要求】请将财务报表相关认定及选择的实质性程序的序号填入表 3-3 中(一项实质性程序可能对应一项或多项审计目标，每一审计目标可能选择一项或多项实质性程序)。

表 3-3　相关认定、审计目标及实质性程序之间的关系

相关认定	审计目标	实质性程序
	所记录的采购交易和事项已发生，且与被审计单位有关	
	所有应当记录的采购交易均已记录	
	与采购交易有关的金额及其他数据已恰当记录	
	采购交易和事项已记录于恰当的账户	
	采购交易已记录于正确的会计期间	

第四章

审计证据和审计工作底稿

知识能力目标

(1) 掌握审计证据的含义和性质，了解影响审计证据充分性和适当的因素；

(2) 掌握获取审计证据的不同方法及使用要求；

(3) 了解审计工作底稿的含义、基本分类、构成要素和基本格式；

(4) 能够熟练运用各种审计方法收集审计证据并实施一定的审计程序，独立完成审计工作底稿的编制；

(5) 掌握审计工作底稿三级复核制度，了解审计工作底稿的归档及保管要求。

问题提示

美国安达信会计师事务所原是美国五大会计师事务所之一。1985 年美国能源巨头安然公司成立以后，安达信一直负责其审计工作，同时提供咨询服务。2000 年，安达信从安然公司获得 5200 万美元的收入，利益驱使安达信帮助安然公司造假，出具虚假的审计报告。由于一封匿名信告发了安然的会计骗局，安然公司于 2001 年年底申请破产。事发后，安达信故意销毁了安然公司的大量电子文件、审计文件及与安然公司财务审计有关的信息资料，试图逃避美国证券交易委员会的调查，2002 年 10 月美国司法部门宣判给予安达信会计师事务所 50 万美元和察看期 5 年的处罚，最终安达信因名誉受损，客户流失和不断的法律和民事诉讼，终止了审计业务。

问题：安达信会计师事务所为什么要销毁安然公司的大量电子文件、审计文件及与安然公司财务审计有关的信息资料？这些审计证据应如何保存？

第一节　审　计　证　据

一、审计证据的含义

审计证据是指注册会计师为了得出审计结论、形成审计意见时使用的所有信息，包括构成财务报表基础的会计记录中含有的信息和其他信息。合理的审计证据是形成任何审计结论和意见的基础，注册会计师必须在每项审计工作中获取充分、适当的审计证据，以满足发表审计意见的要求。

(一)会计记录中含有的信息

依据会计记录编制财务报表是被审计单位管理层的责任，注册会计师应当测试会计记录以获取审计证据。会计记录主要包括原始凭证、记账凭证、总分类账和明细分类账、未在记账凭证中反映的对财务报表的其他调整以及支持成本分配、计算、调节和披露的手工计算表和电子数据表。

(二)其他信息

会计记录中含有的信息本身并不足以提供充分的审计证据作为对财务报表发表审计意见的基础,注册会计师还应当获取用作审计证据的其他信息。可用作审计证据的其他信息包括注册会计师从被审计单位内部或外部获取的会计记录以外的信息,如被审计单位会议记录、内部控制手册、询证函的回函、分析师的报告、与竞争者的比较数据等;通过询问、观察和检查等审计程序获取的信息,如通过检查存货获取存货存在性的证据等;以及自身编制或获取的可以通过合理推断得出结论的信息,如注册会计师编制的各种计算表、分析表等。

财务报表依据的会计记录中包含的信息和其他信息共同构成了审计证据,两者缺一不可。如果没有前者,审计工作将无法进行;如果没有后者,可能无法识别重大错报风险。只有将两者结合在一起,才能将审计风险降至可接受的低水平,为注册会计师发表审计意见提供合理基础。

注册会计师所获取的不同来源和不同性质的审计证据,很少是绝对的,从性质上来看反而是说服性的,并能佐证会计记录中所记录信息的合理性。因此,在确定财务报表公允表达时,注册会计师最终评价的正是这种累计的审计证据。注册会计师将不同来源和不同性质的审计证据综合起来考虑,这样能够反映出结果的一致性,从而佐证会计记录中记录的信息。如果审计证据不一致,而且这种不一致可能是重大的,注册会计师应当扩大审计程序的范围,直到不一致得到解决,并针对账户余额或各类交易获得必要保证。

二、审计证据的分类

审计证据按外在形式可以分成实物证据、书面证据、口头证据和环境证据四类。

(一)实物证据

实物证据是注册会计师通过实际观察或盘点取得的,用于确定某些实物资产是否确实存在的审计证据。如对库存现金、有价证券的监盘;对存货、固定资产的盘点及观察等,在实务中,最典型的实物是各类盘点表。值得注意的是,实物证据是一种较为可靠的审计证据,但是一般只能证明实物资产的存在性,而不能完全证明其质量及所有权等。

审计证据的分类.mp4

(二)书面证据

书面证据是注册会计师获取的各种以书面记录为形式的证据。书面证据是审计证据的主要组成部分,是注册会计师获取的基本证据,既有外部的,也有内部的。如被审计单位的各种凭证、账簿等会计资料;各种会议记录和文件;各种合同及信函等。书面证据是审计的基本证据,也是数量最多的审计证据,其可靠性取决于两个因素:一是审计证据本身是否被涂改或伪造;二是书面证据的来源。

书面证据按来源可分为外部证据、内部证据和亲历证据。

(1) 外部证据。外部证据是由被审计单位以外的单位或人士所提供的证据，其证明力较强。具体可以分为两种情形：一是由被审计单位以外的单位或人士出具的，并由注册会计师直接获得的审计证据，如应收账款函证的回函；二是由被审计单位以外的单位或人士出具的，但为被审计单位所持有并提交给注册会计师的审计证据，如银行对账单。

(2) 内部证据。内部证据是由被审计单位内部形成的审计证据。也可以分为两种情形：一是由被审计单位产生，但获得外部确认或认可的证据，如销售发票、付款支票；二是仅在被审计单位内部流转的证据，如出库单、入库单。

(3) 亲历证据。亲历证据是注册会计师通过观察或亲自在被审计单位进行某些活动而取得的证据。如监盘存货形成的监盘表、各种计算表、分析表。

注意

一般情况下，亲历证据最可靠，外部证据次之，内部证据的可靠性最弱。另外，被审计单位内部控制较好或得到外部认可的内部证据，比内部控制较差及仅在内部流转的内部证据可靠性更强。

(三)口头证据

口头证据是与审计事项有关的人员对注册会计师的询问做答复所形成的审计证据。口头证据本身不足以证明事情的真相，但往往能够帮助注册会计师发掘出一些重要的线索。如注册会计师询问财务负责人对收回逾期账款可能性的意见，询问结果如果与调查情况出入较大，则应进行进一步详细检查。

(四)环境证据

环境证据是对被审计单位产生影响的各种环境事实，其主要包括行业和宏观经济的运行情况；被审计单位的内部控制情况；被审计单位管理人员的素质；被审计单位的管理条件和管理水平等。环境证据不属于基本证据，但它有助于注册会计师了解被审计单位及其环境，被审计单位的环境对财务报表的可靠程度会产生很大影响。

注意

从证据的可靠性上来看，书面证据和实物证据比较可靠，口头证据和环境证据可靠性相对较弱；口头证据形成书面记录，并让被询问者签字确认，可提高其可靠性。

上述各类审计证据可以用来实现各种不同的审计目标，但是对于每一个具体及与其相关的认定来说，注册会计师应选择能以最低成本实现全部审计目标的证据，力求做到审计证据收集既有效又经济。

上述各类审计证据与具体审计目标的关系如表 4-1 所示。

表 4-1 审计证据与具体审计目标的关系

证据种类	具体审计目标								
	总体合理性	真实性	完整性	所有权	估价	截止	准确性	披露	分类
实物证据		√	√		√	√			
书面证据	√	√	√	√	√	√	√	√	√
口头证据	√	√	√	√	√	√		√	√
环境证据	√								

课堂实训 4-1

【实训操作内容】将审计的证据进行归类。

【实训操作要求】掌握审计证据的分类。

【实训资料】

被审计单位的律师声明书
银行存款对账单
注册会计师对存货监盘取得的监盘记录
关于应收账款函证的回函
被审计单位的销售发票
被审计单位的出库单
注册会计师对固定资产折旧重新计算得到的计算表
注册会计师实地观察被审计单位的内部控制取得的证据
注册会计师对被审计单位有关人员的口头询问
注册会计师对被审计单位管理状况的了解取得的证据

实物证据
书面证据
口头证据
环境证据

【实训要求】将上表中的资料进行画线归类。

三、审计证据的性质

注册会计师应当保持职业怀疑态度，运用职业判断，评价审计证据的充分性和适当性。

(一)审计证据的充分性

审计证据的充分性是对审计证据数量的衡量，主要与注册会计师确定的样本量有关。例如，对某个审计项目实施某一特定的审计程序，从 200 个样本中获得的证据要比从 100 个样本中获得的证据更充分。

注册会计师需要获取的审计证据的数量还可能受其对重大错报风险的评估和审计证据的质量的影响。评估的重大错报风险越高，需要的审计证据可能越多；审计证据质量越高，需要的审计证据可能越少。例如，注册会计师对某计算机公司进行审计，经过分析认为，受被审计单位行业性质的影响，存货陈旧的可能性相当高，存货陈价的错报可能性就比较大。为此，注册会计师在审计中，就要选取更多的存货样本进行测试，以确定存货陈旧的程度，从而确认存货的价值是否被高估。

(二)审计证据的适当性

审计证据的适当性，是对审计证据质量的衡量，即审计证据在支持审计意见所依据的结论方面具有的相关性和可靠性。相关性和可靠性是审计证据适当性的核心内容，只有相关且可靠的审计证据才是高质量的。

(1) 审计证据的相关性。相关性，是指用作审计证据的信息与审计程序的目的和所考虑的相关认定之间的逻辑联系。用作审计证据的信息其相关性可能受测试方向的影响。例如，如果某审计程序的目的是测试应付账款的计价高估，则测试已记录的应付账款可能是相关的审计程序。相反，如果某审计程序的目的是测试应付账款的计价低估，则测试已记录的应付账款就不是相关的审计程序，相关的审计程序可能是测试期后支出、未支付发票、供应商结算单以及发票未到的收货报告单等。

在确定审计证据的相关性时，注册会计师应当考虑下列各点。

① 特定的审计程序可能只为某些认定提供相关的审计证据，而与其他认定无关。例如，检查期后应收账款收回的记录和文件可以提供有关存在和计价的审计证据，但未必提供与截止测试相关的审计证据。

② 有关某一特定认定(如存货的存在认定)的审计证据，不能替代与其他认定(如该存货的计价认定)相关的审计证据。

③ 不同来源或不同性质的审计证据可能与同一认定相关。例如，监盘现金和检查现金日记账都可以为库存现金的存在性收集审计证据。

(2) 审计证据的可靠性。审计证据的可靠性是指证据的可信赖程度。例如，注册会计师亲自检查存货所获得的证据，就比被审计单位管理层提供给注册会计师的存货数据更可靠。

审计证据的可靠性受其来源和性质的影响，并取决于获取审计证据的具体环境。注册会计师在判断审计证据的可靠性时，通常会考虑下列原则。

① 从外部独立来源获取的审计证据比从其他来源获取的审计证据更可靠。从外部独立来源获取的审计证据未经被审计单位有关职员之手，从而减少了伪造、更改凭证或业务记录的可能性，因而其证明力最强。此类证据如银行询证函回函、应收账款询证函回函、保险公司等机构出具的证明等。相反，从其他来源获取的审计证据，由于证据提供者与被审计单位存在经济或行政关系等原因，其可靠性应受到质疑。此类证据包括被审计单位内部的会计记录、会议记录等。

② 内部控制有效时内部生成的审计证据比内部控制薄弱时内部生成的审计证据更可靠。如果被审计单位有着健全的内部控制且在日常管理中得到一贯的执行，会计记录的可信赖程度将会增加。如果被审计单位的内部控制薄弱，甚至不存在任何内部控制，被审计

单位内部凭证记录的可靠性就大为降低。例如，如果与销售业务相关的内部控制有效，注册会计师就能从销售发票和发货单中取得比内部控制不健全时更加可靠的审计证据。

③ 直接获取的审计证据比间接获取或推论得出的审计证据更可靠。例如，注册会计师观察某项内部控制的运行得到的证据比询问被审计单位某项内部控制的运行得到的证据更可靠。间接获取的证据有被涂改及伪造的可能性，降低了可信赖程度。推论得出的审计证据，其主观性较强，人为因素较多，可信赖程度也受到影响。

④ 以文件、记录形式(无论是纸质、电子或其他介质)存在的审计证据比口头形式的审计证据更可靠。例如，会议的同步书面记录比对讨论事项事后的口头表述更可靠。口头证据本身并不足以证明事实的真相，仅仅提供了一些重要线索，为进一步调查确认所用。如注册会计师在对应收账款进行账龄分析后，可以向应收账款负责人询问逾期应收账款收回的可能性。如果该负责人的意见与注册会计师自行估计的坏账损失基本一致，则这一口头证据就可成为证实注册会计师对有关坏账损失判断的重要证据。但在一般情况下，口头证据往往需要得到其他相应证据的支持。

⑤ 从原件获取的审计证据比从传真件或复印件获取的审计证据更可靠。注册会计师可审查原件是否有被涂改或伪造的迹象，排除伪证，提高证据的可信赖程度。而传真件或复印件容易是篡改或伪造的结果，可靠性较低。

注册会计师在按照上述原则评价审计证据的可靠性时，还应当注意可能出现的重要例外情况。例如，审计证据虽然是从独立的外部来源获得，但如果该证据是由不知情者或不具备资格者提供，或者外部人员有意隐瞒，审计证据也可能是不可靠的。同样，如果注册会计师不具备评价证据的专业能力，那么即使是直接获取的证据，也可能不可靠。

(三)充分性和适当性之间的关系

充分性和适当性是审计证据的两个重要特征，两者缺一不可，关系密切，只有充分且适当的审计证据才是有证明力的。

(1) 审计证据的适当性会影响审计证据的充分性。注册会计师需要获取的审计证据的数量受审计证据质量的影响，审计证据质量越高，需要的审计证据数量可能越少。

(2) 审计证据的质量存在缺陷无法通过数量来弥补。如果审计证据的质量存在缺陷，那么注册会计师仅靠获取更多的审计证据可能无法弥补其质量上的缺陷。例如，注册会计师应当获取与销售收入完整性相关的证据，实际获取到的却是有关销售收入真实性的证据，审计证据与完整性目标不相关，即使获取的证据数量再多，也不能证明收入的完整性。同样地，如果注册会计师获取的证据不可靠，那么证据数量再多也难以起到证明作用。

课堂实训 4-2

【实训操作内容】通过比较，判断审计证据的可靠性。

【实训操作要求】掌握审计证据的性质。

【实训资料】注册会计师在对东方公司 2016 年度财务报表进行审计时，收集到以下六组审计证据。

(1) 收料单与购货发票。

(2) 销货发票副本与产品出库单。

(3) 领料单与材料成本计算表。

(4) 工资计算单与工资发放单。

(5) 存货盘点表与存货监盘记录。

(6) 银行询证函回函与银行对账单。

【实训要求】请分别说明每组审计证据中哪项审计证据较为可靠，并简要说明理由。

四、获取审计证据

(一)获取审计证据的程序

《中国注册会计师审计工作准则第 1301 号——审计证据》规定，注册会计师可以采用检查记录或文件、检查有形资产、观察、询问、函证、重新计算、重新执行和分析程序等具体审计程序来获取审计证据。

(1) 检查记录或文件。检查记录或文件是一种重要的审计程序，任何审计都需要运用，可以找出可能存在的问题和疑点，作为进一步审查的线索，主要用于对各种书面资料的审查，以取得书面证据。常用于证明发生或存在、完整性等认定，可能会用到审阅、核对、复核等技术方法。

(2) 检查有形资产。检查有形资产是证明有形资产存在性的重要审计程序，可能会用到盘点法、调节法、核对法等技术方法，主要用来获取实物证据，如现金、有价证券、存货、固定资产等。实物盘点工作只能证实实物的存在性，注册会计师还应同时对实物资产的质量及所有权予以关注。

> **注意**
>
> 有时，需要区分检查有形资产与检查记录或文件。如果被检查的对象，如销售发票，其本身没有价值，则这项检查就是文件检查。如果被检查的对象，其本身有价值，则这项检查就是资产检查。例如，支票在签发以前是文件，签发以后变成了资产，核销以后，又变成了文件。只有在支票是一项资产时，才是对其进行有形资产检查。

(3) 观察。观察是指注册会计师察看相关人员正在从事的活动或执行的程序。观察程序提供的审计证据主要为实物证据和环境证据，仅限于观察发生的时点，本身不足以发现重大错报，需要进一步佐证，最好结合询问程序使用。例如，观察 A 公司的主要生产设备，确定是否均处于良好的运行状态。

(4) 询问。询问是指注册会计师以书面或口头方式，向被审计单位内部或外部的知情人员获取财务信息和非财务信息，并对答复进行评价的过程。询问程序提供的审计证据一般是口头证据，询问本身不足以发现认定层次存在的重大错报，也不足以测试内部控制运行的有效性。例如，询问销售人员，以了解各购货方的信用情况和应收账款的可收回性。

> **注意**
>
> 询问得到的口头证据一般也需要形成书面记录。

(5) 函证。函证是指注册会计师为了获取影响财务报表或相关披露认定项目的信息，通过直接来自第三方的对有关信息和现存状况的声明，获取和评价审计证据的过程。函证程序常用于证明存在性，一般能够获取可靠性较高的审计证据。

实施函证程序的范围。注册会计师根据对被审计单位的了解、评估的重大错报风险以及所测试总体的特征等确定从总体中选取特定项目进行测试。选取的特定项目可能包括：金额较大的项目；账龄较长的项目；交易频繁但期末余额较小的项目；重大关联方交易；重大或异常的交易；可能存在争议、舞弊或错误的交易。

实施函证程序的内容。根据 CSA 第 1312 号第十二条：注册会计师应当对银行存款、借款(包括零余额账户和在本期内注销的账户)及与金融机构往来的其他重要信息实施函证程序，除非有充分证据表明某一银行存款、借款及与金融机构往来的其他重要信息对财务报表不重要且与之相关的重大错报风险很低。如果不对这些项目实施函证程序，注册会计师应当在审计工作底稿中说明理由。

函证按要求对方回答方式的不同，可以分为积极式函证和消极式函证两种。积极式函证是指对于函证的内容，不管在什么情况下，都要求对方直接以书面文件的形式向注册会计师作出答复的函证方法；消极式函证是指对于函证的内容，只有当对方存有异议时，才要求对方直接以书面文件形式向注册会计师作出答复的函证方法。在审计过程中，是运用积极式函证还是消极式函证，一般视具体情况而定。

(6) 重新计算。重新计算是指注册会计师以人工方式或使用计算机辅助审计技术，对记录或文件中数据计算的准确性进行核对。被审计单位的很多数据指标，都是通过一定公式进行计算而得到的。重新计算常用于证明准确性或计价和分摊认定。

重新计算程序经常用于计算销售发票、存货的收发存金额计算、加总日记账和明细账合计数或余额、检查坏账准备、折旧费用和预付费用的计算、检查应纳税额的计算等情形。

(7) 重新执行。重新执行是指注册会计师以人工方式或使用计算机辅助审计技术，重新独立执行作为被审计单位内部控制组成部分的程序或控制。例如，注册会计师重新编制银行存款余额调节表与被审计单位编制的银行存款余额调节表进行比较就是一种重新执行程序。重新执行程序通常只适用于控制测试当中，一般会用到审阅法、核对法、询问法等技术方法。

(8) 分析程序。分析程序是指注册会计师通过研究不同财务数据之间以及财务数据与非财务数据之间的内在关系，对财务信息作出评价。分析程序一般用到的是审计方法中的分析法，往往提供间接证据，只是发现问题，仍需进一步确认。

分析程序主要可以用作风险评估程序、用作实质性程序以及在审计结束时对财务报表进行总体复核。分析程序由于需要计算金额、比率或趋势，以评价财务信息，所以不适用于内部控制的了解与测试。

课堂实训 4-3

【实训操作内容】利用函证程序对应收账款的存在性进行审计。

【实训操作要求】掌握函证程序的运用。

【实训资料】东方公司 2016 年 12 月 31 日应收账款部分明细资料见下表。

客 户	摘 要	发票号码	销售日期	金 额
东南销售公司	销售	0033124	2014.3	178000
平阳五金批发站	销售	0067320	2015.4	56000
延峰市城建局	销售	0071912	2016.1	1200
东海无线电二厂	销售	0071913	2016.2	9000
高乐民族乐器厂	销售	0072405	2016.3	224380
晋源园林局	销售	0072488	2016.5	78000
东方公司一分厂	销售	0072490	2016.10	51200
合计				597780

【实训要求】判断以上资料中，哪些应收账款客户最好运用函证程序，并指出函证程序的工作步骤。

(二)获取审计证据时对成本的考虑

(1) 注册会计师可以考虑获取审计证据的成本与所获取信息的有用性之间的关系，但不应以获取审计证据的困难和成本为由减少不可替代的审计程序。

(2) 为了保证得出的审计结论、形成的审计意见是恰当的，注册会计师不应将获取审计证据的成本高低和难易程度作为减少不可替代的审计程序的理由。例如，存货监盘是证实存货存在认定的不可替代的审计程序，注册会计师在审计中不得以实施成本高和难以实施为由而不执行该程序。

(三)审计证据的整理与保管

注册会计师在取得审计证据后必须随时对其进行整理，以便分门别类地进行分析与保管。审计证据是随着审计程序的进行逐步收集的，它收集之前是分散的、个别的。为了使其变成系统的、有说服力的、可以正确评价被审计单位财务状况的审计证据，就必须及时地对收集来的审计证据进行分类整理，使之条理化、系统化，最终形成对审计结论强有力的支持。

(1) 审计证据的整理。审计证据在收集阶段大多数是以各种初始形态表现出来的。例如，监盘记录、询问记录、函证回函、重要会议记录、凭证、账簿的复印件等。这些审计证据如果不进行加工整理，就不可能与某些审计结论联系在一起。

注册会计师在整理证据的过程中，除了按照审计计划的要求外，主要依靠职业判断来确定审计证据是否充分、适当。因此，审计证据整理过程实际就是分析、判断的过程，经常需要运用分类、比较、分析和计算的方法。

(2) 审计证据的保管。审计证据的保管应该严格执行有关制度的规定，由专人负责，严格履行手续。注册会计师应遵守职业道德标准，保守被审计单位的秘密，防止审计证据丢失、毁损。

审计证据的保管还应该有助于查阅使用，即不能仅仅将审计证据的保管理解为简单的保存。审计证据保管的最终目的就是为了审计过程及其终结后的查阅使用，包括为以后会计期间的后续审计提供方便和可能发生的诉讼提供证据。

第二节　审计工作底稿

一、认识审计工作底稿

(一)审计工作底稿的含义

审计工作底稿，是指注册会计师对制订的审计计划、实施的审计程序、获取的相关审计证据以及得出的审计结论所做的记录。审计工作底稿是审计证据的载体，是注册会计师在审计过程中形成的审计工作记录和获取的资料。

(二)审计工作底稿的编制目的和要求

(1) 编制目的。审计工作底稿在计划和执行审计工作中发挥着关键作用。它提供了审计工作实际执行情况的记录，是形成审计报告的基础。审计工作底稿也可用于质量控制复核、监督会计师事务所对审计准则的遵循情况以及第三方的检查等。审计工作底稿形成审计报告的过程，也可反映整个审计过程，会计师事务所因执业质量而涉及诉讼或有关监管机构进行执业质量检查时，审计工作底稿能够提供证据，证明会计师事务所是否按照《中国注册会计师审计准则》(以下简称审计准则)的规定执行了审计工作。

(2) 编制要求。注册会计师编制的审计工作底稿，应当使未曾接触该项审计工作的有经验的专业人士清楚地了解下列各点。

① 按照审计准则和相关法律法规的规定实施的审计程序的性质、时间安排和范围。

② 实施审计程序的结果和获取的审计证据。

③ 审计中遇到的重大事项和得出的结论以及在得出结论时作出的重大职业判断。

(三)审计工作底稿的分类

审计工作底稿按其性质和作用一般可以分成综合类工作底稿、业务类工作底稿和备查类工作底稿三大类。

(1) 综合类工作底稿。综合类工作底稿是注册会计师在办公室里就可以完成的，是注册会计师在审计计划阶段和审计报告阶段为规划、控制和总结整个审计工作，并为最终发表审计意见所形成的审计工作底稿。

计划阶段的工作底稿主要包括业务约定书、审计计划、企业基本情况调查表、风险评估表等；结束阶段的工作底稿主要包括审计总结、试算平衡表、调整分录汇总表、管理当局声明书、管理建议书、审计报告、已审报表等。

(2) 业务类工作底稿。业务类工作底稿一般是在外勤工作中完成的，是注册会计师在审计实施阶段执行具体审计程序时所编制和取得的工作底稿。

业务类工作底稿可以清楚地展示注册会计师收集审计证据的轨迹，主要包括各业务循环的控制测试表；各资产、负债、所有者权益、损益类项目的细节测试和实质性分析程序表等。

(3) 备查类工作底稿。备查类工作底稿是注册会计师在审计过程中所形成的，对审计工作仅具有备查作用的工作底稿。备查类工作底稿一般具有长期效力，随被审计单位变化而不断更新，通常是由被审计单位或第三方提供或代为编制的。主要包括营业执照、管理规章制度、组织机构图、会议纪要、重要经济合同、内部控制调查和评价记录等。

> **注意**
>
> 审计工作底稿通常不包括已被取代的审计工作底稿的草稿或财务报表的草稿、反映不全面或初步思考的记录、存在印刷错误或其他错误而作废的文本以及重复的文件记录等。这些草稿、错误的文本或重复的文件记录不直接构成审计结论和审计意见的支持性证据，因此，注册会计师通常无须保留这些记录。

二、审计工作底稿的构成要素

审计工作底稿包括下列全部或部分要素。

(一)审计工作底稿的标题

每张底稿应当包括被审计单位的名称、审计项目的名称以及资产负债表或底稿覆盖的会计期间(如果与交易相关)。

(二)审计过程记录

审计过程记录是证明管理层认定的过程。在记录审计过程时，应当特别注意以下几个重点方面。

审计工作底稿的
构成要素.mp4

(1) 具体项目或事项的识别特征。识别特征是指被测试的项目或事项表现出的征象或标志，因审计程序的性质和测试的项目或事项不同而不同。例如，在对被审计单位生成的订购单进行细节测试时，注册会计师可以以订购单的日期或其唯一编号作为测试订购单的识别特征；对于需要询问被审计单位中特定人员的审计和程序，注册会计师可能会以询问的时间、被询问人的姓名及职位作为识别特征；对于观察程序，注册会计师可以以观察的对象或观察过程、相关规定观察人员及其各自的责任、观察的地点和时间作为识别特征。

(2) 重大事项及相关重大职业判断。当审计过程涉及重大事项和重大职业判断时，注册会计师需要编制与运用和职业判断相关的审计工作底稿。注册会计师应当根据具体情况

判断某一事项是否属于重大事项。重大事项通常包括下列各点。

① 引起特别风险的事项。

② 实施审计程序的结果，该结果表明财务信息可能存在重大错报，或需要修正以前对重大错报风险的评估和针对这些风险拟采取的应对措施。

③ 导致注册会计师难以实施必要审计程序的情形。

④ 导致出具非标准审计报告的事项。

(3) 如何处理针对重大事项不一致的情况。注册会计师要记录的不一致事项主要包括注册会计师针对该信息执行的审计程序、项目组成员对某事项的职业判断不同而向专业技术部门的咨询情况以及项目组成员和被咨询人员不同意见(如项目组与专业技术部门的不同意见)的解决情况。记录这些不一致的情况是非常必要的，它有助于注册会计师关注这些不一致，并对此执行必要的审计程序以恰当地解决这些不一致。

(三)审计结论

注册会计师恰当地记录审计结论非常重要。注册会计师需要根据所实施的审计程序及获取的审计证据得出结论，并以此作为对财务报表发表审计意见的基础。在记录审计结论时需注意，审计工作底稿中记录的审计程序和审计证据是否足以支持所得出的审计结论。

(四)审计标识及其说明

审计工作底稿中可使用各种审计标识，但应说明其含义，并保持前后一致。表 4-2 列举了注册会计师在审计工作底稿中常用的标识并说明其含义。在实务中，注册会计师也可以依据实际情况运用更多的审计标识。

表 4-2　审计标识及其含义

审计标识	含　义	审计标识	含　义
∧	纵加核对	<	横加核对
B	与上年结转数核对一致	T	与原始凭证核对一致
G	与总分类账核对一致	S	与明细账核对一致
C	已发询证函	T/B	与试算平衡表核对一致

(五)索引号及编号

通常，审计工作底稿需要注明索引号及顺序编号，相关审计工作底稿之间需要保持清晰的钩稽关系。为了汇总及便于交叉索引和复核，每个事务所都会制定特定的审计工作底稿归档流程。因此，每张表或记录都应有一个索引号，例如，A1、D6 等，以说明其在审计工作底稿中的放置位置。在实务中，注册会计师可以按照所记录的审计工作的内容层次进行编号。例如，固定资产汇总表的编号为 C1，按类别列示的固定资产明细表的编号为C1-1，房屋建筑物的编号为 C1-1-1，机器设备的编号为 C1-1-2，运输工具的编号为 C1-1-3，其他设备的编号为 C1-1-4。相互引用时，需要在审计工作底稿中交叉注明索引号。

(六)编制者姓名、复核者姓名及执行日期

为了明确责任,在完成与特定工作底稿相关的任务之后,通常需要在每一张审计工作底稿上注明执行审计工作的人员和复核人员的姓名、完成该项审计工作的日期以及完成复核的日期。在需要项目质量控制复核的情况下,还需要注明项目质量控制复核人员姓名及复核的日期。

三、审计工作底稿的格式

审计工作底稿的格式见表 4-3 和表 4-4。

表 4-3　营业收入审计实质性程序

被审计单位:　__ABC 公司__　　　索引号:　__D1-1__

项目:　__营业收入—主营业务收入__　　　财务报表截止日/期间:　__2016 年度__

编制:　__王豪__　　　复核:　__李明__

日期:　__2012 年 1 月 5 日__　　　日期:　__2017 年 1 月 6 日__

一、审计目标:

二、审计程序:

序号	内　　　容	执行情况说明	索引号
1			
2			
3			
...			

三、调整事项说明及调整分录:(注:分录请写到二级科目,并注明底稿索引;如篇幅不够,请另加页附后)

四、余额:

期初余额		期末余额	
上年审定数(未审数)	本期审定数	未审定数	本期审定数

五、审计结论:

表 4-4 A 产品主营业务月度毛利率分析表

被审计单位： ABC 公司	索引号： D1-1-2
项目： 主营业务月度毛利率分析	财务报表截止日/期间： 2011 年度
编制： 王豪	复核： 李明
日期： 2012 年 1 月 8 日	日期： 2012 年 1 月 10 日

月 份	主营业务收入	主营业务成本	毛利	毛利率	变动幅度
1					
2					
...					
12					
合 计					

审计说明：

四、审计工作底稿的复核

为了确保项目组执行审计业务的质量，减少人为的判断失误，使审计结论更加客观公正，降低审计风险，必须对审计工作底稿进行复核。复核人在复核工作底稿时应作出必要的复核记录，书面表示复核意见并签名。审计工作底稿实行三级复核制度，即审计工作底稿由项目负责人、部门负责人和审计机构的负责人或专门的复核机构或复核人员对审计工作底稿进行逐级复核的一种复核制度。实际上是执业经验丰富的人员对执业经验较少的人员执行审计工作的监督和指导，具体如图 4-1 所示。

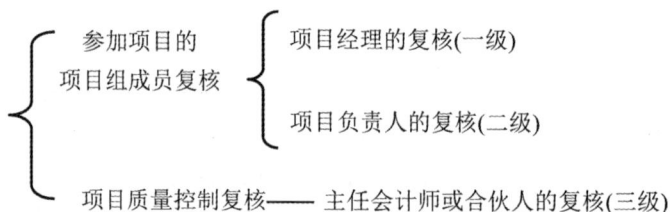

图 4-1 审计工作底稿的三级复核

(一)参加项目的项目组成员复核

参加项目的项目组成员复核可以分为两级。

(1) 项目经理的复核(详细复核)。项目经理是指具体负责执行某项审计业务并在审计报告上签字的注册会计师。项目经理复核的范围是全部工作底稿，是审计工作底稿的第一级复核。一般来说，由审计项目经理对其他人员的底稿进行复核，项目经理的工作底稿也由组内富有经验的人员复核。

(2) 项目负责人的复核(一般复核)。项目负责人是指会计师事务所中负责某项审计业务，并代表事务所在审计报告上签字的主任会计师或合伙人。项目负责人复核的范围是审计过程中的重大事项，是审计工作底稿的第二级复核。

注意

审计项目负责人应当在审计过程中的适当阶段及时实施复核，并对工作底稿负最终复核责任。

(二)项目质量控制复核(重点复核)

项目质量控制复核是指对重大的审计项目(如上市公司财务报表审计)，由会计师事务所委派未参加该业务的有经验的主任会计师或合伙人实施项目质量控制复核。主要工作是在出具审计报告前，对项目组作出的重大判断和在准备审计报告时得出的审计结论进行复核。

注意

会计师事务所主任会计师对质量控制制度承担最终责任；项目质量控制复核并不能减轻审计项目负责人的责任。

五、审计工作底稿的管理

自审计报告日起或自终止业务日起，审计工作底稿至少应保存 10 年。前期形成的永久性档案作为后期审计资料使用的，应视为最后一期取得，按照最后使用的年度算起至少保存 10 年。

(一)审计工作底稿所有权

审计工作底稿的所有权属于会计师事务所。未经会计师事务所批准，任何单位和个人不得随意借阅、取出或处理。

(二)审计工作底稿的归档

审计工作底稿的归档期间为审计报告日后 60 天内。审计工作底稿经过整理归档后就形成了审计档案。

(1) 永久性档案。即记录内容相对稳定，具有长期使用价值，并对以后审计工作具有重要影响和直接作用的审计档案。例如，被审计单位的组织结构、批准证书、营业执照、重要资产的所有权和使用权的证明文件复印件等。

注意

若永久性档案中的某些内容已发生变化，注册会计师应当及时予以更新，为保持资料的完整性，以便满足日后查阅历史资料的需要，永久性档案中替换下来的资料一般也需要保留。

(2) 当期档案。记录内容经常变化，主要供当期和下期审计使用的审计档案。如审计计划、实施、结束阶段的工作底稿。

注意

审计工作底稿的归档只是一项事务性工作，不涉及实施新的审计程序，也不会得出新的审计结论。

(三)保密与查阅

会计师事务所及其人员应对工作底稿的信息予以保密，但法院、中注协、前后任注册会计师可查阅。

能 力 训 练

一、判断题(正确打√，错误打×)

1. 检查记录或文件仅是对以纸质形式存在的记录或文件进行审查。 (   )

2. 询问形成的口头证据并不能独立证明被审计事项的真相，但往往能够提供重要的审计线索。 (   )

3. 在保证获取充分、适当的审计证据的前提下，注册会计师应考虑控制审计成本，但如果审计证据获取难、成本高，则可减少不可替代的审计程序。 (   )

4. 审计证据要满足充分性，因此，审计证据的数量越多越好。 (   )

5. 注册会计师需要获取的审计证据的数量受错报风险的影响。错报风险越大，需要的审计证据可能越多。 (   )

6. 在承接鉴证业务前，如果会计师事务所获悉鉴证业务的工作范围将受到重大限制，以至于难以获取充分适当的证据以支持鉴证结论，则应拒绝承接该业务；如果在承接业务之后发现工作范围受限的情况，则只能解除业务约定。 (   )

7. 注册会计师编制的审计工作底稿，不仅是其出具审计报告的基础，而且还是其执业过程中遵循审计准则的证据。 (   )

8. 自审计业务开始之日起，审计工作底稿至少应保存10年。 (   )

9. 审计项目负责人应当在审计过程中的适当阶段及时实施复核，并对工作底稿负最终复核责任。 (   )

10. 在审计报告日后，如果发现例外情况要求注册会计师实施新的或追加的审计程序，或导致注册会计师得出新的结论，注册会计师应当记录于审计工作底稿。　　(　　)

二、单项选择题

1. 下列审计证据中，证明力最强的书面证据是(　　)。
   A. 被审计单位律师关于未决诉讼的声明书　　B. 银行对账单
   C. 销售发票　　D. 顾客订购单

2. 下列关于评价审计证据的充分性和适当性的说法中不正确的是(　　)。
   A. 审计工作通常不涉及鉴定文件记录的真伪，注册会计师也不是鉴定文件记录真伪的专家，但应当考虑用作审计证据的信息的可靠性，并考虑与这些信息生成与维护相关的控制的有效性。
   B. 如果在实施审计程序时使用被审计单位生成的信息，注册会计师应当就这些信息的准确性和完整性获取审计证据。
   C. 如果从不同来源获取的审计证据或获取的不同性质的审计证据不一致，表明某项审计证据不可靠，注册会计师应当追加必要的审计程序
   D. 注册会计师可以考虑获取审计证据的成本与所获取信息的有用性之间的关系，因此可以减少某些不可替代的审计程序

3. 在确定审计证据的数量时，下列表述中错误的是(　　)。
   A. 错报风险越大，需要的审计证据可能越多
   B. 审计证据质量越高，需要的审计证据可能越少
   C. 审计证据的质量存在缺陷，可能无法通过获取更多的审计证据予以弥补
   D. 通过调高重要性水平，可以降低所需获取的审计证据的数量

4. 注册会计师获取的被审计单位存货盘点表，属于(　　)。
   A. 书面证据　　B. 实物证据　　C. 口头证据　　D. 环境证据

5. 在确定审计证据的相关性时，下列事项不属于注册会计师应当考虑的是(　　)。
   A. 特定的审计程序可能只为某些认定提供相关的审计证据，而与其他认定无关
   B. 针对同一项认定可以从不同来源获取审计证据或获取不同性质的审计证据
   C. 从外部独立来源获取的审计证据比从其他来源获取的审计证据更可靠
   D. 只与特定认定相关的审计证据并不能替代与其他认定相关的审计证据

6. 在获取的下列审计证据中，可靠性最强的通常是(　　)。
   A. 甲公司连续编号的采购订单　　B. 甲公司编制的成本分配计算表
   C. 甲公司提供的银行对账单　　D. 甲公司管理层提供的声明书

7. 下列审计工作底稿归档后属于当期档案的是(　　)。
   A. 审计调整分录汇总表　　B. 企业营业执照
   C. 公司章程　　D. 关联方资料

8. 审计工作底稿的所有权应该属于(　　)。
   A. 委托单位　　B. 被审计单位

C. 会计师事务所　　　　　　　D. 编制工作底稿的注册会计师

9. 下列关于审计工作底稿的表述，正确的是(　　)。

　　A. 审计报告日后将审计底稿归档是一项事务性的工作，涉及实施新审计程序或得出新的结论

　　B. 审计工作底稿的归档期限为审计报告日后90天

　　C. 在归档期间对审计工作作出的变动即便是属于事务性的，注册会计师也无权变动

　　D. 删除或废弃被取代的审计工作底稿，在审计工作归档时可以予以清理

10. 对审计工作底稿负有复核责任的是(　　)。

　　A. 项目负责人

　　B. 项目组内除项目负责人以外的复核人

　　C. 项目组外的项目质量控制复核人

　　D. 被审计单位管理层

三、多项选择题

1. 注册会计师在对X公司的短期借款实施相关审计程序后，需对所取得的审计证据进行评价。在以下有关短期借款审计证据可靠性的论述中，正确的有(　　)。

　　A. 从第三方获取的有关短期借款的证据比直接从X公司获得的相关证据更可靠

　　B. 短期借款的重大错报风险为低水平时产生的会计数据比重大错报风险为高水平时产生的会计数据更为可靠

　　C. 短期借款的重大错报风险为高水平时产生的会计数据比重大错报风险为低水平时产生的会计数据更为可靠

　　D. X公司提供的短期借款合同尽管有借贷双方的签章，但如果没有其他证据佐证，也不可靠

2. 评价审计证据适当性时，注册会计师一般应考虑(　　)。

　　A. 审计证据的相关性　　　　　B. 审计证据的充分性

　　C. 审计证据的来源　　　　　　D. 审计证据的可靠性

3. 审计证据的充分性是对审计证据数量的衡量，主要与以下哪些因素有关(　　)。

　　A. 样本量　　　　　　　　　　B. 重大错报风险

　　C. 具体审计程序　　　　　　　D. 审计证据的质量

4. 对从被审计单位债务人处获取的应收款项询证函回函，注册会计师必须做到(　　)，方可形成审计工作底稿。

　　A. 注明资料来源　　　　　　　B. 实施必要审计程序

　　C. 形成相应文字记录　　　　　D. 注册会计师签名

5. 下列属于外部书面证据的有(　　)。

　　A. 注册会计师编制的有关计算表　　B. 银行对账单

　　C. 应收账款函证回函　　　　　D. 购货发票

6. 下列审计工作底稿中属于综合类工作底稿的有( )。

A. 审计调整分录汇总表   B. 审计报告书未定稿

C. 企业营业执照复印件   D. 控制测试时形成的工作底稿

7. 下列哪些文件通常应作为审计工作底稿保存( )。

A. 重大事项概要   B. 财务报表草表

C. 有关重大事项的往来信件   D. 对被审计单位文件记录的复印件

8. 在确定审计工作底稿的格式、内容和范围时，注册会计师应当考虑的主要因素有( )。

A. 编制审计工作底稿使用的文字   B. 审计工作底稿的归档期限

C. 实施审计程序的性质   D. 已获取审计证据的重要程度

9. 在归整或保存审计工作底稿时，下列表述中正确的有( )。

A. 如果未能完成审计业务，审计工作底稿的归档期限为审计业务中止日后的 60 天内

B. 在审计报告日后将审计工作底稿归整为最终审计工作档案是审计工作的组成部分，可能涉及实施新的审计程序或得出新的审计结论

C. 在完成最终审计档案的归整工作后，不得修改现有审计工作底稿或增加新的审计工作底稿

D. 如果注册会计师未能完成审计业务，会计师事务所应当自审计业务中止日起，对审计工作底稿至少保存 10 年

10. 审计工作底稿的三级复核制度是审计工作遵循独立审计准则的重要保证。下列各项中，符合三级复核制度要求的有( )。

A. 项目经理对助理人员编制的审计工作底稿进行详细复核

B. 部门经理对重要会计账项的审计、重要审计程序的执行以及审计调整事项进行复核

C. 合伙人对审计过程中的重大会计问题、重点审计领域及重要审计工作底稿进行复核

D. 如果部门经理作为审计项目的负责人，则其应一并履行一、二级复核职责，确保三级复核制度得以执行

四、案例分析题

1. 诚信会计师事务所的 A 注册会计师负责对 ABC 公司 2011 年度财务报表进行审计。2012 年 2 月 15 日，A 注册会计师完成审计业务，并于 5 月 15 日将审计工作底稿归整为最终审计档案。2012 年 5 月 20 日，A 注册会计师意识到 ABC 公司存在舞弊行为，A 注册会计师擅自销毁了 ABC 公司审计工作底稿。

【要求】根据审计工作底稿准则和会计师事务所质量控制准则，回答下列问题：

(1) A 注册会计师在归整审计档案时是否存在问题，并简要说明理由。

(2) 在归整审计档案后，A 注册会计师私下销毁审计工作底稿是否存在问题，并简要

说明理由。

(3) 诚信会计事务所在保存审计工作底稿方面是否存在问题，简要说明理由，并简要说明诚信会计师事务所应当对审计工作底稿实施哪些控制程序。

2. 注册会计师在审查 ABC 公司 2011 年度财务报表时，按照审计准则的要求，形成了大量的审计工作底稿，其中有代表性的底稿包括管理建议书副本、应收账款函证回函、购货发票复印件和审计调整分录汇总表。这四张工作底稿记载的内容分别如下。

(1) 管理建议书副本：ABC 公司的银行存款、银行借款、投资等业务的规章制度存在严重影响财务报表的缺陷。

(2) 应收账款函证回函：ABC 公司应收账款明细账所记载的内容与该客户记录的金额、日期、商品名称等均一致。

(3) 购货发票复印件：由于漏计了两种材料采购，ABC 公司的应付账款账户期末余额低于期末尚未偿还的实际余额，低估的金额接近本账户的可容忍误差。

(4) 审计调整分录汇总表：如被审计单位拒绝调整，财务报表错报总额将远远超过其重要性。

【要求】根据上述信息，逐一确定相应的审计证据类型(包括来源和表现形式)、四种证据的可靠性排序以及每种证据适宜证实的两个管理层认定(如果有)。将你的结论填列在下表中。

底稿序号	审计证据的类型	证据可靠性排序	适宜证实的管理层认定
(1)			
(2)			
(3)			
(4)			

五、思考题

1. 简述审计证据的种类及性质。
2. 获取审计证据的审计程序有哪些？
3. 简要说明审计工作底稿的构成要素。

第五章

审计技术方法

知识能力目标

(1) 认知审计方法及选用原则；

(2) 掌握审阅法、核对法等审计基本方法的运用；

(3) 学会运用审计技术方法和技巧检查财务舞弊行为；

(4) 理解审计抽样的概念和种类；

(5) 理解审计抽样风险的概念及对审计工作的影响；

(6) 能够学会统计抽样方法的具体运用。

问题提示

(1) 什么是审计方法？

(2) 依据什么原则选择审计方法？

(3) 审计技术方法的种类有哪几种？如何掌握应用技巧查找财务舞弊行为？

(4) 审计抽样方法的步骤有哪些？怎样掌握审计抽样方法在控制测试和实质性程序环节当中的应用？

第一节　审计方法概述

审计方法是指注册会计师为了行使审计职能、完成审计任务、实现审计目标所采取的方式、手段和技术的总称。审计方法贯穿于整个审计工作过程，而不只存在于某一审计阶段或某几个环节。

一、审计方法的演变

随着审计实践的丰富与审计理论的发展，审计方法也经历了由简单到复杂、由低级到高级、由个别到群体的漫长的历史演变，逐渐形成系统的方法体系。在审计发展过程中，审计方法经历了详细检查、一般抽查、依赖控制测试和风险评估四个审计指导思想变化阶段，实现了从单项详查到系统抽样的变革；还经历了听审报告、会计检查和综合检查三个审计技术方法发展的过程，实现从单一听审技术到综合检查技术的变革；审计方法手段实现了从手工审计方式到计算机技术审计的变革。

(一)从单项详查到系统抽样

在审计发展过程中，审计方法经历了详细检查、一般抽查、依赖控制测试和风险评估四个审计指导思想变化阶段，实现了从单项详查到系统抽样的变革。

最初的审计，被审计单位数量少，审计目标单一，审计任务不重，审计经验不足，主要采用精细的手段，对被审计资料进行逐项的审查，借以揭露会计资料中存在的错误和弊端。随着审计范围的扩大，任务的增加，这种低效率的审计，已无法满足广大客户对审计的要求，企业管理水平的提高和审计经验的积累，抽样审计便应运而生。最初的抽查方法，只是当作减少审计工作量的一种权宜之计，随着抽样经验的丰富，注册会计师凭自己的经验，通过观察与判断，在大量的资料中只抽取有问题或者有可能产生问题危险的资料进行详查，对其他资料只做一般查阅，这样一方面减少了审计的盲目性，有利于查明主要问题，另一方面又节约了审计时间，有利于提高审计效率与拓宽审计的范围。随着现代企业管理水平的提高与现代科学技术在管理中的普遍应用，为了避免判断抽样所造成的审计风险，注册会计师又采用随机抽样方法，通过科学计算抽取样本和预测，控制抽样风险，从而降低审计风险。

(二)从单一听审技术到综合检查技术

审计在技术方法的发展过程中，还经历了听审报告、会计检查和综合检查三个阶段，实现从单一听审技术到综合检查技术的变革。

听审技术，始于我国西周的"上计"制度和西方早期的议会"听"审制度，是早期审计的唯一技术。随着生产力的发展，经济活动日趋复杂，记录经济活动的会计工作也越来越繁杂，为了减少差错需要对会计工作进行检查，产生了复核、查对、审阅、分析等多种会计检查技术。随着社会经济管理活动不断发展和加强，审计工作逐渐超出了原有的财务会计范围，介入了业务管理活动的范畴，注册会计师不仅要检查和纠正财务会计工作中的差错和舞弊行为，而且要检查和纠正经营管理中的差错和舞弊行为，并促进管理效率与管理效益的提高，这就要求注册会计师要综合运用查账技术与管理技术，才能胜任审计工作。

(三)从手工审计方式到计算机技术审计方式

伴随着审计方法的发展和完善，审计方式实现了从手工审计方式到计算机技术审计的变革。随着现代科学技术的进步，电子计算机在信息处理系统中得到了普遍应用，不论是会计信息还是其他各种管理信息，其处理和存储方法都发生了根本的变化，如仍以手工进行审计，显然是无能为力，电子计算机迅速成为开展审计工作的一种工具。

二、审计取证模式

审计取证模式的变化对审计方法的发展也发挥了非常大的推动作用，面对审计环境复杂化、审计目标多样化，被审计单位数量增加，经济业务复杂多变，审计社会责任的不断强化，注册会计师既要保证审计质量，又要提高审计效率，因此，在审计工作开展过程中必须不断改进和发展审计取证模式。审计取证模式经历了账目基础审计、制度基础审计和风险基础审计三个阶段。

(一)账目基础审计阶段

账目基础审计是取证模式发展的第一阶段，是早期审计在长时期内经常运用的一种模式。在账目基础审计阶段，由于企业组织结构简单，业务性质单一，审计主要是为了满足财产所有者对会计核算进行独立监督的要求，促使受托责任人在授权经营过程中诚实敬业。

账目基础审计工作的重心是围绕会计资料进行的，以凭证、账目等记录为重心，以数据的可靠性为着眼点，审计目标旨在发现错误和舞弊行为，在这种模式下，注册会计师必须运用详细审计方法，对大量的凭证、账目、财务报表等会计资料进行详细审查，为保证审计结论的正确性和可靠性，审计成本非常高。

伴随着世界经济迅速发展，企业规模不断扩大，经济业务急剧增多，企业的内部控制系统逐步建立和完善，报表的使用者越来越多地将注意力转向了企业的经营管理，审计的目的不再是简单的查错防弊，而转移到验证财务报表是否公允地反映了企业的财务状况和经营成果上，在这些条件已经变化的今天，账目基础审计已无法满足审计质量和审计效率两方面的要求，制度基础审计便应运而生。

(二)制度基础审计阶段

制度基础审计以内部制度系统为切入点，通过对各个控制环节的审查，发现内部控制中的薄弱环节，找出问题所在的根源，并有针对性的对这些环节确定检查的范围和重点。即：制度基础审计以内部控制测试为起点，根据对内部控制的评审结果，确定实质性测试的审查范围、数量和重点，根据检查结果形成审计意见和结论，以便在不影响审计质量的同时，提高审计工作效率。

在制度基础审计阶段，需要大量采用抽查方法，制度基础审计的抽查不是盲目进行的，不是仅凭主观去判断，而是以统计理论为基础，采用统计抽样方法去判断，并且充分考虑重要性原则和审计风险水平，因而使审计工作质量得以保证。

制度基础审计的运用，在提高审计质量和效率的同时，也间接促进了被审计单位内部控制系统的不断完善。但在审计实务中，制度基础审计仍然会由于进行内部控制测试所增加的工作量比减少的实质性测试的工作量大，导致工作效率低下；由于被审计单位的差异，对内部控制有效性的整体评价缺少统一标准；内部控制的可依赖程度与实质性测试所需要的检查工作之间缺乏量化关系；由于管理人员有意不执行完善的内部控制，内部控制有效性也难以保障。诸多问题的存在，使制度基础审计不能直接解决全部审计风险问题。

(三)风险基础审计阶段

近些年世界范围内市场竞争加剧，企业的不稳定性进一步增强，社会对注册会计师提出了更高的要求，注册会计师的社会责任也随之加大。高风险的现代社会，注册会计师更加关注审计风险因素的评价，开始越出内部控制的视野，在运用制度基础审计模式的基础上，逐步融入对风险因素的分析与评价，发展形成了风险导向审计。

风险基础审计的起点是风险评估，是指注册会计师在对审计全过程中各种风险因素进行充分评估分析的基础上，将风险控制方法融入传统审计方法中，进而获得审计证据，形成审计结论的一种取证模式。在审计过程中，注册会计师不仅要对控制风险进行评价，还要对审计各个环节的各种风险进行评价，并在评价的基础上运用相应的方法进行实质性测试。

风险基础审计模型的出现，从理论上解决了制度基础审计在审计抽样上的随意性，也解决了审计资源不合理的问题，审计过程中要求将审计资源分配到最容易导致财务报表出现重大错报的领域。

三、审计方法体系

(一)审计规划方法

审计规划方法，是指对全部审计活动或具体审计项目进行合理组织和安排时所采用的各种措施和手段，其目的在于确定审计目标，合理分配各种审计资源，以保证审计工作经济而有效地进行。

(二)审计实施方法

审计实施方法，是指对被审计单位或被审计项目进行具体审计时所采用的各种程序、措施和手段，其目的在于证实审计目标，搜集充分有效的证据，以保证审计结论和决定有可靠的依据。

(三)审计管理方法

审计管理方法，是指对审计主体活动及审计过程进行控制和调节的各种措施和手段，其目的在于提高审计质量和审计效率，保证各种审计资源得到有效的利用。

审计方法体系的具体内容，如图 5-1 所示。

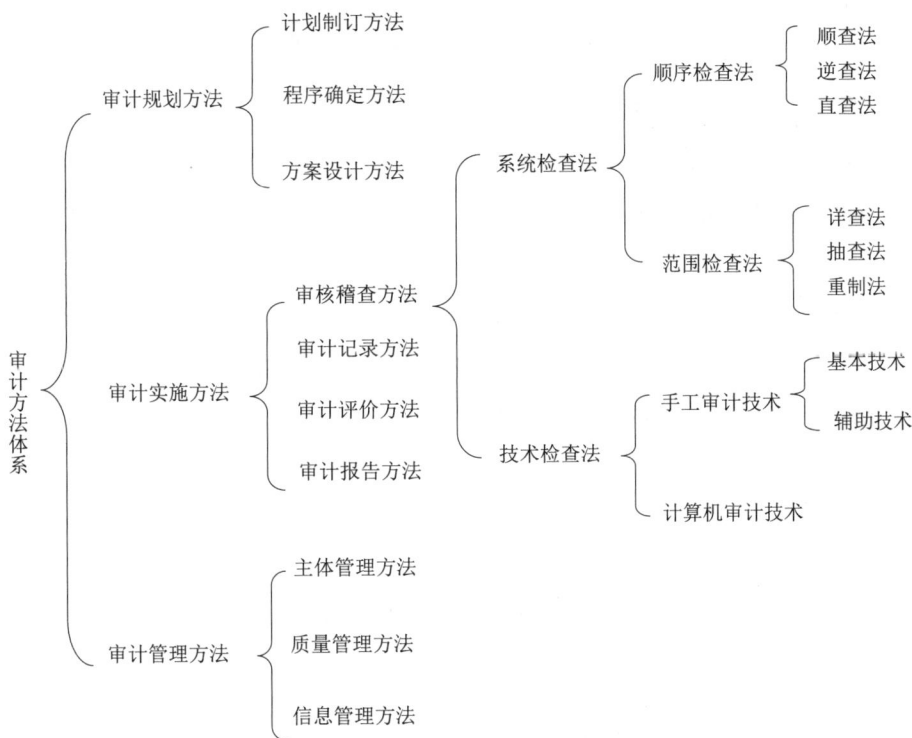

图 5-1 审计方法体系

【课堂案例】某单位出纳利用全部银行印章由其保管之便，挪用并侵占企业款项，为掩盖这一事实，她伪造了银行对账单和相关单据，并提供给会计入账。如果要查清该出纳的舞弊行为，则需要根据各个银行提供的真实的银行对账单和进出账单等，对于该企业各个账户反映的交易事项进行整理和重记，并根据需要进行检查，再结合其他线索，对该出纳经手的各个账户和所有期间反映的真实交易情况逐笔与假的对账单进行对比分析，从而查出真相。

【参考解析】可以看出来，为了查明问题所在，在审计的过程中，注册会计师主要使用了详查法和重制法。

四、审计方法的选用原则

正确地选用审计方法，是保证有效发挥审计监督的职能作用、实现审计目标的重要条件。一般而言，对某一个具体的审计项目进行审计时，并非运用某一种方法就能解决问题，往往需要运用多种方法，要做到选用正确，必须遵循一定的原则。

(一)依据审计对象和审计目标的具体情况选用审计方法

一般情况下，进行财务审计时，主要运用查账的方法，如审阅法、复核法、核对法、函证法等；进行经济效益审计时，则既要运用财务审计的一般方法，又要运用多种分析方法及现代管理方法，如经济活动分析、技术经济分析、决策分析和数学分析等。但就每个具体的审计项目而言，则应具体分析后，才能决定选用何种方法。

(二)依据被审计单位的实际情况选用审计方法

被审计单位情况不同，需要选用的审计方法也不相同。

(三)依据所需审计类型的不同选用审计方法

一般情况下，不同类型的审计或同一类型的不同审计项目，或是同一审计项目，可能都需要经过不同途径获取多种证据。不同证据要用不同方法才能获得。如实物证据的获得必须运用盘点法，第三方的外来证据可运用函证法或询问法等。

(四)依据注册会计师的素质来选用审计方法

审计作为一项技术性很强的工作，既要求注册会计师具有相应的专业知识和其他学科的专门知识，又要求注册会计师具有丰富的实践经验、敏锐的观察力和职业判断能力。为充分利用每个注册会计师的业务能力，又能保证搜集到所需的合理证据，在选用审计方法时必须考虑注册会计师的素质是否与运用该方法时所需具备的能力相适应。

(五)依据审计方式选用审计方法

审计方式不同，选用审计的方法也不同。如行政事业单位实行报送审计，一般就不需要运用盘存法去核实资产(特例除外)；而进行就地审计时，则盘存法核实资产的实有数，常常是必须经过的步骤。如在进行全面审计时，一般可以采用逆查法和抽查法；若进行专题审计，则一般要用详查法、顺查法等。

(六)依据审计结论的保证程度和审计成本选用审计方法

审计结论的保证程度不同，也决定了审计方法选用的不同，保证程度高，可能采用详查法或扩大抽样范围；保证程度低，可以采用抽样审查。

注册会计师在审计工作中，既要考虑成本的限度，同时又要考虑由于降低成本而对审计结论产生的影响，通过综合比较后，再决定应选用的审计方法。

第二节　审计技术方法

一、审计技术方法概述

专门应用于具体审计证据的搜集和评价的方法，称为审计技术。审计技术主要在审计准备阶段和现场审查阶段使用，它与审计目标和审计证据有着密切的关系。不同的审计目标，只有采用不同的审计技术，才能取得必要的和充分的审计证据。审计技术多种多样，一般可以分为基本审计技术和辅助审计技术两大类。

无论是基本审计技术方法，还是辅助审计技术方法，它们都是在一般的审计项目中经常用到的，并无优劣之分，都是根据具体的情形和需要的审计证据选择适用的审计技术，因此，又可将它们统称为常用的审计技术。

二、基本审计技术

基本审计技术方法是在审核检查时必须采用的并能用来直接搜集重要审计证据的技术。基本审计技术一般包括审阅法、复核法、核对法、盘存法、函证法、观察法和鉴定法等。本书重点介绍审阅法、复核法、核对法、盘存法和函证法。

基本审计技术.mp4

(一)审阅法

审阅法是通过对原始凭证、记账凭证、账簿、会计报表等书面资料进行审查、阅读而取得证据的方法，其目的是查明这些书面资料所反映的经济业务是否符合法规，编制方法是否符合制度规定，确定是否需要采用其他方法进行进一步审计的一种审计技术。

审阅法是一种最基本但十分有效的审计技术，任何审计都需要运用，不仅可以取得一些直接证据，还可以找出可能存在的问题和疑点，作为进一步审查的线索，从而取得间接证据。

1. 会计资料的审阅

会计资料包括会计凭证、会计账簿和会计报表，对它们的审阅应注意如下要点。

(1) 会计资料本身外在形式是否符合会计原理的要求和有关制度的规定。

(2) 会计资料记录是否符合要求。

(3) 会计资料反映的经济活动是否真实、正确、合法和合理。

(4) 有关书面资料之间的钩稽关系是否存在、正确。

2. 其他资料的审阅

审阅的其他资料通常包括法规文件、规章制度、计划预算、经济合同或协议、内部生产、考勤记录等，审阅重点是关注其来源是否可靠、数据计算是否正确、业务内容是否合法等。对会计资料以外的其他资料进行审阅，往往是为了获取进一步的信息，实际需要审阅哪些其他资料，应视审计时的具体情况而定。

注意

会计资料一般是审阅的重点，但是往往其他资料更能帮助注册会计师发现疑点或问题。

【课堂案例】在审查某单位 2017 年"其他应收款"明细账时，发现一笔"上年结转"应收××的暂借款 10 万元在某月转入其下属企业；查阅 2016 年的"其他应收款"明细账，发现也为"上年结转"；进一步查阅 2015 年"其他应收款"明细账，发现借款时间为 2015 年 5 月 28 日，调阅凭证记录为"暂借款"，并无单位"正职领导"的签字，只有该单位"副职领导"和"会计主管"的签字。

【参考解析】经追踪调查，询问该单位"副职领导"和"会计主管"，并调查其下属企业，查明此款项为挪用公款合伙开办门市部所用。

3. 审阅的技巧

审阅的主要目的是通过对有关资料的仔细观察和阅读，借以发现一些疑点和线索，以抓住重点，缩小检查范围。这就要求注册会计师掌握一定的审阅技巧。

(1) 从有关数据的增减变动有无异常，来判断有无问题。

(2) 联系实际，从会计资料和其他资料反映经济活动的真实程度，来判断有无问题。

(3) 从会计账户对应关系的正确性，来判断有无问题。

(4) 从时间上有无异常，来分析判断有无问题。

(5) 从单位购销活动的内容有无异常，来判断有无问题。

(6) 从业务经办人的业务能力、工作态度及思想品德，来鉴别判断有无问题。

(7) 从资料本身应具备的要素内容，来鉴别判断有无问题。

要有效地运用审阅法，必须结合使用复核法和核对法，及时证实审阅中发现的问题。审阅时应认真仔细，善于发现疑点和线索，并要进行完整的记录。为了避免重复和疏漏，审阅时应运用符号，以区别已审阅和未审阅的资料。

【实训操作内容】通过销售费用明细账学习审阅方法。

【实训操作要求】掌握审阅方法的运用。

【实训资料】东方企业 2017 年 5 月销售费用明细账如表 5-1 所示。

表 5-1 东方企业 2017 年 5 月销售费用明细账

单位：元

日　期	摘　要	包装费	运输费	装卸费	广告费	保险费	展览费	其　他
5 月 1 日	1#产品包装费	2500						
5 月 2 日	报刊广告费				3000			
5 月 3 日	展览企业展览费						9500	
5 月 3 日	运费		650					
5 月 5 日	招待客户用餐							1050
5 月 8 日	赔偿金							6000
5 月 13 日	车站装卸费			860				
5 月 18 日	销货合同违约金							4000
5 月 26 日	运输保险费					1480		
5 月 31 日	门市部职工工资							2650
5 月 31 日	营业费用结转	2500	650	860	3000	1480	9500	13700

【实训要求】对销售费用明细账进行审阅，判断存在的问题或可能存在的问题。

(二)复核法

复核法，又称复算法或重新计算法，是指注册会计师对被审计单位的原始凭证及会计记录中的数据的验算或另行计算。

注册会计师在进行审计时，往往要对被审计单位的凭证、账簿和报表中的数字进行计算，以验证其是否正确。计算时，可根据需要进行，不一定按照审计单位原来的计算顺序进行；计算过程中，不仅要注意计算结果是否正确，还要注意过账、转账等方面的差错。计算还包括对会计资料中有关项目的加总或其他运算，其中加总既包括横向数字的加总，也包括纵向数字的加总。

1. 会计数据的复核

会计数据的复核，主要是指对有关会计资料提供的数据进行的复核。

1) 会计凭证复核

(1) 复核原始凭证上的数据、单价与金额的计算有无错误，涉及多个子项的原始凭证，注意复核其合计是否正确，对于自制的付款凭证如工资结算凭证，更应注意，以防有诈。

(2) 复核记账凭证所附原始凭证的金额合计是否正确。

(3) 复核记账凭证汇总表(科目汇总表)是否正确。

(4) 复核转账凭证上转记金额计算是否正确。

(5) 复核成本计算中有关费用的归集与分配以及单位成本的计算有无错误等。

2) 会计账簿复核

(1) 复核明细账、日记账、总账的本期借、贷方发生额的计算是否正确。

(2) 复核各账户余额的计算有无错误，尤其应注意现金日记账和有关实物明细账的复核，以防利用记账技巧进行舞弊。

(3) 复核有关明细账余额之和的计算有无错误。

3) 会计报表复核

(1) 复核资产负债表中的小计数、合计数及总计数的计算是否正确。

(2) 复核损益表及其主营业务收支明细表、利润分配表中的利润总额、净利润及与利润分配等有关数据的计算有无错误。

(3) 复核现金流量表有关项目的计算、小计数、合计数有无错误。

(4) 复核其他明细表有关栏和行的合计以及最后的总计计算有无错误。

(5) 复核各报表补充资料中有关指标的计算是否正确。

2. 其他数据的复核

主要是对统计核算提供的一些重要指标的复核，如工作时间的复核，包括定额工作时间、计划工作时间、实际工作时间、生产任务完成情况的复核等。必要时，还应对有关预测、决策数据进行复核。

复核法虽然是一种较为简单的技术方法，但要取得良好的效果，必须善于抓住重点、找准关键的数据，必须小心谨慎、反复验算，绝不可过于自信和轻信。

(三)核对法

核对法也是审计技术方法中较为重要的技术方法，通常是指将书面资料相关记录之间，或书面资料的记录与实物之间进行互相核对，以验证其是否相符的一种常用的审计技术。

按照复式记账的原理核算，资料之间会形成一种相互制约的关系，无论被审计单位存在无意的差错还是故意的舞弊，都会使制约关系失去平衡。因此，通过对相关资料之间的核对，就能发现可能存在的各种问题。

核对的内容主要有三个方面。

1. 会计资料间的核对

(1) 核对记账凭证与所附原始凭证，查明是否相符。

(2) 核对汇总记账凭证与分录记账凭证合计，查明是否相符。

(3) 核对记账凭证与明细账、日记账及总账，查明账证是否相符。

(4) 核对总账与所属明细账余额之和，查明账账是否相符。

(5) 核对报表与有关总账和明细账，查明账表是否相符。

(6) 核对有关报表，查明报表间的相关项目，或总表有关指标与明细表之间是否相符。

上述核对内容要点可以概括为证证核对、账证核对、账账核对、账表核对、表表核对。

2. 会计资料与其他资料的核对

(1) 核对账单，如银行存款日记账与银行对账单核对，企业的应收应付款与外来的对账单核对。

(2) 核对其他原始记录，如生产记录、存货的收发存记录、职工名册及调动记录、考勤记录、重要会议记录或信件等。

在审计过程中，这种会计资料与其他资料的核对有时尤为重要。

3. 有关资料记录与实物的核对

报表或账目所反映的是有关财产物资是否确实存在，是财产所有者普遍关心的问题。因此，核对账面上的记录与实物之间是否相符，是核对的重要内容。

一般情况下，在核对时，应将有关盘点资料同其账面记录进行核对，或用审计时的实地盘点结果同其账面记录进行核对，这种核对方法最好结合盘存法使用。

具体进行核对时，可以由一至两个人进行，核对前应对将用来核对的资料本身的可靠性进行复核；核对过程中应特别细心，并要运用各种符号对是否核对过、是否有疑问加以标识，并对发现的差异、疑点、线索等要逐一详细记录，必要时可运用其他审计技术及时查明问题，以便取得满意的核对效果。

上述三种方法主要用于对记录或文件的检查，以获取不同可靠程度的审计证据。

课堂实训 5-2

【实训操作内容】利用银行存款日记账和银行对账单学习核对方法。

【实训操作要求】掌握核对方法的运用。

【实训资料】注册会计师在 2017 年 1 月 15 日检查了东方企业 2016 年 12 月银行存款日记账的收支业务并与银行对账单核对。12 月 31 日，银行对账单余额为 123546 元，银行存款日记账为 120000 元，核对后发现有下列不符情况。

(1) 12 月 2 日，对账单付出 500 元(查系转账支票)，但日记账无此记录。

(2) 12 月 18 日，对账单上有存款利息 460 元，日记账上为 414 元，查系记账凭证写错。

(3) 12 月 31 日，日记账上有存入转账支票 4000 元，但对账单上无此记录。

(4) 12 月 31 日，日记账上有付出转账支票 2000 元，但对账单上无此记录。

(5) 12 月 31 日，对账单有收到货款 6000 元，但日记账无此记录。

【实训要求】请用核对法和调节法，检查银行存款日记账余额是否存在错报。

(四)盘存法

盘存法是指通过对有关财产物资的清点、计量，以证实账面反映的财物是否确实存在的一种审计技术，主要适用于各种实物及货币资产的检查，如库存现金、有价证券、存货、固定资产等。运用盘存法对货币资产、物资进行盘点查证，可以验证被审计单位各项资产的真实性和会计记录的真实性和正确性，可以验证被查单位各项资产的真实性和会计记录的准确性，有助于发现贪污盗窃、投机倒把等非法行为，也可为评价被审计单位的内部管理制度及经济效益情况提供依据。

(1) 按具体做法的不同，盘存法可分为直接盘存法和监督盘存法。

① 直接盘存法，是指注册会计师在实施查账时，通过亲自盘点有关财物来证实与账面记录是否相符的一种盘存方法。

② 监督盘存法，又称监盘，是指注册会计师现场监督被审计单位各个实物资产及库存现金、有价证券等的盘点，并进行适当的抽查。

不论是直接盘存还是监督盘存，均是重要的检查有形资产的方法，它可以为有形资产的存在性提供可靠的审计证据。在具体实施盘存法的过程中，多数都采用监督盘存的方式，除非是特别贵重或存在问题较多的实物，才进行直接盘点。

(2) 根据盘点的范围大小，盘存法可分为全面盘存法和抽样盘存法。

① 全面盘存法，是对列入检查范围的所有财产物资进行全面、彻底盘点的方法。

② 抽样盘存法，是在列入检查范围的各种物资中，抽取一部分价值较大、收发频繁、容易流失的物资进行盘点的方法。

注意

实物盘点工作只能证实实物的存在性，注册会计师还应同时对实物资产的质量及所有权予以关注。

盘存法主要有以下几个工作步骤。

1. 盘点前的准备工作

(1) 确定并了解需要盘点的财物。

(2) 调查了解有关财物的内部控制制度，找出控制薄弱环节，明确重点。

(3) 选择恰当的盘点时间，确定参加盘点的人员。

(4) 如有需要，根据被审计单位的盘点计划，制订监盘计划，如存货监盘计划。

(5) 结出盘点日的账面应存数，将账面记录技术错误予以消除。

(6) 准备记录表格，检查度量器具。

2. 进行实地盘点

(1) 在盘点工作开始前，观察盘点现场。

(2) 检查所有权不属于被审计单位的实物，确保其未被纳入盘点范围。

(3) 同被审计单位员工一起进行盘点工作。

(4) 检查已盘点的实物，以保证盘点过程的准确性和完整性；重要的财物，还应进行复点。

(5) 将盘点所获的实际情况,如实记录。

(6) 对盘点过程中存在的问题或特殊情况,进行适当处理。

3. 确定盘点结果

(1) 取得并复核盘点结果汇总记录,形成盘点报告。

(2) 如果盘点日即资产负债表日,核对盘点记录和资产负债表的期末未审数。

(3) 如果盘点日不是资产负债表日,应当作出适当的调整,再将盘点日与报表日期末未审数进行核对。

(4) 盘点结果确定后,应由所有在场人员(尤其是实物保管人、财务负责人及注册会计师)在盘点表上签名,以明确责任。

4. 注意事项

(1) 实物盘存一般采取预告检查方式,如有需要也可采取突击检查方式。

(2) 分散存放的实物应同时进行盘点,若不能同时盘点,则未盘点实物的保管应在注册会计师的监督下进行。

(3) 在盘点时不能只清点实物数量,还应注意所有权和质量。

(4) 任何性质的白条,都不能用来冲抵库存实物。

(5) 确定盘点结果,不要轻易作出结论。若遇有盘点日与结账日不一致,应进行必要的调整。

调整公式一般为(以盘点日在结账日后进行为例):

结账日账面应存数=盘点日账面应存数+盘点日与结账日之间的发出数-盘点日与结账日之间的收入数

结账日实存数=盘点日实存数+盘点日与结账日之间的发出数-盘点日与结账日之间的收入数

第一个公式中的"盘点日账面应存数"应该是在盘点准备阶段确定的,是经过注册会计师审计的无核算错误的账面应存数,而不是被审计单位提供的盘点日账面余额。而两个公式中的期间收入或期间发出,若要用来调整,则必须经过注册会计师审核无误后,才能使用。

(五)函证法

函证法是指注册会计师根据审计的具体需要,设计出一定格式的函件并寄给有关单位和人员,根据对方的回答来获取某些资料,或对某一问题予以证实的一种审计技术。

函证法是一种十分有效的审计方法,一般能够获取较为可靠的审计证据。函证按要求对方回答方式的不同,可以分为积极式函证和消极式函证两种。积极式函证,是指要求被询证者直接向注册会计师回复,表明是否同意询证函所列示的信息,或填列所要求的信息的一种询证方式,不管在什么情况下,都要求对方向注册会计师作出答复。消极式函证是指要求被询证者只有在不同意询证函所列示的信息时,才直接向注册会计师回复的一种询证方式。至于在何种情况下应用积极式函证或消极式函证,一般视函证业务事项的具体情况而定。

课堂实训 5-3

【实训操作内容】ABC 会计师事务所对东方企业应收账款进行函证。

【实训操作要求】掌握函证方法的运用。

【实训资料】ABC 会计师事务所接受委托，审计东方企业 2017 年度的财务报表。A 注册会计师取得了 2017 年 12 月 31 日的应收账款明细表，并于 2018 年 1 月 8 日采用积极式函证方式对所有重要客户寄发了询证函。A 注册会计师将与函证结果相关的重要异常情况汇总如表 5-2 所示。

表 5-2　东方企业函证异常情况汇总

单位：元

异常情况	函证编号	客户名称	询证金额	回函日期	回函内容
(1)	25	甲	450000	2018.1.10	因产品质量不符合要求，根据购货合同，于 2017 年 12 月 28 日将货物退回
(2)	36	乙	300000	2018.1.12	购买乙企业 300000 元货物属实，但款项已于 2017 年 12 月 26 日用支票支付
(3)	54	丙	620000	被邮局退回	

【实训要求】

(1)　如果询证函的回函结果表明双方记录有差异，一般会有哪些原因？

(2)　针对表中的回函情况，A 注册会计师下一步应如何处理？

三、辅助审计技术

辅助审计技术是指为搜集重要审计证据提供线索，或是为搜集重要证据以外的补充证据而采用的审计技术，它不能搜集到直接的重要证据，但常常可以帮助注册会计师较快地发现问题，为进一步检查提供方向。因此，辅助审计技术也是审核检查时必不可少的，辅助审计技术方法主要包括分析法、推理法、询问法和调节法等，本书重点介绍分析法、推理法和询问法。

(一)分析法

分析法，是指在审计时通过对被审计项目有关内容的对比与分解，从中找出项目之间及各项目构成因素之间的差异，以揭示其中有无问题，从而为进一步审计提供线索，确定审计方向的一种审计技术方法。

在审计过程中，分析法在准备阶段、实质性程序以及结束阶段均可采用，使用的频率较高。分析法是一种技术性较高、说服力较强的审计技术方法，要求注册会计师具有较高的专业判断能力和审计经验，并运用一定的程序实施，确保检查风险降至可接受水平。常用的分析方法有比较分析法、比率分析法、账户分析法、趋势分析法、模拟法、预测法、决策法、控制法、因素分析法和成本法等。本书重点介绍比较分析法、账户分析法、趋势分析法。

1. 比较分析法

比较分析法，是指注册会计师利用审计项目存在两个或两个以上有内在联系的相关指标，进行相互比较分析的一种方法。通过比较分析，注册会计师可以了解、分析审计事项的各种情况，发现问题，找出差异，研究差异产生的原因及其影响程度，得出初步的评价结论，提出解决问题的建议。

按照对比时所用指标的不同，一般可将比较分析分为绝对数比较分析和相对数比较分析。绝对数比较分析，是指直接以有关项目之间的总量或货币总额进行对比，来揭示其中差异所在，并进行分析判断的一种分析技术。这种比较，可以揭示出有关被审计项目的增减变动有无异常、是否合情合理、是否存在问题。相对数比较分析，是指通过计算出的被审计项目的百分比、比率或比重结构等相对数指标进行对比，来揭示其中的差异，并分析判断有无问题的一种分析技术。相对数比较分析比绝对数比较分析更便于发现问题。

在具体应用比较分析法时，还应注意以下几点。

(1) 对比之前，应对用来对比的被审计项目有关资料内容的正确性予以认可。

(2) 对比的各项目之间，必须具有可比性。

(3) 应对比哪些内容，应根据比较的目的而定。

(4) 比较揭示的差异，应加以记录并附加分析说明，为采用其他审计技术所用。

课堂实训 5-4

【实训操作内容】分析东方企业主营业务收入是否有异常。

【实训操作要求】掌握分析法的运用。

【实训资料】被审计单位东方企业的主营业务收入和主营业务成本项目如表 5-3 所示，已知东方企业 2017 年的供产销形势与上年相当。

表 5-3 东方企业收入、成本对照

单位：万元

品　名	主营业务收入		主营业务成本	
	2016 年发生额(已审)	2017 年发生额(未审)	2016 年发生额(已审)	2017 年发生额(未审)
X 产品	40000	41000	38000	33800
Y 产品	20000	20020	19000	19019
合计	60000	61020	57000	52819

【实训要求】请运用分析法指出其中可能存在的异常。

2. 账户分析法

账户分析法也称科目分析法，是审计分析中的一种主要技术方法。账户分析法是指以会计原理为依据，对总分类账户的借方或贷方的对应账户及其发生额和余额是否正常进行分析的一种方法。如将"销售收入"与"银行存款""应收账款""现金"及"应付账款"等账户结合起来分析，既可以审查有无差错和弊端，还可以了解产品销售情况、应收账款发生和收回情况、费用发生与支付情况等。循环法的运用就是基于账户分析法的使用而实施的。

在具体运用账户分析法时，还应注意以下几点。

(1) 应针对被审计单位的具体情况，找出其中应该重点检查的账户。

(2) 在编制账户分析表时，应谨慎小心，以防疏漏而导致错误的审计结论。

(3) 必须将正常的对应账户列全，否则难以发现问题。

3. 趋势分析法

趋势分析法，是指以发展的观点分析研究经济活动在时间上的变动情况，以揭示其增减变动的幅度及其发展是否正常、合理和有无问题的一种分析技术。它不着眼于某个时点，而是从各个不同时期的综合比较中揭示经济活动的规律性，并预测未来。因此，趋势分析法既可以用于揭示被审计单位财务上的问题，也可用于经济效益审计中揭示经济活动的发展前景及其趋势。

在具体应用趋势分析法时，还应特别注意以下几点。

(1) 进行分析前，应对用来进行分析的各种指标本身的可比性予以认可。

(2) 用于进行趋势分析的有关指标，在各个时期应具备可比性。

(3) 选用的方法必须合理、恰当。

(4) 作出分析结论时，应综合考虑各种因素的影响，绝不能草率从事。

运用分析法所取得的结果，可用于对内部控制测试和评估的调整；对发现异常差异追加审计程序；对重要会计问题和重点审计领域进行深入查证。

课堂实训 5-5

【实训操作内容】利用三年间的资产负债表的变动趋势学习趋势分析法。

【实训操作要求】掌握分析法的运用。

【实训资料】2015—2017 年资产负债表的资产结构分析数据如表 5-4 所示，资金结构分析数据如表 5-5 所示。

表 5-4　东方企业 2015—2017 年资产结构分析数据

项　　目	2015 年	2016 年	2017 年	行业比率
流动资产	57.63%	56.36%	55.57%	50%～70%
长期投资	2.7%	3.99%	2.91%	30%～40%
固定资产	37.67%	39.22%	41.52%	30%以上

续表

项　目	2015 年	2016 年	2017 年	行业比率
其他资产	2%	0.43%	0	5%～10%
总资产	100%	100%	100%	100%

表 5-5　东方企业 2015—2017 年资金结构分析数据

项　目	2015 年	2016 年	2017 年	行业比率
短期负债	71.02%	85.42%	92.65%	30%～40%
长期负债	21.81%	6.25%	7.07%	15%～25%
所有者权益	7.17%	8.33%	0.28%	35%～50%
负债与所有者权益	100%	100%	100%	100%

【实训要求】试用以上资料，利用分析法分别对东方企业的资产结构和资金结构的状况及变动趋势进行分析，并指出该企业目前存在的财务风险。

(二)推理法

推理法，是指注册会计师根据已经掌握的事实或线索，结合自身的经验并运用逻辑方法，来确定一种审计方案并推测实施后可能出现的结果的一种审计技术方法。推理法与分析、判断有着密切的联系，通常将其合称为"分析推理"或"判断推理"，它是一种极为重要的辅助审计技术。

要恰当地采用推理法，必须把握以下三个步骤。

(1) 恰当分析。建立在事实基础上的恰当分析，就是根据已经掌握的事实，提出各种设想，将导致产生这种结果的所有因素和产生的原因以及可能存在的问题，逐一加以分析。

(2) 合理推理。进行合理推理，就是根据分析提出的种种怀疑，结合进入被审计单位后观察、调查了解到的情况，来推断各种可能情况的真实程度。

(3) 正确判断。正确判断须建立在恰当分析和合理推理的基础上。进行正确判断，就是注册会计师凭借自身的经验并结合观察了解到的具体情况，对使用逻辑方法推断出来的结果予以认定。

在具体应用推理法时还应特别注意以下各点：①分析、推理都应以已知的事实为依据；②对于用来推理的基础资料，在运用推理法之前应加以核实，以防推理出错；③对于推理得出的结论，必须通过核实取证后才能加以利用；④在运用推理法时，应注意结合采用分析判断等方法。

(三)询问法

询问法，也称面询法，是指注册会计师针对某个或某些问题通过直接找有关人员进行面谈，以取得必要的资料或对某一问题予以证实的一种审计技术方法。

询问法是一种普遍运用的审计技术方法。通过审阅法、盘存法、分析法等技术方法，可能会发现许多问题，但是这些问题往往都需要运用询问法才能得以澄清或加以核实，只有这样，获取的审计证据才是全面的。另外，在审计的准备和实施阶段，为了了解某些情况，也需要运用这种审计技术。

1. 询问的类型

(1) 按照询问对象的不同，询问法可以分为对知情人的询问和对当事人的询问。

① 对知情人的询问，是指通过找有关知晓某一问题具体情况的人员进行面谈，来获得资料或证实问题。

② 对当事人的询问，是指找有关问题的直接负责人进行面谈，来获取资料或核实问题。

(2) 按照询问的方式不同，询问法又可以分为个别询问和集体询问。

① 个别询问是指找有关人员进行单个面谈。

② 集体询问是指找多个有关人员一起面谈，即开座谈会。

2. 询问的策略

询问时应该创造适宜的询问气氛，注意询问的策略，恰当地提出问题，对具体情况应采取有效的方法，才能够保证被询问人愿意如实地将所知情况提供给注册会计师，这样询问才能收到预期的效果。实践中主要有以下方法。

(1) 突然袭击法，一般审计开始时，被审计单位会比较重视，心理多有准备。注册会计师不宜在此时进行重要问题的询问，要不露声色，待对方松懈时，突然询问，再配合其他审计方法，如盘点，则效果一般较好。

(2) 单刀直入法，如果审计中询问一般性问题或是证据掌握已较充分，询问只是为了证实一些情况，这种情况下，应开门见山，向询问对象讲清利害关系，要求予以讲清情况。

(3) 迂回求证法，实践中某些问题从其他角度无法得到完全证实，必须向有关人员询问，但问题又不便于向被审计单位人员全部透露，以免打草惊蛇，这时询问就必须非常小心，询问不应暴露注册会计师的目的，应尽量从旁求证。

(4) 循循善诱法，审计实践中经常有这种情况，向被审计单位有关人员询问时，对象明明知道事情的来龙去脉，但在未得领导的指示时，根本不予配合。这时就需要注册会计师以法、以理、以事实引导谈话对象。

(5) 旁敲侧击法，实践中发现的一些疑点，大部分都不能立刻作出作弊的结论，需向有关人员查询、核验，这时宜多作旁敲侧击的提问，多问几个为什么，逐步深入、具体化。提问的目的，着重是弄清来龙去脉、有关事情真相，以便取证、确认事实，至少能做到扩大线索，为进一步追查、核实创造条件，不能操之过急。

总之，询问的具体方法因人而异，因事而异，各种方法可交叉运用，没有一定之规。此外，询问的同时，一定要做好书面记录工作，询问完毕后由询问对象签字，以此作为询问的审计证据。

3. 应用询问法应注意的事项

(1) 注册会计师应有两人以上在询问现场，以相互配合。

(2) 已列入计划的询问对象应予保密，特别是对当事人的询问更应如此。

(3) 询问时应认真做好询问笔录，在询问完毕后交被询问人审阅并签名，以明确责任，防止口说无凭。

(4) 对涉及多个当事人的询问，应单独同时进行，以防相互串通建立攻守同盟。

(5) 询问获得的证据属于口头证据，证明力较弱，只能用作重要证据的补充证据，不足以直接证明问题。

【课堂案例】注册会计师对 ABC 企业 2017 年的财务报表进行审计。查阅被审计单位所编制的应收账款明细表发现，在 2017 年年底，有应收 W 企业账款的借方余额 40 万元。该款项是 2015 年以前 ABC 企业向 W 企业销售产品的货款。作为注册会计师，首先应该分析可能存在的问题？如果准备进一步审查该款项，可运用哪些审计方法？

【参考解析】注册会计师经过分析，可能的问题有：①业务有纠纷，故 W 企业拒付货款；②W 企业故意拖欠，占用 ABC 企业的资金；③可能是 ABC 企业记账错误或虚构收入或转移挪用资金。

根据分析的情况，要查明事实真相，应该进一步进行审查，可以通过询问、函证、审阅业务发生的有关记录等来实现。针对不同的情况，作出不同的处理：①若是纠纷，双方协商解决；②若是故意拖欠，应催促 W 企业尽快归还欠款；③若是记账错误、虚构收入或转移挪用资金，则应及时加以更正，还应考虑扩大审计测试范围。

第三节　审计技术方法的应用与技巧

审计的目的是提高财务报表预期使用者对财务报表的信赖程度，为了达到这个目的，注册会计师应该按照审计准则和相关职业道德要求执行审计工作，这个过程就是在运用审计方法，获取充分、适当的审计证据，识别出被审计单位的舞弊或舞弊嫌疑的过程。

下面以财务审计为例，介绍如何应用审计技术方法发现财务舞弊行为。

一、财务舞弊的形式

财务舞弊，指企业管理层在编制其财务报告的过程中，违背会计准则或制度及相关法律、法规的规定，故意采用各种欺骗方式和手段，对财务报告进行人为操纵，有意地错报或漏报重要事项，歪曲反映企业某一特定时点财务状况和某一会计期间经营成果、现金流量，对企业的经营活动作出不实陈述的行为。

从日常财务舞弊的现状来看，不管是为了同一个舞弊目的还是为了不同的舞弊目的，企业往往都会采用方法各异的舞弊手段，达到所需目的，常见的舞弊方法有以下 8 种形式。

(1) 根据需要直接编造虚假财务报表。

(2) 调整财务报表不调整账簿。

(3) 既调整财务报表也调整账簿。

(4) 调整财务报表和账簿，也编制凭证。

(5) 直接从原始凭证开始作假。

(6) 从经济合同和原始凭证开始作假。

(7) 隐瞒应该入账的各类收入、资产、成本及费用等。

(8) 设置账外账或小金库。

二、财务舞弊的类型

(一)无根据的舞弊

无根据的舞弊就是人为编造没有任何事实依据及数据来源，仅是根据所报送财务报表的对象的需要或所使用财务报表目的的不同，按照有利于企业本身的财务数据直接编造或篡改，企业自认为较为完美的虚假财务报表。

常见的无根据舞弊情形有下列各点。

(1) 直接编造虚假资产负债表。

(2) 直接编造虚假利润表(或损益表)。

(3) 直接编造虚假现金流量表。

(4) 直接编造相关部门或单位需要的有关单项会计报表。

舞弊的风险因素.mp4

(二)有"根据"的舞弊

有"根据"的舞弊不是凭空捏造，而是表面上依据了一定的"事实"或"规定"，但企业往往根据对自身是否有利的需要，故意篡改、歪曲了事实情况，或故意夸大、缩小了相关数据，或在此基础上虚拟了部分事实，或故意片面、歪曲了对法律法规的理解和执行。

常见的有"根据"的舞弊情形如下所述。

1) 调整收入确认方法

调整收入确认方法，从而虚增或虚减利润，常见的有两种形式。

(1) 根据对收入和利润的需求情况，随时任意调整收入的确认方法，如在需要收入或利润时，放宽对收入的确认政策，而在不需要时则可能作相反的处理，达到调节收入和利润高低的目的。

(2) 根据自身对收入高低的需要，故意提前或滞后确认收入，一方面对未能符合确认条件的收入提前确认或不当确认；另一方面对符合收入确认条件的不及时确认，拖延确认时间。常见问题如下所述。

① 提前确认尚未销售商品的收入。

② 提前确认不符合确认条件的商品销售收入。

③ 凭空虚计销售收入。

④ 故意不确认符合收入确认条件的收入。

2) 调整存货计价方法

调整存货计价方法，从而虚增或虚减资产、费用及利润，常见问题如下。

(1) 故意曲解、错误使用会计准则或制度规定的原则和方法核算存货成本。

(2) 根据自身需要随时随意改变确定的核算方法。

(3) 对存货计价方法的变更不履行规定的程序和手续。

3) 调整折旧方法

调整折旧方法，延长或缩短折旧年限，虚增、虚减成本费用，从而调节利润。一些企业往往根据对利润的需要，任意调节固定资产的使用寿命、预计净残值及折旧方法。

4) 利用资产重组调节资产和利润

利用资产重组调节资产和利润，常见问题如下。

(1) 借助关联交易，由非上市的企业以优质资产置换上市企业的劣质资产，或反过来操作。

(2) 由非上市的企业将盈利能力较高的下属企业廉价出售给上市企业，或反过来操作。

(3) 由上市企业将一些闲置资产高价出售给非上市企业，或反过来操作。

(4) 由上市企业通过债务重组将高额债务甩给非上市企业，或反过来操作。

5) 利用关联交易调节资产、利润和税负

利用关联交易调节资产、利润和税负惯用的手段如下。

(1) 关联购销舞弊，常见关联方购销业务的三种形式：①利用控股和非控股子公司虚增销售、利润；②利用不同控股程度的子公司调节销售；③溢价采购控股子公司的产品及劳务形成固定资产。

(2) 受托经营舞弊。

(3) 资金往来舞弊。

(4) 费用分担舞弊。

(5) 利用转让、置换和出售除商品以外的其他资产舞弊。

6) 利用资产评估调节资产和利润或消除潜亏

在资产评估过程中，各种影响资产评估结果的人为因素很多，如资产管理者的动机、利益集团的既得利益等都可能对资产评估结果产生重大的影响。

7) 利用虚拟资产长期挂账调节资产和利润

所谓虚拟资产，是指已经发生的费用或损失，但由于企业缺乏承受能力而暂时挂列为待摊费用、递延资产、待处理流动资产损失和待处理固定资产损失等资产项目，不予处理。所以，虚拟资产实际上是介于资产和费用之间的一个概念，从资产负债表的角度来看，虽属于资产，列在资产负债表的资产方，但由于这些资产大多数已不能给企业带来未来的经济利益，所以，实际上大多数已不符合资产的定义。

8) 利用利息资本化调节利润

根据现行会计准则和会计制度的规定，企业为固定资产、投资性房地产和存货等资产而支付的利息费用，凡是在达到预定可使用，或可销售状态前发生的借款费用、折价或溢价的摊销、汇兑差额等，应当资本化，计入这些长期资产的成本，而达到预定可使用或者可销售状态后发生的借款费用则应该计入当期损益。但有些企业在长期资产投入使用后仍将利息费用予以资本化，明显不符合会计准则的上述规定，虚增了利润。

9) 利用股权投资方法调节资产和利润

长期股权投资在持有期间，应根据投资企业对被投资单位的影响程度及是否存在活跃市场、公允价值能否可靠取得以及对被投资单位具有控制、共同控制或重大影响等情况，分别采用成本法及权益法进行核算。但是，在日常会计处理实务中，一些企业往往是根据对自己是否有利的需要选择权益法或成本法进行对外投资核算。

10) 利用虚假发票调节资产、利润及税负

企业为了降低税负和盈利常常采用假发票报账，达到调节资产、利润和税负目的，在这种情况下，一般都与企业内控不严及管理层凌驾于内部控制之上密切相关，发票报销后的资金往往都会在账外循环(核算)。

11) 虚构交易或经济业务调节收入和利润

很多企业都会为了各自的目的通过虚构交易或经济业务调节收入和利润，如为了业绩好看，为了扭亏为盈，为了炒作自己的股票，国有企业为了完成上级对业务收入和利润的指标等，往往会采取虚构交易或相关经济业务的方法来粉饰财务报表，最终达到虚增销售收入和营利的目的，最常见的就是与关联方虚构交易业务。

12) 利用其他应收款和其他应付款等往来科目调节资产、利润或虚增资本

其他应收款账户的借方往往被企业用来虚增资产、利润及资本，如将虚增的利润及虚假投入或投入后又抽逃的资本金长期挂在其他应收款借方。而其他应付款的贷方则往往被企业用来隐瞒资产和利润，如企业将要隐藏的各类资产、各种来源的利润等长期挂在其他应付款贷方，待一定时期等条件成熟后再将隐藏的资产或利润转移出去，或者根据需要转到账面上。

13) 各类利用隐瞒收入、资产，虚增成本、费用的税务舞弊

大多数企业的偷税舞弊都与隐瞒收入、资产、利润及虚增成本、费用有关，这方面的问题也是层出不穷，数不胜数。

14) 随意变更会计政策、会计估计方法

企业采用的会计政策必须前后各期保持一致，不得随意变更。由于在同一交易或事项的会计处理中，人们通常很难判断哪一种会计政策更能真实、公允地反映企业的财务状况、经营成果和现金流量，于是一些企业就利用会计政策变更的这一特征随意变更会计政策。

在日常会计处理实务中，企业运用会计政策变更来粉饰会计报表，主要包括以下四种形式。

(1) 折旧政策的变更。

(2) 长期股权投资核算方法的改变。

(3) 会计报表合并政策的改变。

(4) 会计估计的变更。

三、检查财务舞弊常用的审计技术方法

由于企业实施财务舞弊的成本较低，这也在很大程度上助长了舞弊问题的发生，作为注册会计师，有责任综合运用审计方法，检查出被审计单位的财务舞弊或舞弊嫌疑，下面只介绍几种综合运用审计技术方法，检查财务舞弊的情形。

(一)复核会计报表之间的钩稽关系

每张财务报表都有其自身内在的逻辑关系，财务报表与财务报表之间也有着对应或平衡的逻辑关系，审计时通过复核财务报表之间的逻辑关系，并深入审查，就很容易发现问题。

1. 资产负债表同利润(损益)表之间的关系

这两者间关系主要是资产负债表中未分配利润的期末数减去期初数，应该等于损益表的未分配利润项。因为，资产负债表是一个时点报表，而利润(损益)表是一个期间报表，期间的前后两个不同时点之间就是一段时期，这两个时点上的未分配利润的差额，就应该等于这段时期内未分配利润的增加额。

2. 资产负债表与现金流量表之间的关系

由于一般企业的"现金及现金等价物"所包括的内容大都与"货币资金"口径一致，所以，资产负债表"货币资金"项目期末与期初的差额，与现金流量表"现金及现金等价物净增加"应该保持合理的钩稽关系，即从理论上讲应该是相等的，但实务中由于现金流量表计算的复杂性，实际上真正能够相等的情况很少。

3. 资产负债表与利润分配表之间的关系

利润分配表中的"未分配利润"项目"本年实际"栏与资产负债表中的"未分配利润"的期末数应该相等。注意：利润分配表中的"年初未分配利润"项目的"本年累计数"栏的数额应等于同表中"未分配利润"项目"上年实际"栏的数额，同时还应等于资产负债表"未分配利润"项目的期初数。

不过利润分配表仅适用于执行《企业会计制度》的企业，而所有者权益变动表中反映的未分配利润应该与资产负债表中的期初与期末数有对应关系。

4. 其他常见的逻辑关系

(1) 根据资产负债表中固定资产、累计折旧金额，复核利润(损益)表中"管理费用——折旧费"的合理性。再结合生产设备的增减情况和开工率、能源消耗，分析主营业务收入的变动是否存在生产能力和能源消耗的支持。

(2) 根据资产负债表中短期投资、长期投资，复核利润(损益)表中"投资收益"的合理性。如关注是否存在资产负债表中没有投资项目而利润表中却列有投资收益，以及投资收益大大超过投资项目的本金等异常情况。

(二)掌握企业的财务数据和信息

(1) 审阅会计资料及其他资料,全面了解和掌握企业财务报表所披露的各项财务数据、指标及与经营情况有关的信息,特别是对贷款中的重要指标起到决定性作用或有重大影响的余额、发生额、比率或信息等。

(2) 从各财务报表中主表与主表、主表与附表,前期与后期及财务报表附注(注意:前后期的附注)等之间有钩稽关系的数据、有逻辑关系的信息等实施比较分析和复核检查,看有没有数据上的差异或信息上相互矛盾的内容。

(3) 复核、分析制造费用、管理费用、财务费用及销售费用四大费用在本年度及前两年度的变化趋势及具体变化内容。

(三)综合分析财务报表

根据对财务报表检查、分析的目的和要求不同,综合运用核对、复核、询问、分析等技术方法对财务报表进行综合分析,判断各项指标的合理性,从而发现问题。

1. 营运能力分析

营运能力指标,一般包括应收账款周转率、存货周转率、流动资产周转率。

2. 盈利能力分析

盈利能力是指企业通过合法的生产经营活动赚取利润的能力。盈利能力指标,一般包括总资产报酬率、净资产收益率、营业收入净利润率、成本费用利润率、销售利润率。

3. 偿债能力分析

偿债能力是反映企业财务状况和经营能力的重要标志,是企业偿还到期长期或短期债务的承受能力或保证程度,债权人尤其重视。

短期偿债能力指标,一般包括流动比率、速动比率;长期偿债能力指标,一般包括资产负债率、净资产负债率、产权比率、利息保障倍数。

4. 成长能力分析

评价企业的成长能力指标,一般包括销售增长率和净利润增长率。

第四节　审计抽样方法

一、审计抽样概述

(一)审计抽样的含义

审计抽样(即抽样),是指注册会计师对具有审计相关性的总体中低于百分之百的项目实施审计程序,使所有抽样单元都有被选取的机会,为注册会计师针对整个总体得出结论提供合理基础。

总体,是指注册会计师从中选取样本并期望据此得出结论的整个数据集合。

抽样单元，是指构成总体的个体项目。

(二)审计抽样的适用情形

(1)　审计抽样不是所有程序都适用，对控制测试和实质性程序(主要是细节测试)适用，通常不用于风险评估程序和实质性分析程序。

(2)　审计抽样可以在检查法和函证法中广泛运用，但通常不能用于询问法、观察法和分析法。

(3)　审计抽样通常不适用于下列情况。

①　检查总体的完整性。

②　抽样单位较少。

③　总体中的每笔业务金额均超过重要性水平。

④　可接受检查风险过低或要求审计检查保证程度过高。

⑤　有特殊风险或需要特别关注的事项。

⑥　使用审计抽样不符合成本效益原则。

(三)审计抽样的类型

根据审计抽样决策依据的方法不同，可将审计抽样分为统计抽样和非统计抽样(判断抽样)两大类。

1. 统计抽样

统计抽样是指同时具备随机选取样本以及运用概率论方法评价样本结果，包括计量抽样风险等特征的抽样方法。

注册会计师使用统计抽样，可以了解总体很多不同的特征。由于内部控制测试和实质性程序的性质、工作方法的不同，统计抽样方法在两种测试中的具体运用也不尽相同，分别为属性抽样和变量抽样(第五节会详细介绍)。

2. 非统计抽样

不同时具备统计抽样方法的两个特征，一般是由注册会计师根据专业判断来确定样本量、选取样本和对样本结果进行评估的方法，就是非统计抽样。

注册会计师应当根据具体情况并运用职业判断，确定使用统计抽样或非统计抽样方法，以便最有效率地获取审计证据，在实际审计中，往往把统计抽样和非统计抽样结合起来运用，这样才能取得较好的审计效果。统计抽样与非统计抽样的比较如表5-6所示。

表5-6　统计抽样与非统计抽样的比较

审计抽样的类型	优　点	缺　点
统计抽样	客观地选取样本；科学地确定抽样规模；能客观地计量抽样风险，并通过调整样本规模精确地控制风险；客观地评价抽样结果；统计抽样便于促使审计工作规范化	可能发生额外的成本

续表

审计抽样的类型	优　点	缺　点
非统计抽样	简单灵活，容易操作，如果设计得当，也能得到与统计抽样方法同样有效的结果	不能科学确定抽样规模；审计风险较大，并且不可预知和控制，无法精确地测定出抽样风险；抽样结果可靠性差

二、抽样风险与非抽样风险

注册会计师在进行审计抽样时，检查风险可能受抽样风险和非抽样风险两方面因素的影响。

(一)抽样风险及其控制

抽样风险，是指注册会计师根据样本得出的结论，可能不同于如果对整个总体实施与样本相同的审计程序得出的结论的风险。本书主要介绍抽样风险在控制测试和细节测试时可能导致的错误结论。

1. 控制测试时的抽样风险

控制测试是为了获取内部控制在防止或发现并纠正认定层次重大错报的有效性而实施的测试。控制测试时产生的抽样风险有以下两种。

(1) 信赖过度风险。信赖过度风险是指推断的控制有效性高于其实际有效性的风险，会影响审计的效果。

(2) 信赖不足风险。信赖不足风险是指推断的控制有效性低于其实际有效性的风险，会影响审计的效率。

2. 细节测试时的抽样风险

细节测试是对各类交易、账户余额、列报的具体细节进行测试，目的在于直接识别财务报表认定是否存在错报。细节测试时产生的抽样风险有以下两种。

(1) 误受风险。误受风险是指推断某一重大错报不存在而实际上存在的风险，会影响审计的效果。

(2) 误拒风险。误拒风险是指推断某一重大错报存在而实际上不存在的风险，会影响审计的效率。

信赖不足风险与误拒风险会导致注册会计师执行额外的审计测试，降低审计效率；信赖过度风险与误受风险很可能导致注册会计师得出不正确的审计结论。在审计过程中，注册会计师重点要考虑的抽样风险是信赖过度风险和误受风险。

3. 抽样风险的控制

控制抽样风险有两个途径：一是调整样本量，增加样本量可以降低抽样风险；二是采用恰当的抽样方法，合理地保证样本的代表性(即选取的样本具有与总体相同的特性)。

注意

只要使用了审计抽样方法，就会存在抽样风险，一般来说，抽样风险与样本规模成反向变动，样本规模越小，抽样风险就越大。因此，可以通过扩大样本规模来降低抽样风险。

(二)非抽样风险及其控制

非抽样风险，是指注册会计师由于任何与抽样风险无关的原因而得出错误结论的风险。注册会计师即使对项目总体全部实施审计程序，仍然有可能未发现重大错报或控制失效。

1. 导致非抽样风险的原因

(1) 选择的总体不适合于测试目标。

(2) 未能适当地定义误差，导致注册会计师未能发现样本中存在的误差。

(3) 选择了不适于实现特定目标的审计程序。

(4) 未能适当地评价审计过程中发现的问题。

2. 非抽样风险的控制

非抽样风险对审计工作的效率和效果都有一定的影响。可以通过对注册会计师进行有效的训练，对审计程序的精心设计，实施质量控制政策，对审计工作进行适当的计划、指导、监督和复核等，将非抽样风险控制在较低水平。

三、审计抽样的基本程序

审计抽样主要分为三个阶段进行。

(一)样本设计阶段

在设计审计样本时，注册会计师首先应考虑拟实现的具体目标，并根据目标和总体的特点确定能够最好地实现该目标的审计程序组合，以及如何在实施审计程序时运用审计抽样。

审计抽样的基本程序.mp4

审计抽样中样本设计阶段的工作主要包括以下几个步骤。

(1) 确定测试目标。审计抽样必须紧紧围绕审计测试的目标而展开。因此，确定测试目标是样本设计阶段的第一项工作。

(2) 定义审计对象总体与抽样单元。实施审计抽样前必须先确定审计对象总体，确定在哪些项目中进行抽样，审计对象总体的确定十分重要，在确定时要注意以下几个方面。

① 确定的审计对象总体必须与具体审计目标直接相关，而且必须包括被审计经济业务或资料的全部项目。

② 总体中的项目应具备相同或相似的性质，对于所含项目存在一定差异的总体，应考虑进行分层，减少每一层次内各项目的差异，使各层内的项目具有更相似的性质。

③ 被审查的总体中的项目应具备明显的、共同的可辨识标志，以利于抽样方法的实施。例如这些项目是否有预先编号、排列顺序如何都将影响某些抽样方法的实施。

④ 总体中的项目必须达到一定的数量,当总体中的项目很少时,不能采用统计抽样方法。

抽样单元,是指构成总体的个体项目。在定义抽样单元时,注册会计师应使其与审计测试目标保持一致,通常在定义总体时,都指明了适当的抽样单元。

(3) 定义误差构成条件。注册会计师必须事先准确定义构成误差的条件,否则执行审计程序时就没有识别误差的标准。控制测试中,误差是指控制偏差,注册会计师要仔细定义所要测试的控制及可能出现偏差的情况;细节测试中,误差是指错报,注册会计师要确定哪些情况构成错报。

(4) 确定审计程序。注册会计师必须确定能够最好地实现控制测试目标的审计程序组合。

(二)选取样本阶段

对样本进行设计之后,就应当通过一定的手段选取样本。审计抽样中选取样本阶段的工作主要包括以下几个步骤。

1. 确定样本规模

样本规模是指从总体中选取样本项目的数量。注册会计师应当确定恰当的样本规模,以将抽样风险降至可接受的低水平。影响样本规模的因素主要包括:可接受的抽样风险、可容忍误差、预计总体误差、总体变异性、总体规模。可接受的抽样风险和可容忍误差与样本规模呈反向变动;预计总体误差和总体变异性与样本规模呈同向变动;总体规模对样本规模的影响很小,一定程度上呈同向变动。

2. 选取样本

不管是统计抽样还是非统计抽样,在选取样本项目时,注册会计师都应当使总体中的每个抽样单元都有被选取的机会。在统计抽样中,注册会计师选取样本项目时,每个抽样单元被选取的概率是已知的;在非统计抽样中,注册会计师根据判断选取样本项目(选取样本的具体方法详见后面介绍)。

3. 对样本实施审计程序

注册会计师应当针对选取的每个项目,实施适当的具体审计程序,目的是为了发现并记录样本中存在的误差。

(三)评价样本结果阶段

注册会计师在样本设计、样本选取之后,应当评价样本的结果。注册会计师评价样本结果的主要步骤如下。

(1) 分析样本误差。注册会计师应当调查识别出所有误差的性质和原因,并评价其对审计程序的目的和审计的其他方面可能产生的影响。对样本结果的定性评估和定量评估一样重要。

识别出误差的条件如下。

①　确定某一有问题的项目是否为一项误差。

②　按照既定的审计程序，无法对样本取得审计证据时，应当实施替代审计程序，以获取相应的审计证据。如果注册会计师无法或者没有执行替代审计程序，则应将该项目视为一项误差。

③　如果某些样本误差项目具有共同的特征，则应将这些具有共同特征的项目作为一个整体，实施相应的审计程序，并根据审计结果，进行单独的评价。

④　在分析抽样中所发现的误差时，还应考虑质的方面，包括误差的性质、原因、对其他相关审计工作的影响。

(2)　推断总体误差。审计抽样的主要特征是抽取的样本能够代表总体特征。注册会计师应当根据样本的误差来推断总体误差，据以形成审计结论。

(3)　形成审计结论。注册会计师应当将推断的总体误差与可容忍的误差进行比较，同时考虑抽样风险的存在，最终形成审计结论。

四、选取样本的基本方法

注册会计师选取样本的基本方法主要有三种。

(一)简单随机选样法

随机选样法，是指对审计对象总体中的所有项目，按随机原则选取样本，总体中的每一项目都有均等的机会被选中。简单随机抽样中，通常利用随机数表选取样本项目。随机数表也称乱数表，它是由随机生成的从 0～9 共 10 个数字所组成的数表，每个数字在表中出现的次数是大致相同的，它们出现在表上的顺序是随机的。表 5-7 就是 5 位随机数表的一部分。

表 5-7　随机数表

	1	2	3	4	5	6	7	8	9	10
1	32044	69037	29655	92114	81034	40582	01584	77184	85762	46505
2	23821	96070	82592	81642	08971	07411	09037	81530	56195	98425
3	82383	94987	66441	28677	95961	78346	37916	09416	42438	48432
4	68310	21792	71635	86089	38157	95620	96718	79554	50209	17705
5	94856	76940	22165	01414	01413	37231	05509	37489	56459	52983
6	95000	61958	83430	98250	70030	05436	74814	45978	09277	13827
7	20764	64638	11359	32556	89822	02713	81293	52970	25080	33555
8	71401	17964	50940	95753	34905	93566	36318	79530	51105	26952
9	38464	75707	16750	61371	01523	69205	32122	03436	14489	02086
10	59442	59247	74955	82835	98378	83513	47870	20795	01352	89906

使用随机数表选取样本的步骤如下。

对总体项目进行编号。注册会计师在运用随机数表时，应对总体项目进行编号，建立总体中的项目与表中数字的一一对应关系。

选择起点和选号路线。随机起点和选号路线可以任意选择，但一经选定就不得改变。从随机数表中任选一行或任何一栏开始，按照一定的方向(上下左右均可)依次查找，符合总体项目编号要求的数字，即为选中的号码，与此号码相对应的总体项目即为选取的样本项目，一直到选足所需的样本量为止。

【课堂案例】

利用表 5-7 随机数表，从序号为 500～5000 的转账支票中选取样本，样本量为 10。

【答案解析】

首先，确定只用随机数表所列数字的前 4 位数字来与转账支票号码一一对应。其次，确定第 5 列第 1 个数为起点，选号路线为从上到下，从右到左，依次进行。

按照规定的一一对应关系和起点及选号路线，选出 10 个数码：897、3815、3490、2867、3255、2965、2216、1135、1675、2179。

注意

凡前 4 位数在 500 以下或者 5000 以上的，因为与支票号码没有一一对应关系，均不入选，应予略过。选出 10 个数码后，按此数码选取号码与其对应的 10 张支票作为选定样本进行审计。

课堂实训 5-6

【实训操作内容】利用表 5-7 随机数表进行随机选样。

【实训操作要求】掌握随机选样方法。

【实训资料】由 40 页、每页 50 行组成的应收账款明细表，可采用 4 位数字编号，前两位由 01～40 的整数组成，表示该记录在明细表中的页数，后两位数字由 01～50 的整数组成，表示该记录的行次。这样，编号 0534 表示第 5 页第 34 行的记录。

【实训要求】假设需要从以上应收账款明细表中选取 10 个样本，利用表 5-7 随机数表，选择后 4 位数字来与应收账款明细表一一对应。确定第 2 列第 2 行为起点，选号路线为从右到左，从上到下，依次进行判断选中的样本编号是多少？

(二)系统选样法

系统选样也称等距选样，是指按照相同的间隔从审计对象总体中等距离地选取样本的一种选样方法。采用系统选样法，首先要计算选样间距，确定选样起点，然后根据间距顺序地选取样本。使用系统抽样方法要求总体必须是随机排列。选样间距的计算公式为：

$$选样间距=总体规模\div样本规模$$

【课堂案例】在 5000 张凭证中选择样本，采用等距抽样，样本量为 100。

【参考解析】首先，计算间隔数：

$$M = \frac{5000}{100} = 50$$

其次，从 1～50 中确定一个随机起点，每隔 50 张凭证选取一张，共选取 100 张为样本。如 24 为第一张(抽样起点)，则依次选取样本的顺序为 24、74、124、174、224、274…

课堂实训 5-7

【实训操作内容】通过计算分析，进行系统选样。

【实训操作要求】掌握系统选样的方法。

【实训资料】注册会计师要对销售发票进行系统选样。销售发票的总体为 0652 号～3151 号，设定样本量为 125 个。

【实训要求】假设抽样的起点为总体中的第 9 张发票，则抽样的起点是多少号？第 9 个样本是多少号？第 125 个样本是多少号？

(三)分层选样法

分层选样法是按照一定标准将总体划分为若干层次或类型，然后再对各层次或各种类型的项目分别进行随机选样。严格地讲，分层选样法并非是一种独立的样本选择方法，它必须结合简单随机选样法等方法使用。使用该方法可以使注册会计师将样本的选择与总体中的关键项目联系起来，并能针对不同层次采用适当的审计技术。

由于分层选样法将相对同质的项目划为一类，可提高样本在其所在层次的代表性；在针对相同总体选择同样规模的样本时，分层选样比纯粹的随机选样产生的误差小，对于情况比较复杂，项目之间特征差异较大的总体的样本选择更具有优越性。

分层选样法的步骤：

(1) 分层。根据已经掌握的信息，将总体分成互不相交的层。

(2) 求比。根据总体的个体数 N 和样本容量 n，计算抽样比 $k=n:N$。

(3) 定数。确定每一层应抽取的个体数目，并使每一层应抽取的个体数目之和为样本容量 n。

(4) 选样。按确定的数目在各层中随机抽取个体，合在一起得到容量为 n 的样本。

【课堂案例】某城市有 210 家百货商店，为了掌握各商店的营业情况，计划抽取一个容量为 21 的样本，按照分层抽样方法抽取时，各种百货商店分别要抽取多少家？

【参考解析】(1) 按照统计情况，将 210 家百货商店按规模分为三层，分别为大型商店 20 家，中型商店 40 家，小型商店 150 家。

(2) 样本容量与总体的个体数的比为 $\frac{21}{210} = \frac{1}{10}$。

(3) 确定各种商店要抽取的数目。

大型：$20 \times \dfrac{1}{10} = 2$(家)，中型：$40 \times \dfrac{1}{10} = 4$(家)，小型：$150 \times \dfrac{1}{10} = 15$(家)。

(4) 采用简单随机抽样在各层中抽取，大型 2 家，中型 4 家，小型 15 家，这样便得到了所要抽取的样本。

【课堂案例】某会计师事务所对南通企业进行审计，由 A 注册会计师审计往来款项，A 注册会计师对应收账款进行函证前，统计南通会计应收账款客户共有 200 家，由于金额差距较大，其决定按金额分为三层，并根据每层特点采用不同的方法。

【参考解析】A 注册会计师对应收账款进行函证采取分层抽样情况如表 5-8 所示。

表 5-8　分层抽样

分层界限	账户数	抽样数	抽样比率	选样方法
10000 元以上	40	40	100%	详查
5000～10000 元	60	30	50%	简单随机选样
5000 元以下	100	30	30%	系统选样
合计	200	100		

三种抽样方法的比较如表 5-9 所示。

表 5-9　三种抽样方法对照

类　别	共　同　点	各自特点	相互联系	适用范围
简单随机抽样	抽样过程中每个个体被抽取的概率相同	从总体中逐个抽取		总体中的个体数较少
系统抽样		将总体均分成几个部分，按事先确定的规则在各部分抽取	在每一部分抽样时采用简单随机抽样	总体中的个体数较多
分层抽样		将总体分成几层，分层进行抽取	各层抽样时采用简单随机抽样或系统抽样	总体由差异明显的几部分组成

第五节　统计抽样方法的具体运用

统计抽样的方法主要有属性抽样与变量抽样。属性抽样是一种用来对总体中某一事件发生率得出结论的统计抽样方法，最常用的用途是测试某一控制的偏差率，以支持注册会计师评估的控制有效性。变量抽样是一种用来对总体金额得出结论的统计抽样方法，在审计中的主要用途是进行实质性细节测试，以确定记录金额是否合理。

我们可以通过表 5-10 进一步了解相关内容。

表 5-10 属性抽样与变量抽样对照表

统计抽样流程	属性抽样	变量抽样
测试环节	控制测试	实质性测试
测试特征	估计总体既定控制的偏差率(次数)	估计总体总计或总体中的错误金额
内容	内部控制	报表项目
评价	定性	定量
目的	确定实质性测试程序	确定会计报表是否公允表达
方法	固定样本量抽样 停-走抽样 发现抽样	均值估计 差异估计 比率估计
适用范围	控制测试中运用的抽样技术	实质性测试中运用的抽样技术

一、属性抽样法的运用

统计抽样在控制测试中的应用，就是利用属性抽样，估计总体既定控制的偏差率(次数)的过程，而不必对总体错误的金额大小作出估计。但只有被测试的控制程序留有书面证据时，才能运用抽样方法，否则审计总体不好确定，样本也无从选择。

二、属性抽样法的基本步骤

(一)样本设计阶段

(1) 确定测试目标。控制测试的目标是获取关于某项控制运行有效性的审计证据。

【课堂案例】注册会计师将要测试的内部控制是：企业是否只有在将验收报告与进货发票相核对之后，才核准支付采购货款。

【参考解析】控制测试的目标：是确认现金支付授权控制的运行有效性。

(2) 定义总体和抽样单元。总体应与测试的目标相关，注册会计师要考虑总体的完整性和同质性。抽样单元通常是能够提供控制运行证据的一份文件资料、一个记录或其中一行。例如，测试的目标是发票的管理控制，就可以将总体定义为所有的发票，那么抽样单元就是每一张发票。

(3) 定义误差。在控制测试中，误差是指控制偏差。是指注册会计师认为使控制程序失去效能的所有控制无效事件。

(4) 确定审计程序。注册会计师要根据之前的调查了解，确定应实施控制测试的具体程序。

(二)选取样本阶段

(1) 确定样本规模。在控制测试中影响样本规模的因素如下。

① 可接受的信赖过度风险。由于控制测试是控制是否有效运行的主要证据来源，因此，可接受的信赖过度风险应确定在相对较低的水平上。通常，相对较低的水平在数量上是指 5%~10%的信赖过度风险。

② 可容忍偏差率。在实务中，注册会计师通常认为，当偏差率为 3%~7%时，控制有效性的估计水平较高；可容忍偏差率最高为 20%，偏差率超过 20%时，由于估计控制运行无效，注册会计师不需进行控制测试，见表 5-11。

表 5-11　计划评估的控制有效性和可容忍偏差率之间的关系

计划评估的控制有效性	可容忍偏差率(近似值，%)
高	3~7
中	6~12
低	11~20
最低	不进行控制测试

③ 预计总体偏差率。对于控制测试，注册会计师在考虑总体特征时，需要根据对相关控制的了解或对总体中少量项目的检查来评估预期偏差率。注册会计师可以根据上年测试结果和控制环境等因素对预计总体偏差率进行评估。如果预期总体偏差率高得无法接受，意味着控制有效性很低，注册会计师通常决定不实施控制测试，而实施更多的实质性程序。

④ 总体规模。在总体数量很大的情况下，总体规模对样本规模的影响可以忽略。

在使用统计抽样时，应当对影响样本规模的因素进行量化，注册会计师可以使用样本量表法确定样本规模。

表 5-12 提供了在控制测试中确定的可接受信赖过度风险为 10%时所适用的样本量。

表 5-12　控制测试统计抽样样本规模——信赖过度风险 10%

(括号内是可接受的偏差数)

预计总体偏差率(%)	可容忍偏差率(%)										
	2	3	4	5	6	7	8	9	10	15	20
0.00	114(0)	76(0)	57(0)	45(0)	38(0)	32(0)	28(0)	25(0)	22(0)	15(0)	11(0)
0.25	194(1)	129(1)	96(1)	77(1)	64(1)	55(1)	48(1)	42(1)	38(1)	25(1)	18(1)
0.50	194(1)	129(1)	96(1)	77(1)	64(1)	55(1)	48(1)	42(1)	38(1)	25(1)	18(1)
0.75	265(2)	129(1)	96(1)	77(1)	64(1)	55(1)	48(1)	42(1)	38(1)	25(1)	18(1)
1.00	*	176(2)	96(1)	77(1)	64(1)	55(1)	48(1)	42(1)	38(1)	25(1)	18(1)
1.25	*	*	*	*	64(1)	55(1)	48(1)	42(1)	38(1)	25(1)	18(1)
1.50	*	*	*	*	64(1)	55(1)	48(1)	42(1)	38(1)	25(1)	18(1)
1.75	*	*	*	*	88(2)	55(1)	48(1)	42(1)	38(1)	25(1)	18(1)
2.00	*	*	*	*	88(2)	75(2)	48(1)	42(1)	38(1)	25(1)	18(1)
2.25	*	*	*	*	88(2)	75(2)	48(1)	42(1)	38(1)	25(1)	18(1)

续表

预计总体偏差率(%)	可容忍偏差率(%)										
	2	3	4	5	6	7	8	9	10	15	20
2.50	*	*	*	*	110(3)	75(2)	65(2)	42(2)	38(2)	25(1)	18(1)
2.75	*	*	*	*	132(4)	94(3)	65(2)	58(2)	38(2)	25(1)	18(1)
3.00	*	*	*	*	132(4)	94(3)	65(2)	58(2)	52(2)	25(1)	18(1)
3.25	*	*	*	*	153(5)	113(4)	82(3)	58(2)	52(2)	25(1)	18(1)
3.50	*	*	*	*	194(7)	113(4)	82(3)	73(3)	52(2)	25(1)	18(1)
3.75	*	*	*	*	*	131(5)	98(4)	73(3)	52(2)	25(1)	18(1)
4.00	*	*	*	*	*	149(6)	98(4)	73(3)	65(2)	25(1)	18(1)
5.00	*	*	*	*	*	*	160(8)	115(6)	78(4)	34(2)	18(1)
6.00	*	*	*	*	*	*	*	182(11)	116(7)	43(3)	25(2)
7.00	*	*	*	*	*	*	*	*	199(14)	52(4)	25(2)

注: (1) *表示样本规模太大,因而在大多数情况下不符合成本效益原则。

(2) 本表假设总体为大总体。

【课堂案例】注册会计师确定的可接受信赖过度风险为 10%,可容忍偏差率为 7%,预计总体偏差为 1.75%,查样本量表中所需的样本规模为 55,括号中的数字 1 代表可以容忍的最大偏差数为 1。

(2) 选取样本和实施审计程序。在控制测试中使用统计抽样方法时,注册会计师必须使用随机数表或系统选样,因为这两种方法能够产生随机样本,而其他选样方法虽然也可能提供有代表性的样本,但却不是随机基础。

当样本被选取之后,注册会计师就可以对这些样本实施之前计划好的具体审计程序。

(三)评价样本结果阶段

1. 计算总体偏差率

将样本中发现的偏差数量除以样本规模,就可以计算出样本偏差率。样本偏差率就是注册会计师对总体偏差率的最佳估计,因而在控制测试中无须另外推断总体偏差率。但注册会计师还必须考虑抽样风险,在实务中,注册会计师使用统计抽样方法时通常使用公式、表格或计算机程序直接计算在确定的信赖过度风险水平下可能发生的偏差率上限,即估计的总体偏差率与抽样风险允许限度之和。

2. 分析偏差的性质与原因

除了评价偏差发生的概率之外,注册会计师还要对偏差进行定性分析,即分析偏差的性质和原因。注册会计师对偏差的性质和原因的分析包括:是有意的还是无意的?是误解了规定还是粗心大意?是经常发生还是偶然发生?是系统的还是随机的?

如果对偏差的分析表明是故意违背了既定的内部控制政策或程序,注册会计师应考虑被审计者存在重大舞弊的可能性。

注意

控制偏差不一定导致财务报表中的金额错报。

3. 推断总体结论

在实务中，注册会计师使用统计抽样方法时通常使用公式、表格或计算机程序直接计算在确定的信赖过度风险水平下可能发生的偏差率上限，即估计的总体偏差率与抽样风险允许限度之和。

(1) 使用统计公式评价样本结果。注册会计师可以先根据样本的偏差数计算出一个考虑了抽样风险的偏差数上限(风险系数)，然后再根据计算公式，得出总体的偏差率上限。将总体的偏差率上限与可容忍偏差率进行比较，就可以推断内部控制是否有效运行。控制测试中常用的风险系数如表 5-13 所示。

表 5-13 控制测试中常用的风险系数

样本中发现偏差的数量	可接受的信赖过度风险	
	5%	10%
0	3.0	2.3
1	4.8	3.9
2	6.3	5.3
3	7.8	6.7
4	9.2	8.0
5	10.5	9.3
6	11.9	10.6
7	13.2	11.8
8	14.5	13.0
9	15.7	14.2
10	17.0	15.4

【课堂案例】仍以上述数据为例，注册会计师对 55 个项目实施了既定的审计程序，且未发现偏差。风险系数根据可接受的信赖过度风险为 10%，且偏差数量为 0，查表为 2.3，则在既定的可接受信赖过度风险下，根据样本结果计算总体的最大偏差率为：

$$总体偏差率上限(MDR) = \frac{R}{n} = \frac{风险系数}{样本量} = \frac{2.3}{55} = 4.2\%$$

【参考解析】这就意味着，如果样本量为 56 且无一例偏差，总体实际偏差率超过 4.2%的风险为 10%，即有 90%的把握保证总体实际偏差率不超过 4.2%。由于注册会计师确定的可容忍偏差率为 7%，因此可以得出结论，总体的实际偏差率超过可容忍偏差率的风险很小，总体可以接受。也就是说，样本结果证实注册会计师对控制运行有效性的估计和评估的重大错报风险水平是适当的。

(2) 使用样本结果评价表。注册会计师也可以使用样本结果评价表评价统计抽样的结果。表 5-12 列示了可接受的信赖过度风险为 10%时的总体偏差率上限。

【课堂案例】仍以上述数据为例，注册会计师应当选择可接受的信赖过度风险为 10%的样本结果评价表(即表 5-14)评价样本结果。样本规模为 55，当样本中未发现偏差时，应选择偏差数为零的那一列，两者交叉处的 4.1%即为总体的偏差率上限，与利用公式计算的结果 4.2%相近。

表 5-14　控制测试中统计抽样结果评价——可接受的信赖过度风险为 10%时的偏差率上限

样本规模	实际发现的偏差数										
	0	1	2	3	4	5	6	7	8	9	10
20	10.9	18.1	*	*	*	*	*	*	*	*	*
25	8.8	14.7	19.9	*	*	*	*	*	*	*	*
30	7.4	12.4	16.8	*	*	*	*	*	*	*	*
35	6.4	10.7	14.5	18.1	*	*	*	*	*	*	*
40	5.6	9.4	12.8	16.0	19.0	*	*	*	*	*	*
45	5.0	8.4	11.4	14.3	17.0	19.7	*	*	*	*	*
50	4.6	7.6	10.3	12.9	15.4	17.8	*	*	*	*	*
55	4.1	6.9	9.4	11.8	14.1	16.3	18.4	*	*	*	*
60	3.8	6.4	8.7	10.8	12.9	15.0	16.9	18.9	*	*	*
70	3.3	5.5	7.5	9.3	11.1	12.9	14.6	16.3	17.9	19.6	*
80	2.9	4.8	6.6	8.2	9.8	11.3	12.8	14.3	15.8	17.2	18.6
90	2.6	4.3	5.9	7.3	8.7	10.1	11.5	12.8	14.1	15.4	16.6
100	2.3	3.9	5.3	6.6	7.9	9.1	10.3	11.5	12.7	13.9	15.0
120	2.0	3.3	4.4	5.5	6.6	7.6	8.7	9.7	10.7	11.6	12.6
160	1.5	2.5	3.3	4.2	5.0	5.8	6.5	7.3	8.0	8.8	9.5
200	1.2	2.0	2.7	3.4	4.0	4.6	5.3	5.9	6.5	7.1	7.6

注：(1) *表示超过 20%。

(2) 本表以百分比表示偏差率上限；本表假设总体足够大。

三、变量抽样法的运用

统计抽样在细节测试中的应用，就是利用变量抽样法直接针对总体中的数额、余额实施抽样，并从样本审查结果推断总体结果，从而对总体进行定量估计，估计出总体金额或者总体中的错误金额。

四、变量抽样法的基本步骤

(一)样本设计阶段

(1) 确定测试目标。在细节测试中，抽样通常用来为有关财务报表金额的一项或多项认定，提供特定水平的合理保证。

(2) 定义总体和抽样单元。注册会计师应确信抽样总体适合于特定的测试目标。抽样单元可能是一个账户余额、一笔交易或交易中的一个记录，甚至每个货币单元。例如，如果测试的目标是测试应收账款是否存在，注册会计师可能选择所有的应收账款明细账作为抽样的总体，定义各应收账款明细账余额、发票或发票上的单个项目作为抽样单元。

(3) 定义误差。在细节测试中，误差是指错报，注册会计师应根据审计目标，确定什么构成错报。例如，在登记明细账时发生的差错如果不导致账户余额合计数发生错误，就不属于错报。

(4) 确定审计程序。注册会计师必须确定能够最好地实现实质性程序测试目标的审计程序组合。

(二)选取样本阶段

1. 确定样本规模

在细节测试中影响样本规模的因素有下列各点。

(1) 预计总体标准差。在细节测试中确定适当的样本规模时，注册会计师应考虑预计总体标准差，即总体特征的变异性。总体项目的变异性越低，通常样本规模越小。

(2) 可靠性程度。要求的可靠性程度越高，所需要样本量越大，变量抽样中的可靠性程度通常通过审计风险模型来确定，它与检查风险互补，即：可靠性程度=1-检查风险。可靠性系数如表 5-15 所示。

表 5-15 可靠性系数

可信赖程度	可信赖程度系数 t
80%	1.28
85%	1.44
90%	1.65
95%	1.96
99%	2.58

(3) 可容忍误差。注册会计师认为抽样结果达到的审计目的，所愿意接受的审计总体的最大误差。可容忍误差的确定一般以账户重要性水平的初步判断为依据。注册会计师确定的重要性水平越大，则确定的可容忍误差也可以越大。

(4) 预计总体误差。在确定细节测试所需的样本规模时，注册会计师还需要考虑预计在账户余额或交易中存在的错报金额和频率。预计总体误差的规模或频率降低，所需的样本规模也随之降低。相反，预计总体误差的规模或频率增加，所需的样本规模也随之增加。如果预期总体误差很高，注册会计师在实施细节测试时对总体进行 100%检查或使用较大的样本规模可能较为适当。

(5) 总体规模。总体中的项目数量在细节测试中对样本规模的影响很小。因此，按总体的固定百分比确定样本规模通常缺乏效率。

均值估计法下，总体标准差是衡量总体中个别项目值在总体平均值周围变异或离散程度的指标，标准差的计算公式为：

$$总体标准差(SD) = \sqrt{\frac{\sum (X - \overline{X})^2}{N}}$$

式中：SD 为总体标准差；X 为个别项目数值；$\overline{X}$ 为总体平均数；N 为总体项目个数。

均值估计法下，样本规模可采用如下公式计算：

$$n' = \left(\frac{t \times SD \times N}{P}\right)^2, \quad n = \frac{n'}{1 + \frac{n'}{N}}$$

式中：t 为可靠性系数；SD 为总体标准差；N 为总体项目个数；n 为放回抽样的样本量；n' 为不放回抽样的样本量；P 为计划精确限度(总体的可容忍误差减去预计总体误差)。

2. 选取样本和实施审计程序

注册会计师可以使用随机数表或计算机辅助审计技术选样、系统选样，也可以使用随意选样。注册会计师应当仔细选取样本，以使样本能够代表抽样总体的特征。注册会计师应对选取的每一个样本实施计划的审计程序。

(三)评价样本结果阶段

1. 分析错报的性质与原因

除了评价错报的频率和金额之外，注册会计师还要对错报进行定性分析，分析错报的性质和原因，判断其对财务报表重大错报风险的影响。

2. 推断总体错报

推断总体错报的技术方法主要有以下几种。

(1) 均值估计抽样。均值估计抽样是通过抽样审查样本平均值，再根据样本平均值推断总体平均值和总值的一种抽样方法。可用的具体公式如下：

样本平均值=样本实际金额÷样本规模

总体金额估计值=样本平均值×总体规模

推断的总体错报=估计的总体实际金额-总体账面金额

【课堂案例】注册会计师从总体规模为 1200 个、账面金额为 100 万元的存货项目中选择了 400 个作为样本；经过实施审计程序之后，确定样本项目的平均审定金额为 800元，则存货项目总体的平均值也估计为 800 元，总值推断为 960000(即 800×1200)元，从而推断总体错报是 40000 元。

(2) 差额估计抽样。差额估计抽样是通过样本实际金额与账面金额的差额来推断总体金额与账面金额的差额，进而对总体价值作出估计的一种抽样方法。其计算公式如下：

$$平均差额 = \frac{样本实际金额 - 样本账面金额}{样本规模}$$

$$推断的总体错报 = 平均差额 \times 总体项目个数$$

【课堂案例】注册会计师从总体规模为 1200 个、账面金额为 100 万元的存货项目中选择了 400 个作为样本，样本账面金额为 400000 元；经过实施审计程序之后，确定样本项目的实际审定金额为 420000 元，则存货项目平均差额为(420000-400000)/400=50 元；估计的总体错报为 50×1200＝6000 元。

(3) 比率估计抽样。比率估计抽样是通过样本实际金额与账面金额之间的比率关系来推断总体价值与账面价值的比率，进而估计总体价值的一种抽样方法。通常适用于错报金额和账面价值成比例的情况。其计算公式如下：

$$比率 = \frac{样本实际金额之和}{样本账面金额之和}$$

$$估计的总体价值 = 总体账面价值 \times 比率$$

$$估计的错报金额 = 估计的总体价值与总体账面价值之差$$

【课堂案例】注册会计师从总体规模为 1200 个、账面金额为 100 万元的存货项目中选择了 400 个作为样本，样本账面金额为 400000 元；经过实施审计程序之后，确定样本项目的实际审定金额为 420000 元，则存货项目比率为 1.05(即 420000÷400000)；估计的总体价值为 1050000(即 1000000×1.05)元；估计的错报金额为 50000(即 1050000－1000000)元。

能 力 训 练

一、判断题(正确打 √，错误打 ×)

1. 顺查法一般适用于规模较大、业务较多的大中型企业和凭证较多的行政事业单位。 ( )

2. 检查记录或文件仅是对以纸质形式存在的记录或文件进行审查。 ( )

3. 审计抽样是指注册会计师在实施审计程序时，从总体中选取一定数量的样本进行测试，并对所选项目发表审计意见的方法。 ( )

4. 注册会计师不论选用统计抽样还是非统计抽样，只要运用得当，都能获取充分、适当的审计证据。 ( )

5. 通过询问可以获得大量的证据，而且可以作为结论性证据。 ( )

6. 函询是通过向有关单位发函了解情况取得证据的方法，这种方法一般用于往来款项的查证。 ( )

7. 消极式函证是指要求被询证者在所有情况下都必须回函，确认询证函所列示信息是否正确，或填列询证函要求的信息。 （ ）

8. 审计抽样是指注册会计师对某类交易或账户余额中低于百分之百的项目实施审计程序，使所有抽样单元都有被选取的机会。 （ ）

9. 样本选取的基本要求是选取有代表性的样本，因此，在样本选取的过程中，注册会计师不可使用职业判断。 （ ）

10. 非抽样风险是指注册会计师因采用不恰当的审计程序或方法，或因误解审计证据等而未能发现重大误差的可能性。 （ ）

二、单项选择题

1. 下列各项风险中，对审计工作的效率和效果都产生影响的是( )。
   A. 信赖过度风险　　　　　　　B. 信赖不足风险
   C. 误受风险　　　　　　　　　D. 非抽样风险

2. 书面资料审查的方法按审查的范围划分可分为( )。
   A. 详细审计和抽样审计　　　　B. 顺查法和逆查法
   C. 详查法和抽查法　　　　　　D. 全部审计和局部审计

3. 运用审阅技术从异常数据方面着手，发现问题时，下列说法不正确的是( )。
   A. 从数据本身的正负方向方面来衡量　B. 从数据增减变动幅度的大小来衡量
   C. 从账户的对应关系来衡量　　　　　D. 从数据的精确度上来衡量

4. 注册会计师向债务人发出询证函，要求他证实所函证的欠款是否正确，若发现有问题时才要求回函，则属于( )。
   A. 积极式函证　　B. 反面式函证　　C. 消极式函证　　D. 正面式函证

5. 根据控制测试的目的和特点所采用的审计抽样称为( )。
   A. 变量抽样　　　B. 属性抽样　　　C. 统计抽样　　　D. 非统计抽样

6. 对现金业务账实是否一致进行审查，最好的方法是( )。
   A. 盘存法　　　B. 分析法　　　C. 复核法　　　D. 逆查法

7. 在控制测试中通常采用的审计抽样方法是( )。
   A. 属性抽样　　B. 变量抽样　　C. 差额估计抽样　D. 比率估计抽样

8. 应收账款总金额为 400 万元，重要性水平为 6 万元，根据抽样结果推断的差错额为 4.5 万元，而账户的实际差错额为 8 万元，这时，注册会计师承受了( )。
   A. 误拒风险　　　　　　　　　B. 信赖不足风险
   C. 误受风险　　　　　　　　　D. 信赖过度风险

9. 在随机选样条件中，选样的起点、方向可以任意确定而不影响选样的效果，是因为无论怎样确定选样的起点、方向，( )都是相同的。
   A. 选取样本的随机性　　　　　B. 所选的样本编号
   C. 所选的第一个单位　　　　　D. 推断的总体误差

10. 注册会计师希望从 2000 张编号为 0001 至 2000 的支票中抽取 100 张进行审计，随机确定的抽样起点为 1955，如采用系统抽样法，抽取到的第四个样本号为(　　)。

    A. 2015　　　　　B. 0015　　　　　C. 2005　　　　　D. 1995

三、多项选择题

1. 注册会计师审计方法的发展所经历的阶段有(　　)。

    A. 以会计凭证和账簿的详细检查为特征的账项基础审计

    B. 以被审计单位是否遵守了特定的法律、法规、程序或规则为特征的合规性审计

    C. 以内部控制测试为基础的抽样审计为特征的制度基础审计

    D. 以重大错报风险的识别、评估、应对为审计工作主线的风险导向审计

2. 下列因素中与所选取的样本数量同向变动的是(　　)。

    A. 可信赖程度　　B. 可容忍误差　　C. 预期总体误差　　D. 审计风险

3. 在对询证函的以下处理方法中，正确的有(　　)。

    A. 在粘封询证函时对其统一编号，并将发出询证函的情况记录于审计工作底稿

    B. 询证函经会计师事务所盖章后，由注册会计师直接发出

    C. 收回询证函后，将重要的回函复制给被询证单位以帮助催收货款

    D. 对以电子邮件方式回收的询证函，要求被询证单位将原件盖章后寄至会计师事务所

4. 财产物资审计的方法包括(　　)。

    A. 盘点法　　　　B. 调节法　　　　C. 观察法　　　　D. 鉴定法

5. 有关审计抽样的下列表述中，注册会计师不能认同的有(　　)。

    A. 审计抽样适用于会计报表审计的所有审计程序

    B. 统计抽样的产生并不意味着非统计抽样的消亡

    C. 统计抽样能够减少审计过程中的专业判断

    D. 对可信赖程度要求越高，需选取的样本量就应越大

6. 审阅法在财务审计中运用最为广泛，主要审阅(　　)。

    A. 会计报表　　　B. 会计凭证　　　C. 会计账簿　　　D. 审计约定书

7. 对审计工作的效率可能有一定影响的有(　　)。

    A. 误拒风险　　　B. 非抽样风险　　C. 误受风险　　　D. 信赖不足风险

8. 如果注册会计师推断的总体误差超过可容忍误差，经重估后的抽样风险不能接受，应当(　　)。

    A. 减少样本量　　　　　　　　　B. 增加样本量

    C. 重新确定审计重要性水平　　　D. 执行替代审计程序

9. 审计抽样通常在(　　)程序中不采用。

    A. 应收账款函证　　　　　　　　B. 询问被审计单位管理当局

    C. 实地观察　　　　　　　　　　D. 分析程序

10. 注册会计师确定审计对象总体的预期误差时，应考虑的因素包括(   )。

    A. 前期审计所发现的误差   B. 被审计单位经营业务和经营环境的变化

    C. 内部控制的评价   D. 分析性复核的结果

四、综合分析题

1. 注册会计师为确定重点审计领域，准备实施分析程序。东方企业 2009 年度 1～12 月份未经审计的主营业务收入、主营业务成本列示如表 5-16 所示。

表 5-16   东方企业 2009 年度未经审计的主营业务收入及主营业务成本

单位：元

月 份	主营业务收入	主营业务成本
1	7800	7566
2	7600	6764
3	7400	6512
4	7700	6768
5	7800	6981
6	7850	6947
7	7950	7115
8	7700	6830
9	7600	6832
10	7900	7111
11	8100	7280
12	18900	15139
合计	104300	91845

【要求】请根据以上资料计算各月份的毛利率[(主营业务收入－主营业务成本)/主营业务收入 × 100%]，并根据分析的情况，确定主营业务收入和主营业务成本的重点审计领域，并指出可能存在的问题。

2. 注册会计师在审查某企业管理费用时，发现如下记录。

(1) 企业车间部门固定资产的修理费用 1200 元。

(2) 为购货单位垫付运杂费 8300 元。

(3) 固定资产盘亏 3580 元。

(4) 支付未完工程借款利息 3270 元。

(5) 购入材料的外地运杂费 2560 元。

(6) 支付短期借款利息 4980 元。

【要求】判断注册会计师是利用何种方法审查该企业管理费用的；指出存在的问题，

并试写出审计调整分录。

3. 假定某被审计单位的发票的编号为 1001～9000，注册会计师拟采用系统抽样法选择其中 5%进行函证。

(1) 确定随机起点为 1011 号，注册会计师选取的前 5 张发票的编号分别为多少？

(2) 若确定随机起点为 1018 号，试写出所抽取的第 194、226、387 张发票的号码分别为多少？

第六章
审计计划和审计重要性

知识能力目标

(1) 了解并掌握初步业务活动的工作目标和内容；

(2) 了解审计计划编制过程和编制要求；

(3) 了解审计重要性的概念和意义；

(4) 能按照审计初步业务活动的要求，获取客户信息并记录于审计工作底稿；

(5) 能编制审计业务约定书、制订初步的总体审计策略和具体审计计划；

(6) 能够确定审计的重要性水平；

(7) 能较熟练地获取与风险评估有关的信息并记录于审计工作底稿。

问题提示

(1) 什么是审计计划？

(2) 为什么要编制审计计划？

(3) 如何编制审计计划？

(4) 审计业务约定书的主要内容是什么？

(5) 总体审计策略和具体审计计划之间的关系如何？

(6) 如何理解审计的重要性水平？

第一节　初步业务活动

一、初步业务活动概述

(一)初步业务活动在财务报表审计过程中所处的环节

财务报表审计流程，第一，注册会计师在"初步业务活动"中解决的是财务报表审计业务承接问题。第二，计划审计工作，制定审计的总体审计策略和具体审计计划。第三，注册会计师承接审计业务后实施风险评估程序，并评估财务报表重大错报风险。第四，注册会计师根据评估的重大错报风险设计和实施进一步审计程序。针对报表层次重大错报风险实施总体应对措施，针对认定层次重大错报风险实施进一步审计程序。第五，结合被审计单位具体情况选择和实施"其他项目工作"，比如关联方审计、期初余额审计等。第六，完成审计工作，出具审计报告。具体流程如图 6-1 所示。

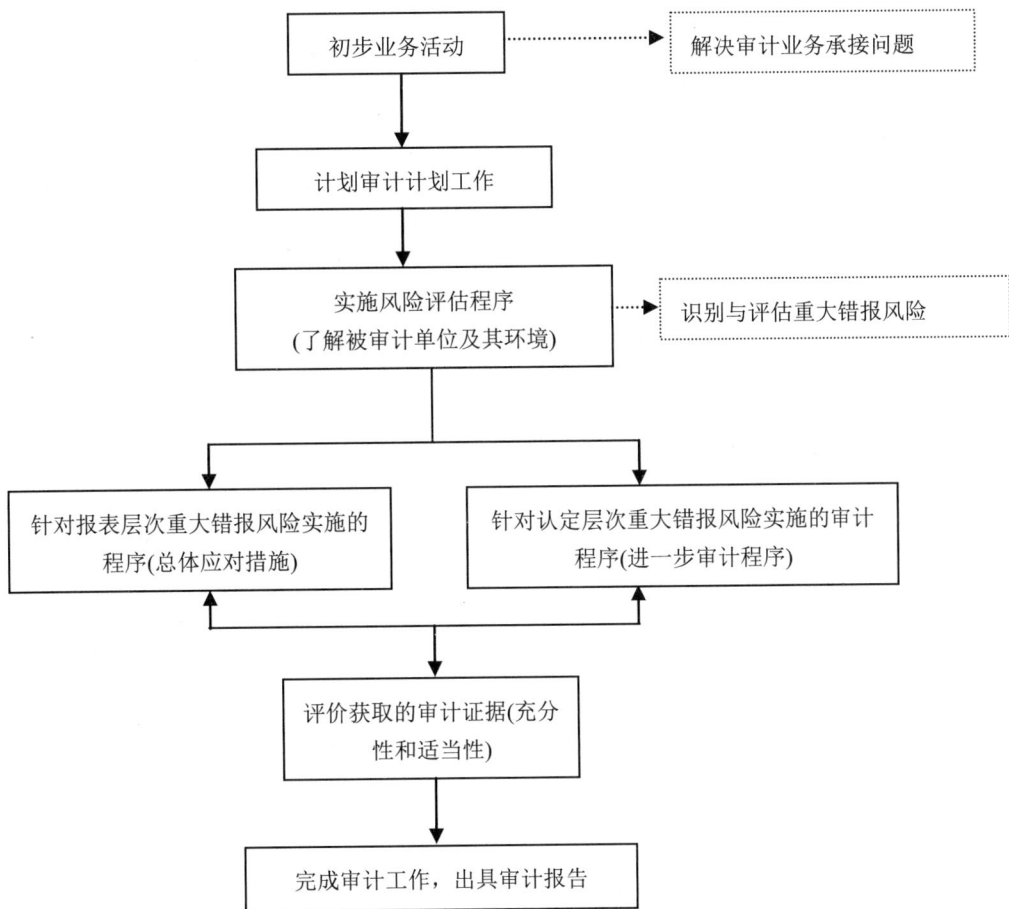

图 6-1　财务报表审计逻辑关系

(二)初步业务活动的目的

初步业务活动主要是针对被审计单位的情况和注册会计师自身的情况进行了解和评价,确定是否接受或保持审计业务。这是控制审计风险的第一道屏障。注册会计师在计划审计工作前,需要开展初步业务活动,以实现以下三个主要目的。

(1) 确保注册会计师已具备执行业务所需要的独立性和专业胜任能力。

(2) 确定不存在因管理层诚信问题而影响注册会计师保持该项业务意愿的情况。

(3) 确保与被审计单位不存在对业务约定条款的误解。

初步业务活动目的.mp4

(三)初步业务活动的内容

初步业务活动的内容。注册会计师在本期审计业务开始时应当开展下列初步业务活动:一是针对保持客户关系和具体审计业务实施相应的质量控制程序;二是评价遵守职业道德规范的情况;三是及时签订或修改审计业务约定书。

【课堂案例】衡信会计师事务所决定保持与东方机床有限责任公司 2016 年度报表审计业务，拟派李志强为项目经理具体实施审计程序。他于 2016 年 12 月 15 日带领注册会计师张军、陈涛、李丽、张建华等进入东方公司进行前期调查。项目经理李志强就本组人员的独立性和专业胜任能力进行了评估；同时衡信会计师事务所的质量控制委员会对整个项目组的人员组成进行了独立性评估。事务所的质量控制委员会评估结果认为，以李志强为项目经理的东方公司审计小组具备年度财务报表审计的专业胜任能力和要求，能顺利完成审计业务。现在需要制定初步业务活动目的、内容并编制初步业务活动程序表。

【参考解析】初步业务活动的具体内容如表 6-1 所示。

表 6-1　初步业务活动程序表

被审计单位：　　　东方公司　　　　　索引号：　　　　DH1　　　

项目：　初步业务活动　　　　　财务报表截止日/期间：　2016.12.15　

编制：　　　张军　　　　　　复核：　　　李志强　　　

日期：　　2016.12.15　　　　　日期：　　2016.12. 16　　

初步业务活动程序	索引号	执行人
1. 如果首次接受审计委托，实施下列程序： (1)与被审计单位面谈，讨论下列事项。 (2)初步了解被审计单位及其环境，并予以记录。 (3)征得被审计单位书面同意后，与前任注册会计师沟通。 ①审计的目标；②审计报告的用途；③管理层对财务报表的责任；④审计范围；⑤执行审计工作的安排，包括出具审计报告的时间要求；⑥审计报告格式和对审计结果的其他沟通形式；⑦管理层提供必要的工作条件和协助；⑧注册会计师不受限制地接触任何与审计有关的记录、文件和所需要的其他信息；⑨利用被审计单位专家或内部注册会计师的程度(必要时)；⑩审计收费。	DH	白立浩
2. 如果是连续审计，实施下列程序： (1)了解审计的目标，审计报告的用途，审计范围和时间安排等。 (2)查阅以前年度审计工作底稿，重点关注非标准审计报告涉及的说明事项，管理建议书的具体内容，重大事项概要等；项目组首先查阅了近两年的审计工作底稿，经了解，2012 年度报表审计是由本会计师事务所白立浩项目经理带队实施的。2012 年审计的重点是收入、成本、费用等领域，主要问题是虚构收入，提前确认收入现象较多，应付账款不入账等。本次在签订审计业务约定书前的调查中，李志强安排注册会计师严格按照销售与收款循环、采购与付款循环、生产与存货循环、筹资与投资循环等对东方公司的内部控制等基本情况进行更加细致的询问和检查研究，进而确定重大错报风险的领域和大小。 (3)初步了解被审计单位及其环境发生的重大变化，并予以记录。 (4)考虑是否需要修改业务约定条款以及是否需要提醒被审计单位注意现有的业务约定条款。	DH1	李志强

续表

初步业务活动程序	索引号	执行人
3. 评价是否具备执行该项审计业务所需要的独立性和专业胜任能力。		杨铭
4. 完成业务承接评价表或业务保持评价表。 事务所的质量控制委员会评估结果认为，以李志强为项目经理的东方公司审计小组具备年度财务报表审计的专业胜任能力和要求，能顺利完成审计业务。	AA/AB	杨铭
5. 签订审计业务约定书(适用于首次接受业务委托以及连续审计中修改长期审计业务约定书条款的情况)。	AC	杨铭

【课堂案例】ABC 会计师事务所首次承接甲公司 2016 年度财务报表审计。在双方签订"审计业务约定书"前需要在下列(   )环节开展初步业务活动。

A. 了解甲公司及其环境，包括了解内部控制

B. 针对甲公司财务报表审计业务实施质量控制程序

C. 评价事务所与审计项目组遵守职业道德要求的情况

D. 判断是否就 2016 年度财务报表审计业务达成了一致意见

【参考解析】恰当选项是 BCD，选项 A 不正确。初步业务活动解决的是审计业务委托的问题，选项 A 的风险评估程序是在承接业务后进行的。

【课堂案例】注册会计师应当在下列环节开展初步业务活动(   )。

A. 针对保持客户关系和具体审计业务实施相应的质量控制程序

B. 了解被审计单位及其环境评估重大错报风险

C. 评价遵守职业道德规范的情况

D. 及时签订或修改审计业务约定书

【参考解析】恰当选项是 ACD。了解被审计单位及其环境评估重大错报风险，目的是评估重大错报风险，以实施进一步审计程序。该环节应该在初步业务活动环节之后。

二、审计工作的前提条件

根据 CSA1111 第三条，审计的前提条件是指管理层在编制财务报表时采用可接受的财务报告编制基础，以及管理层对注册会计师执行审计工作前提的认同。

(1) 财务报告编制基础。承接鉴证业务的条件之一是《中国注册会计师鉴证业务基本准则》中提及的标准适当，且能够为预期使用者获取。标准是指用于评价或计量鉴证对象的基准，当涉及列报时，还包括列报与披露的基准。适当的标准使注册会计师能够运用职业判断对鉴证对象作出合理一致的评价或计量。就审计准则而言，适用的财务报告编制基础为注册会计师提供了用于审计财务报表(包括公允反映、如相关)的标准。如果不存在可接受的财务报告编制基础，管理层就不具备编制财务报告的恰当基础，注册会计师也不具备对财务报表进行审计的适当标准。

(2) 确定财务报告编制基础的可接受性。在确定编制财务报表所采用的财务报告编制基础的可接受性时，注册会计师需要考虑下列相关因素：第一，被审计单位的性质(例如，

被审计单位是商业企业、公共部门实体还是非营利性组织);第二,财务报表的目的(例如,编制财务报表是用于满足广大财务报表使用者共同的财务信息需求,还是用于满足财务报表特定使用者的财务信息需求);第三,财务报表的性质(例如,财务报表是整套财务报表还是单一财务报表);第四,法律法规是否规定了适用的财务报告编制基础。

(3) 通用目的财务报表和特殊目的财务报表的编制基础。通用目的财务报表。按照某一财务报告编制基础编制,旨在满足广大财务报表使用者共同的财务信息需求的财务报表,称为通用目的财务报表。特殊目的财务报表。按照特殊目的编制基础编制的财务报表,称为特殊目的财务报表,旨在满足财务报表特定使用者的财务信息需求。

【课堂案例】假设衡信会计师事务所承接东方机床有限责任公司 2016 年度财务报表的审计委托,作为承接审计业务的衡信会计师事务所"审计的前提条件"之一是评价东方机床有限责任公司 2016 年度财务报表是否依据"企业会计准则和金融企业会计制度"编制。

如果注册会计师确认该企业采用"企业会计准则"编制 2016 年度财务报表,则注册会计师得出结论是"东方机床有限责任公司管理层在编制 2016 年度财务报表时采用了可接受的财务报告编制基础"。即第一个"审计的前提条件"满足。

按照审计准则的规定执行审计工作的前提是管理层已认可并理解其承担的责任。审计准则并不超越法律法规对这些责任的规定。然而,独立审计的理念要求注册会计师不对财务报表的编制和被审计单位的相关内部控制承担责任,并要求注册会计师合理预期能够获取审计所需要的信息(在管理层能够提供和获取的信息范围内)。因此管理层认可并理解其责任,这一前提对执行独立审计工作是事关重要的。

如果管理层不认可其责任,或不同意提供书面声明,注册会计师将不能获取充分、适当的审计证据。在这种情况下,注册会计师承接此类审计业务是不恰当的,除非法律法规另有规定。如果法律法规要求承接此类审计业务,注册会计师可能需要向管理层解释这种情况的重要性及其对审计报告的影响。

【课堂案例】承接上例,如果衡信会计师事务所的注册会计师确认东方机床有限责任公司的管理层认可并理解其对财务报表的责任,则注册会计师得出结论是"管理层对注册会计师执行审计工作的前提认同"。即第二个"审计的前提条件"满足。

三、签订审计业务约定书

(一)审计业务约定书的含义和作用

审计业务约定书是指会计师事务所与被审计单位签订的,用于记录和确认审计业务的委托与受托关系、审计目标和范围、双方的责任及报告的格式等事项的书面协议。会计师事务所承接任何审计业务,都应与被审计单位签订审计业务约定书。

审计业务约定书的含义和作用.mp4

审计业务约定书的作用有以下几点。

(1) 增进会计师事务所与被审计单位之间的了解。

(2) 作为被审计单位评价审计业务完成情况及会计师事务所检查被审计单位约定义务履行情况的依据。

(3) 作为确定会计师事务所和被审计单位双方应负责任的重要证据。

(二)审计业务约定书的内容

依据《中国注册会计师审计准则第 1111 号——就审计业务约定条款达成一致意见》，审计业务约定条款应当包括下列主要内容。

(1) 财务报表审计的目标与范围。

(2) 注册会计师的责任。

(3) 管理层的责任。

(4) 指出用于编制财务报表所适用的财务报告编制基础。

(5) 提及注册会计师拟出具的审计报告的预期形式和内容以及对在特定情况下出具的审计报告可能不同于预期形式和内容的说明。

【课堂案例】衡信会计师事务所决定保持与东方机床有限责任公司 2016 年度报表审计业务，双方需要签订的审计业务约定书。

【参考解析】

索引号 AC18

审计业务约定书

编号：

甲方：东方机床有限责任公司

乙方：衡信会计师事务所

兹由甲方委托乙方对 2016 年度报表进行审计，经双方协商，达成以下约定：

一、业务范围与审计目的

1. 乙方接受委托，对甲方按照企业会计准则编制的 2016 年 12 月 31 日的资产负债表，2016 年度的利润表、股东权益变动表和现金流量表以及财务报表附注(以下统称财务报表)进行审计。

2. 乙方通过执行审计工作，对财务报表的下列方面发表审计意见：①财务报表是否在所有重大方面按照企业会计准则的规定编制；②财务报表是否公允反映甲方的财务状况、经营成果和现金流量。

二、甲方的责任与义务

(一)甲方的责任

(1) 根据《中华人民共和国会计法》及《企业财务会计报告条例》，甲方及甲方负责人有责任保证会计资料的真实性和完整性。因此，甲方管理层有责任妥善保存和提供会计记录(包括但不限于会计凭证、会计账簿及其他会计资料)，这些记录必须真实、完整地反映甲方的财务状况、经营成果和现金流量。

(2) 按照企业会计准则的规定编制财务报表是甲方管理层的责任,这种责任包括设计、实施和维护与财务报表编制相关的内部控制,以使财务报表不存在由于舞弊或错误导致的重大错报;选择和运用恰当会计政策;作出合理的会计估计。

(二)甲方的义务

(1) 及时为乙方的审计工作提供其所要求的全部会计资料和其他有关资料,并保证所提供资料的真实性和完整性。

(2) 确保乙方不受限制地接触任何与审计有关的记录、文件和所需的其他信息。

(3) 甲方管理层对其作出的与审计有关的声明予以书面确认。

(4) 为乙方派出的有关工作人员提供必要的工作条件和协助,主要事项甲方将于外勤工作开始前提供清单。

(5) 按本约定书的约定及时足额支付审计费用及乙方人员在审计期间的交通、食宿、询证等其他相关费用。

三、乙方的责任和义务

(一)乙方的责任

(1) 乙方的责任是在实施审计工作的基础上对甲方财务报表发表审计意见。乙方按照中国注册会计师审计准则(以下简称审计准则)的规定进行审计。审计准则要求注册会计师遵守职业道德规范计划和实施审计工作,以对财务报表是否不存在重大错报获取合理保证。

(2) 审计工作涉及实施审计程序,以获取有关财务报表金额和披露的审计证据。选择的审计程序取决于乙方的判断,包括对由于舞弊或错误导致的财务报表重大错报风险的评估。在进行风险评估时,乙方可考虑与财务报表编制相关的内部控制,以设计恰当的审计程序,但目的并非是对内部控制的有效性发表意见。审计工作还包括评价管理层选用会计政策的恰当性和作出的会计估计的合理性以及评价财务报表的总体列报。

(3) 乙方需要合理计划和实施审计工作,以使乙方能够获取充分、适当的审计证据,为甲方财务报表是否不存在重大错报获取合理保证。

(4) 乙方有责任在审计报告中指明所发现的甲方在某重大方面没能遵循企业会计准则编制财务报表且未按乙方的建议进行调整的事项。

(5) 由于测试的性质和审计的其他固有限制以及内部控制的固有局限性,不可避免地存在着某些重大错报在审计后可能仍然未被乙方发现的风险。

(6) 在审计过程中,乙方如发现甲方内部控制存在乙方认为的重要缺陷,可向甲方提交管理建议书。但乙方在管理建议书中提出的各种事项,并不代表已全面说明所有可能存在的缺陷或已提出所有可行的改善建议。甲方在实施乙方提出的改善建议前应全面评估影响。未经乙方书面许可,甲方不得向任何第三方提供乙方出具的管理建议书。

(7) 乙方的审计不能减轻甲方及甲方管理层的责任。

(二)乙方的义务

(1) 按照约定时间完成审计工作,出具审计报告。乙方应于 2017 年 3 月 5 日前出具审计报告。

(2) 除下列情况外，乙方应当对执行业务过程中知悉的甲方信息予以保密：取得甲方的授权；根据法律法规的规定，为法律诉讼准备文件或提供证据以及向监管机构报告发现的违反法律法规行为；接受行业协会和监管机构依法进行的质量检查；监管机构对乙方进行行政处罚(包括监管机构处罚前的调查、听证)及乙方以此提起行政复议。

四、商定的沟通对象

双方商定，乙方在根据审计准则的规定与治理层沟通时，主要与甲方董事会或执行董事进行沟通。同时，乙方保留针对特定事项或在特定情形下与甲方股东会整体或执行董事沟通的权利。

五、审计收费

(1) 本次审计服务的收费是按照乙方已经物价部门备案的衡信会计师事务所有限公司服务收费标准或按照乙方各级别工作人员在本次工作中所耗费的时间为基础计算的。经双方协商确定审计费用为审计服务的费用总额为人民币 10 万元整。

(2) 甲方应于本约定书签署之日起 30 日内支付 50%的审计费用，其余款项于 2017年 3 月 31 日前结清。

(3) 如果由于无法预见的原因，致使乙方从事本约定书所涉及的审计服务实际时间较本约定书签订时预计的时间有明显的增加或减少时，甲、乙双方应通过协商，相应调整本约定书第五条第 1 项下所述的审计费用。

(4) 如果由于无法预见的原因，致使本约定书所涉及的审计服务不再进行，甲方不得要求退还预付的审计费用；(由双方协商确定解决办法)；如上述情况发生于乙方人员完成现场审计工作，并离开甲方的工作现场之后，甲方应另行向乙方支付人民币 2 万元的补偿费，该补偿费应于甲方收到乙方的收款通知之日起 30 日内支付。

(5) 与本次审计有关的其他费用(包括交通费、食宿费、询证费等)由甲方承担。

六、审计报告的出具及使用限制

(1) 乙方按照《中国注册会计师审计准则第 1501 号——审计报告》和《中国注册会计师审计准则第 1502 号——非标准审计报告》规定的格式和类型出具审计报告。

(2) 乙方向甲方致送审计报告一式五份。

(3) 甲方在提交或向外公布审计报告时，不得修改乙方出具的审计报告及其后附的已审计财务报表。当甲方认为有必要修改会计数据、报表附注和所作的说明时，应当事先通知乙方，乙方考虑有关的修改对审计报告的影响，必要时，将重新出具审计报告。

七、本约定书的有效期间

本约定书自签署之日起生效，并在双方履行完毕本约定的所有义务后终止。但其中第三(二)2、五、六、九、十、十一项并不因本约定书终止而失效。

八、约定事项的变更

如果出现不可预见的情况，影响审计工作如期完成，或需要提前出具审计报告，甲、乙双方均可要求变更约定事项，但应及时通知对方，并由双方协商解决。

九、终止条款

(1) 如果根据乙方的职业道德及其他有关专业职责、适用的法律法规或其他任何法定要求，乙方认为已不适宜继续为甲方提供约定书约定的审计服务时，乙方可以采取向甲方提出合理通知的方式终止履行本约定书。

(2) 在终止业务约定的情况下，乙方有权就其于本约定书终止之日前对约定的审计服务项目所做的工作收取合理的审计费用。

十、违约责任

甲、乙双方按照《中华人民共和国合同法》的规定承担违约责任。

十一、适用法律和争议解决

本约定书的所有方面均应适用中华人民共和国法律进行解释并受其约束。本约定书履行地为乙方出具审计报告所在地，因本约定书所引起的或本约定书有关的任何纠纷或争议 (包括关于本约定书条款的存在、效力或终止，或无效之后果)，双方可选择以下第 (1) 种解决方式。

(1) 向有管辖权的人民法院提起诉讼。

(2) 提交×××仲裁委员会仲裁。

十二、双方对其他有关事项的约定

本约定书一式两份，甲、乙双方各执一份，具有同等法律效力。

甲方：<u>东方机床有限责任公司(盖章)</u>　　　乙方：<u>衡信会计师事务所(盖章)</u>

法定代表人或授权代表：<u>王兴海(签名盖章)</u>　　法定代表人或授权代表：<u>杨铭(签名盖章)</u>

日期：<u>二〇一六年十二月二十五日</u>　　日期：<u>二〇一六年十二月二十五日</u>

地址：<u>大连兴安区锦江路85号</u>　　　地址：<u>大连市沙河路35号</u>

邮编：<u>016000</u>　　　　　　　　　邮编：<u>016006</u>

电话：<u>0415-36890451</u>　　　　　电话：<u>0415-82679996</u>

网址：<u>　　　　　　　　　</u>　　　网址：<u>　　　　　　　　　</u>

(三)审计业务约定条款的变更

(1) 可变更的情形如下所述。

① 环境变化对审计服务的需要产生影响。

② 对原来要求的审计业务的性质存在误解。

③ 不论是管理层施加的还是其他情况引起的审计范围受到限制。

(2) 在缺乏合理理由的情况下，注册会计师不应同意变更审计业务约定条款。

(3) 在完成审计业务前，如果被审计单位或委托人要求将审计业务变更为保证程度较低的业务，注册会计师应当确定是否存在合理理由予以变更。

(4) 如果审计业务约定条款发生变更，注册会计师应当与管理层就新的业务约定条款达成一致意见，并记录于业务约定书或其他适当形式的书面协议中。

(5) 如果注册会计师不同意变更审计业务约定条款，而管理层又不允许继续执行原审计业务，注册会计师应当采取以下两种措施。

① 在适用的法律法规允许的情况下，解除审计业务约定。

② 确定是否有约定义务或其他义务向治理层、所有者或监管机构等报告该事项。

【课堂案例】以下属于审计业务约定书主要内容的有(　　)。

A. 财务报表审计的目标与范围

B. 注册会计师的责任

C. 管理层的责任

D. 指出用于编制财务报表所适用的财务报告编制基础

【参考解析】恰当选项 ABCD。审计业务约定书的主要内容包括①财务报表审计的目标与范围；②注册会计师的责任；③管理层的责任；④指出用于编制财务报表所适用的财务报告编制基础；⑤提及注册会计师拟出具的审计报告的预期形式和内容以及对在特定情况下出具的审计报告可能不同于预期形式和内容的说明。

第二节　审 计 计 划

一、审计计划的含义及作用

审计计划是指注册会计师为了高效地完成某项审计业务，实现预期审计目标而对审计工作的安排。计划审计工作，有助于注册会计师适当关注重要的审计领域；有助于注册会计师及时发现和解决潜在的问题；有助于注册会计师恰当地组织和管理审计业务，以有效的方式执行审计业务；有助于选择具备必要的专业素质和胜任能力的项目组成员应对预期的风险，并有助于向项目组成员分派适当的工作；有助于指导和监督项目组成员并复核其工作；在适用的情况下，有助于协调组成部分注册会计师和专家的工作。审计计划可以分为总体审计策略和具体审计计划两个层次。

二、总体审计策略

总体审计策略用于确定审计范围、时间和方向，并指导具体审计计划。在制定总体审计策略时，注册会计师应考虑以下主要事项。

(一)审计范围

注册会计师在确定审计范围时，需要考虑下列具体事项。

(1) 编制拟审计的财务信息所依据的财务报告编制基础。

(2) 特定行业的报告要求。

(3) 预期审计工作涵盖的范围。

(4) 母公司和集团组成部分之间存在的控制关系的性质，以确定如何编制合并财务报表。

总体审计策略的含义.mp4

(5) 由组成部分注册会计师审计组成部分的范围。

(6) 拟审计的经营部分的性质，包括是否需要具备专门知识。

(7) 外币折算。

(8) 除为合并目的执行的审计工作之外，对个别财务报表进行法定审计的需求。

(9) 内部审计工作的可获得性及注册会计师拟信赖内部审计工作的程度。

(10) 被审计单位使用服务机构的情况及注册会计师如何取得有关服务机构内部控制设计和运行有效性的证据。

(11) 对利用在以前审计工作中获取的审计证据的预期。

(12) 信息技术对审计程序的影响，包括数据的可获得性和对使用计算机辅助审计技术的预期。

(13) 协调审计工作与中期财务信息审阅的预期涵盖范围和时间安排以及中期审阅所获取的信息对审计工作的影响。

(14) 与被审计单位人员的时间协调和相关数据的可获得性。

(二)审计报告目标、时间安排及所需沟通的性质

确定审计报告的目标、时间安排及所需沟通的性质需要考虑的事项如下。

(1) 被审计单位对外报告的时间表，包括中间阶段和最终阶段。

(2) 与管理层和治理层举行会谈，讨论审计工作的性质、时间安排和范围。

(3) 与管理层和治理层讨论注册会计师拟出具的报告的类型和时间安排以及沟通的其他事项。

(4) 与管理层讨论预期就整个审计业务中对审计工作的进展进行的沟通。

(5) 与组成部分注册会计师沟通拟出具的报告的类型和时间安排以及与组成部分审计相关的其他事项。

(6) 项目组成员之间沟通的预期的性质和时间安排，包括项目组会议的性质和时间安排以及复核已执行工作的时间安排。

(7) 预期是否需要和第三方进行其他沟通，包括与审计相关的法定或约定的报告责任。

(三)审计方向

注册会计师确定审计方向时，需要考虑下列事项。

(1) 重要性方面。具体包括：为计划目的确定重要性、为组成部分确定重要性且与组成部分的注册会计师沟通、在审计过程中重新考虑重要性、识别重要的组成部分和账户余额。

(2) 重大错报风险较高的审计领域。

(3) 评估财务报表层次的重大错报风险对指导、监督及复核的影响。

(4) 项目组人员的选择(在必要时包括项目质量控制复核人员)和工作分工，包括向重大错报风险较高的审计领域分派具备适当经验的人员。

(5) 项目预算，包括考虑为重大错报风险可能较高的审计领域分配适当的工作时间。

(6) 如何向项目组成员强调在收集和评价审计证据过程中保持职业怀疑必要性的方式。

(7) 以往审计中对内部控制运行有效性评价的结果，包括所识别的控制缺陷的性质及应对措施。

(8) 管理层重视设计和实施健全的内部控制的相关证据，包括这些内部控制得以适当记录的证据。

(9) 业务交易量规模以及基于审计效率的考虑确定是否依赖内部控制。

(10) 对内部控制重要性的重视程度。

(11) 影响被审计单位经营的重大发展变化，包括信息技术和业务流程的变化，关键管理人员的变化以及收购、兼并和分立。

(12) 重大的行业发展情况，如行业法规变化和新的报告规定。

(13) 会计准则及会计制度的变化。

(14) 其他重大变化，如影响被审计单位的法律环境的变化。

(四)审计资源

确定总体审计策略调配的资源，需要考虑下列事项。

(1) 向具体审计领域调配的资源，包括向高风险领域分派有适当经验的项目组成员，就复杂的问题利用专家工作等。

(2) 向具体审计领域分配资源的多少，包括分派到重要地点进行存货监盘的项目组成员的人数，在集团审计中复核组成部分注册会计师工作的范围，向高风险领域分配的审计时间预算等。

(3) 何时调配这些资源，包括是在期中审计阶段还是在关键的截止日期调配资源等。

(4) 如何管理、指导、监督这些资源，包括预期何时召开项目组预备会和总结会，预期项目合伙人和经理如何进行复核，是否需要实施项目质量控制复核等。

【课堂案例】衡信会计师事务所承接了东方机床有限责任公司 2016 年度财务报表审计业务。现需要制定东方公司财务报表审计的总体审计策略。

【参考解析 1】经过前期了解被审计单位控制环境和控制活动，经过项目组讨论将东方公司的内部控制风险评估为中等水平。因此，项目组拟采用综合审计程序，即实施控制测试和实质性程序，并对部分重点领域实施详细审计程序的策略。具体内容如下。

(1) 重要性水平的初步确定。在东方公司财务报表审计业务中，项目组采用营业收入总额的 1%或资产总额的 1%孰低的方法确定报表层次的重要性水平，则东方公司的营业收入总额为 16309865.38(即 16309865.38 × 1%=163098.65)元，重要水平约为 16 万元；资产总额的 1%为 187197.56(即 18270770.23×1%)元，重要性水平约为 18 万元。因此，报表层次的重要性水平最终确定为 16 万元。实际执行的重要性水平不得超过计划阶段确定重要水平的 50%。另外，账户层次的重要性水平采用单独确定法。

(2) 确定重大错报风险较高的审计领域。根据前两年审计经验和前期准备阶段的调查情况，项目组初步确定东方公司 2016 年度财务报表审计中的重点领域为销售收入、应收账款、固定资产、存货等。项目组在重点审计领域派出了具有丰富审计经验的注册会计师参与审计测试，从而确保了审计质量。

(3) 调配审计资源与工作进度安排。项目经理为李志强，项目组成员有张军、陈涛、李丽、张建华等 10 人，计划外勤审计工作时间为 2017 年 2 月 15 日～2 月 26 日，会计师事务所内勤工作时间为 2017 年 2 月 27 日～2017 年 3 月 5 日，审计报告出具时间为 2017 年 3 月 5 日。整个审计项目历经 15 日完成。

【参考解析2】审计东方机床有限责任公司财务报表的总体审计策略见表6-2。

表6-2　东方公司总体审计策略

被审计单位：　　　东方公司　　　　　　索引号：　**BE**

项目：　**总体审计策略**　　　　　　　财务报表截止日/期间：　**2016 年度**

编制：　**李志强**　　　　　　　　　复核：　**杨铭**

日期：　**2016.12.15**　　　　　　　日期：　**2016.12.16**

注意标题部分的填列。

标题部分之下是审计过程和审计内容的记录。

一、审计范围

报告要求	
适用的会计准则或制度	企业会计准则和企业会计制度
适用的审计准则	中国会计师审计准则
需审计的集团内组成部分的数量及所在地点	东方机床有限责任公司属于大连顺达集团股份有限公司的一个子公司
需要阅读的含有已审计财务报表的文件中的其他信息	东方公司 2016 公司年报
制定审计策略需考虑的其他事项	东方公司属于单独出具报告的子公司范围

二、审计业务时间安排

(一)对外报告时间安排：　2017 年 3 月 5 日

(二)执行审计时间安排：　2017 年 2 月 15 日～2017 年 2 月 25 日

执行审计时间安排	时　　间
1. 期中审计	
(1)制定总体审计策略	2016.12.15
(2)制订具体审计计划	2016.12.15
2. 期末审计	2017.1.08～2.25
(1)存货监盘	2017.1.08～09
(2)监盘库存现金和检查银行存款	2017.02.15～02.25

(3)检查应付账款、检查和观察固定资产	2017.02.15～02.25
(4)检查营业收入、函证应收账款	2017.02.15～02.25
(5)调整审计差异、编制审计报告	2017.02.26～03.5

(三)沟通的时间安排

所需沟通	时　　间
与管理层及治理层的会议	2016.12.15
项目组会议(包括预备会和总结会)	2016.12.16～12.25
与专家或有关人士的沟通	2016.12.17～2017.02.26
与前任注册会计师沟通	2016.12.18

三、影响审计业务的重要因素

(一)重要性

确定的重要性水平	索引号
160000.00 元	BD1

(二)可能存在较高重大错报风险的领域

可能存在较高重大错报风险的领域	索引号
销售收入、应收账款、固定资产、存货等	BD2

四、人员安排

(一)项目组主要成员的责任

职　位	姓　名	主要职责
项目经理	李志强	制定总体策略、整体协调、初步确定审计意见
审计助理人员	王东、李艳	货币资金的审计
注册会计师	张军、陈涛	主营业务收入审计、应收账款审计
注册会计师	郑海洋、李明	存货审计
注册会计师、审计助理人员	李丽、张建华	采购与付款审计
注册会计师	孙超、邓力群	期间费用的审计

注：在分配职责时可以根据被审计单位的不同情况按会计科目划分，或按交易类别划分。

(二)与项目质量控制复核人员的沟通(如适用)

　　复核的范围：风险评估程序、审计计划、财务报表的整体复核

沟通内容	负责沟通的项目组成员	计划沟通时间
风险评估、对审计计划的讨论	李志强、王红星、杨铭	2016.12.26
对财务报表的复核	李志强、王红星、杨铭	2017.2.26

　　人员安排：包括项目组内部人员和项目组外部人员。

五、对专家或有关人士的利用(如适用)

注：如果项目组计划利用专家或有关人士，需要记录其工作的范围和涉及的主要会计科目等。另外，项目组还应按照相关审计准则的要求对专家或有关人士的能力、客观性及其工作等进行考虑及评估。

(一)对内部审计部门的利用

主要报表项目	拟利用的内部审计部门	索引号
存货	内部审计部门对各仓库的存货每半年至少盘点一次。在中期审计时，项目组已经对内部审计部门盘点步骤进行观察，其结果比较满意，因此项目组将审阅其年底的盘点结果，并缩小存货监盘的范围。	ZI

(二)对其他注册会计师工作的利用

名　　称	利用其工作范围及程度	索引号
衡信会计师事务所项目经理白立浩	向前任注册会计师借阅审计工作底稿：项目组首先查阅了近两年的审计工作底稿，经了解，2012 年度报表审计是由本会计师事务所白立浩项目经理带队实施的。审计的重点是收入、成本、费用等领域，主要问题是虚构收入，提前确认收入现象较多，应付账款不入账等。	DC

三、具体审计计划

注册会计师应当为审计工作制订具体审计计划。具体审计计划比总体审计策略更加详细，其内容包括为获取充分、适当的审计证据以将审计风险降至可接受的低水平，项目组成员拟实施的审计程序的性质、时间和范围。可以说，为获取充分、适当的审计证据，而确定审计程序的性质、时间和范围的决策是具体审计计划的核心。具体审计计划应当包括风险评估程序、计划实施的进一步审计程序和其他审计程序。

具体审计计划内容.mp4

(一)风险评估程序

具体审计计划应当包括：通过了解被审计单位及其环境识别和评估重大错报风险，为了足够识别和评估财务报表重大错报风险，注册会计师计划实施的风险评估程序的性质、时间安排和范围。

(二)计划实施的进一步审计程序

具体审计计划应当包括：针对评估的重大错报风险采取的应对措施，针对评估的认定层次的重大错报风险，注册会计师计划实施的进一步审计程序的性质、时间和范围。进一步审计程序包括控制测试和实质性程序。衡信会计师事务所项目经理李志强制订的东方公司年报审计的具体审计计划如表 6-3 所示。

(三)计划其他审计程序

具体审计计划应当包括根据审计准则的规定,注册会计师针对审计业务需要实施的其他审计程序。计划的其他审计程序可以包括上述进一步程序的计划中没有涵盖的、根据其他审计准则的要求注册会计师应当执行的既定程序。

【课堂案例】衡信会计师事务所承接了东方机床有限责任公司 2016 年度财务报表审计业务。现需要根据总体审计策略制订具体审计计划。

【参考解析】

审计东方机床有限责任公司财务报表的具体审计计划如表 6-3 所示。

表 6-3　具体审计计划表

被审计单位:　　东方公司　　　　　　索引号:　BE-11　　　

项目:　具体审计计划　　　　　　　　财务报表截止日/期间:　2016 年度　

编制:　　李志强　　　　　　　　　　复核:　　王红星　　　　　

日期:　　2017.2.15　　　　　　　　　日期:　　2017.2.16　　　

序　号	内　　　容	是否执行	执行人	执行时间
一、	初步业务活动			
1.	了解被审计单位基本情况	是	李志强及成员	
2.	签订审计业务约定书	是	主任会计师(合伙人)杨铭	2016.12
二、	计划及风险评估			
1.	了解被审计单位及其环境	是	李志强及项目组成员	2016.12.15～12.31
2.	了解内部控制	是	李志强及项目组成员	2016.12.15～12.31
3.	分析程序	是	李志强及项目组成员	2016.12.15～12.31
	……			
三、	计划的进一步审计程序			
1.	控制测试			
2.	实质性程序			
3.	其中:货币资金审计	是	王东、李艳	2017.2.15～2.25
4.	应收账款审计	是	张军、陈涛	2017.2.15～2.25
5.	营业收入审计	是	张军、陈涛	2017.2.15～2.25
6.	应付账款审计	是	李丽、张建华	2017.2.15～2.25
7.	固定资产审计	是	李丽、张建华	2017.2.15～2.25
8.	存货审计	是	郑海洋、李明	2017.1.08～1.10
	……			

续表

序　号	内　　容	是否执行	执行人	执行时间
四、	与治理层管理层沟通	是	李志强	2017.2.25
五、	业务完成阶段的工作	是		
	其中：整理工作底稿	是	底稿的编制人	2017.2.26～3.4
	撰写审计报告	是	李志强	2017.2.26～3.4
	审计底稿三级复核	是	李志强、杨铭	2017.2.26～3.4
	签发审计报告	是	杨铭	2017.3.5
	……			

四、审计过程中对计划的更改

计划审计工作并非审计业务的一个孤立阶段，而是一个持续的、不断修正的过程，贯穿于整个审计业务的始终。了解被审计单位及其环境是一个连续和动态的收集、更新与分析信息的过程，贯穿于整个审计过程的始终。注册会计师应记录对审计计划作出的重大更改及其理由以及采取的应对措施。例如重要性水平的修改，对某类交易、账户余额和列报的重大错报风险的评估和进一步审计程序(包括总体审计方案和拟实施的具体审计程序)的更新和修改等。一旦计划被更新和修改，审计工作也就应当进行相应修正。

五、对审计项目组成员工作的指导、监督与复核

注册会计师围绕下列四个方面确定对项目组成员工作的指导、监督与复核的性质、时间和范围。

(1) 被审计单位的规模和复杂程度。

(2) 审计领域。

(3) 重大错报风险。

(4) 项目组成员的素质和专业胜任能力。

【课堂案例】龙兴公司自开业以来，营业额剧增。为筹措资金，公司决定向银行贷款。但银行希望其出具审计后的财务报表，以作出是否给其贷款的决定。于是，龙兴公司决定聘请宝信会计师事务所进行审计。龙兴公司以前从未进行过审计。审计开始就不太顺利，注册会计师李丽刚到龙兴公司就发现，该公司会计账册不齐，而且账也未轧平。于是李丽花费一个星期的时间帮助公司会计整理账簿等。但公司会计人员却向财务经理抱怨，认为注册会计师李丽太苛刻，妨碍其正常工作。第二周，当李丽向会计人员索要客户有关资料以便对应收账款询证时，会计人员以这些资料系公司机密为由，加以拒绝。接着，李丽又要求，公司在年末这一天，停止生产，以便对存货进行盘点。但龙兴公司又以生产任务忙为由，也加以拒绝。李丽无奈之下，只得向事务所的合伙人汇报。合伙人张明立即与龙兴公司总经理进行接洽，告知如果无法进行询证或盘点，将迫使注册会计师无法对财务

报表表示意见。总经理闻言之后，非常生气。他说，我情愿向朋友借钱，也不要你们的审计报告。不但命令注册会计师马上离开龙兴公司，而且拒绝支付注册会计师前两周的审计费用。合伙人张明也很生气，他严肃地告诉总经理，除非付清所有的审计费用，否则，前期由李丽代编的会计账册将不予归还。问该会计师事务所的做法是否妥当？如果不妥当，你有什么建议？

【参考解析】

在上述案例中，宝信会计师事务所犯了如下几项错误。

(1) 审计前没有与客户妥善会谈，以致客户不了解审计意义、目的及范围。这是造成客户不同意注册会计师进行询证或盘点的原因。

(2) 没有与客户签订业务委托书，没有与客户商定审计收费，与客户联系不足。在客户账未结平之前，就贸然前去审计，实属不妥。

(3) 没有制订审计计划，又没有助理人员进行必要监督。如没有获得合伙人同意，就帮助客户整理账本，实属多余。

(4) 扣留客户账册来作为要求客户付款条件，有失职业道德。搞不好，很可能被客户起诉侵权。应立即归还客户账本，如果整理工作时间不长，可以放弃审计收费。如果审计收费金额巨大，可以通过正常的法律渠道予以申诉，通过合法程序来维护自身利益。

第三节　审计重要性

一、审计重要性的含义和理解

(一)审计重要性的含义

审计重要性是审计的一个基本概念。审计重要性概念的运用贯穿于整个审计过程。通常而言，重要性概念可从以下各方面进行理解。

(1) 如果合理预期错报(包括漏报)单独或汇总起来可能影响财务报表使用者依据财务报表作出的经济决策，则通常认为错报是重大的。

审计重要性的含义.mp4

(2) 对重要性的判断是根据具体环境作出的，并受错报的金额或性质的影响，或受两者共同作用的影响。

(3) 判断某事项对财务报表使用者是否重大，是在考虑财务报表使用者整体共同的财务信息需求的基础上作出的。由于不同财务报表使用者对财务信息的需求可能差异很大，因此不考虑错报对个别财务报表使用者可能产生的影响。

(二)对重要性含义的理解

(1) 重要性的确定要求注册会计师必须站在财务报表使用者的视角。判断一项错报重要与否，应视其对财务报表使用者依据财务报表作出经济决策的影响程度而定。如果财务

报表中的某项错报足以改变或影响财务报表使用者的相关决策，则该项错报就是重要的，否则就不重要。

(2) 重要性的确定离不开具体环境。由于不同的被审计单位面临不同的环境，不同的报表使用者有着不同的信息需求，因此注册会计师确定的重要性也不相同。

(3) 重要性的确定需要运用职业判断。影响重要性的因素很多，注册会计师应当根据被审计单位面临的环境，并综合考虑其他因素，合理确定重要性水平。

(4) 重要性的确定要考虑数量和性质两个方面。所谓数量方面是指错报的金额大小，性质方面则是指错报的性质。性质方面的错报包括但不限于以下几种情况。

① 错报对遵守法律法规及监管要求的影响程度。

② 错报对债务契约或其他合同要求的影响程度。

③ 错报掩盖收益或其他趋势变化的程度。

④ 错报对财务指标的影响程度。

⑤ 错报对管理层薪酬的影响程度。

⑥ 错报对某些报表项目错误分类的影响程度。

二、审计重要性水平的应用

审计重要性的运用贯穿于整个审计过程。

(1) 在审计计划阶段，帮助注册会计师确定审计程序的性质、时间和范围；重要性被看作是审计所允许的可能或潜在的未发现错报或漏报的限度，即注册会计师在运用审计程序以检查会计报表的错报或漏报时所允许的误差范围。

(2) 在审计执行阶段，根据获取的信息，进一步评估重要性水平的适当性，确定是否需要修改重要性水平，进而修改审计计划。

(3) 在评价审计结果时，重新评估重要性水平，考虑据以实施的审计程序是否适当；结合最终确定的重要性水平，评价已汇总错报的影响程度，据以确定审计意见类型。

三、重要性水平的确定

在计划审计工作时，注册会计师应当确定一个可接受的重要性水平，以发现在金额上重大的错报。注册会计师在确定计划的重要性水平时，需要考虑对被审计单位及其环境的了解、审计的目标、财务报表各项目的性质及其相互关系、财务报表项目的金额及其波动幅度。同时，还应当从数量和性质两个方面合理确定重要性水平。

数量方面：注册会计师应首先为财务报表层次确定重要性水平即总体重要性水平。财务报表的累计错报金额超过这一重要性水平，就可能造成财务报表使用者改变其经济决策，应当认为是重要的；反之，则认为错报金额不重要。

性质方面：在某些情况下，金额相对较少的错报可能会对财务报表产生重大影响。例如，一项不重大的违法支付或者没有遵循某项法律规定，但该支付或违法行为可能导致一项重大的或有负债、重大的资产损失或者收入损失，就认为上述事项是重大的。下列各点描述了可能构成重要性的因素：对财务报表需求的感知。他们对财务报表哪一方面最感兴趣。获利能力趋势；计算管理层报酬(奖金等)的依据；重大或有负债；关联方交易等。

(一)确定财务报表层次的重要性水平

确定财务报表层次的重要性水平，可以遵循以下步骤进行。

(1) 评估财务报表层次重要性水平的目的：对财务报表发表意见时确定财务报表是否公允反映。

(2) 选择评估方法。注册会计师通常先选择一个恰当的基准，再选用适当的百分比乘以该基准，从而得出财务报表层次的重要性水平。确定多大错报会影响到财务报表使用者所作决策，是注册会计师运用职业判断的结果。

(3) 选择评估基准。在实务中，许多汇总性财务数据都可以用作确定财务报表层次重要性水平的基准，具体的选择，取决于被审计单位的性质和环境。

① 对于以营利为目的且收益稳定的企业，来自经常性业务的税前利润或税后净利润可能是一个适当的基准。

② 对于收益不稳定的企业或非营利性组织，选择费用总额可能更为合适。

③ 对于共同基金公司，选择净资产可能更合适。

(4) 选择百分比。在确定恰当的基准后，注册会计师应当合理选择百分比。通常百分比的参考值如下。

① 营业收入：0.5%。

② 总资产：0.5%。

③ 费用总额：0.5%。

④ 税前利润或税后净利润：5%。

⑤ 净资产：0.5%。

在执行具体审计业务时，应根据具体情况作出职业判断，通常当被审计单位规模越大时，比率越小。

(5) 财务报表层次水平的评估确定。

$$报表层次重要性水平=恰当的基准×恰当的百分比$$

(二)确定认定层次的重要性水平

认定层次重要性水平(可容忍错报)的确定以注册会计师对财务报表层次重要性水平的初步评估为基础。

1. 评估认定层次重要性水平需要考虑的因素

(1) 认定层次重要性水平与报表层次重要性水平的关系(一般前者不应超过后者，前者总和不应超过后者两倍)。

(2) 对各项认定进行审计的难易程度(难度大的项目应确定高一些的可容忍错报率，以降低审计成本)。

(3) 各项认定发生错报的可能性(发生错报可能性大的项目应确定高一些的可容忍错报率，以降低审计成本)。

(4) 各项认定受关注的程度(受到高度关注的项目，应确定低一些的可容忍错报率，以保证审计质量)。

2．评估认定层次重要性水平的方法

(1) 单独评估法。结合对以上因素的考虑，将认定层次重要性水平确定为报表层次重要性水平的一定比例。具体比例是由注册会计师根据经验自己设定的。

(2) 分配法。将报表层次重要性水平分配到认定层次，一般以资产负债表为对象。

这两种方法的主要区别在于分配法中认定层次重要性水平加总的金额等于报表层次重要性水平。单独评估法并没有这种限制。

四、确定实际执行重要性

(一)实际执行的重要性含义

实际执行的重要性，是指注册会计师确定的低于财务报表整体重要性的一个或多个金额，旨在将未更正和未发现错报的汇总数超过财务报表整体重要性的可能性降至适当的低水平。如果适用，实际执行的重要性还指注册会计师确定的低于特定类别的交易、账户余额或披露的重要性水平的一个或多个金额。为了降低审计风险，在实际执行审计性水平时，注册会计师应基本把握按财务报表整合重要性的 50%或 75%来执行重要性水平。

确定实际执行的重要性.mp4

(二)确定实际执行的重要性水平的经验值

确定实际执行的重要性水平的经验值如表 6-4 所示。

表 6-4　确定实际执行的重要性水平的经验值

经　验　值	情　　形
1.接近财务报表整体重要性 50%的情况	(1)经常性审计； (2)以前年度审计调整较多项目总体风险较高(如处于高风险行业，经常面临较大市场压力，首次承接的审计项目或者需要出具特殊目的报告等)。
2.接近财务报表整体重要性 75%的情况	(1)经常性审计，以前年度审计调整较少； (2)项目总体风险较低(如处于低风险行业，市场压力较小)。

(三)计划的重要性与实际执行的重要性之间的关系(见图 6-2)

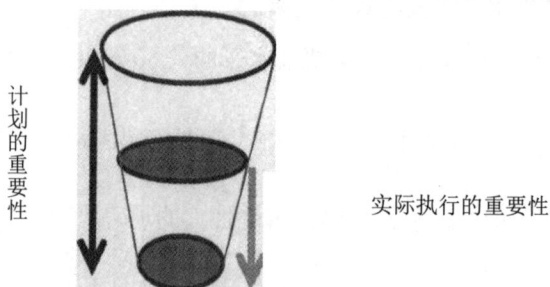

计划的重要性

实际执行的重要性

图 6-2　计划的重要性与实际执行的重要性的关系

(四)审计过程中修改重要性水平

(1) 基本要求。注册会计师可能需要修改财务报表整体的重要性和特定类别的交易、账户余额或披露的认定重要性水平。

(2) 重要性水平修改的原因。

① 审计过程中情况发生重大变化(如决定处置被审计单位的一个重要组成部分)。

② 获取新信息。

③ 通过实施进一步审计程序,注册会计师对被审计单位及其经营的了解发生变化。

【课堂案例】下列有关审计重要性的表述中,错误的是( )。

A. 在考虑一项错报是否重要时,既要考虑错报的金额,又要考虑错报的性质

B. 如果一项错报单独或连同其他错报可能影响财务报表使用者依据财务报表做出的经济决策,则该项错报是重要的

C. 重要性水平一旦确定就不能修改

D. 重要性的确定离不开职业判断

【答案解析】恰当选项 C。注册会计师在计划审计工作时,注册会计师应当确定一个可接受的重要性水平,随着审计过程的推进,注册会计师应当及时评价计划阶段确定的重要性水平是否仍然合理,并根据具体环境的变化或在审计执行过程中进一步获取的信息,修正计划的重要性水平,进而修改进一步审计程序的性质、时间和范围。

【课堂案例】审计重要性概念运用于下列哪些过程中( )。

A. 计划阶段　　　　B. 控制测试　　　　C. 实质性测试　　D. 整个审计程序

【答案解析】恰当选项 D,重要性概念的运用贯穿于整个审计过程。

【课堂案例】随着审计过程的推进,注册会计师通常认为修改重要性水平的合理理由是( )。

A. 审计的时间预算重新调整　　　　B. 约定的审计收费发生变化

C. 甲公司及其经营环境发生变化　　D. 甲公司在下一年度采用新的固定资产折旧政策

【答案】C

课堂实训

【实训资料】A 注册会计师是 X 公司 2012 年度财务报表审计业务的项目合伙人。关于其制订审计计划的相关情况如下。

①总体审计策略是用于确定审计范围、时间安排、审计方向及审计资源的分配。②具体审计计划仅在审计开始阶段进行。③A 注册会计师在判断某事项对财务报表是否影响重大时,仅考虑了错报对个别报表使用者可能产生的影响。④依据 A 注册会计师对重要性概念的理解,在依据重要性水平判断一项错报是否属于重大错报时,如果错报的性质不严重,而且错报金额低于重要性水平,就可以认为该错报不属于重大错报。⑤A 注册会计师拟通过修改审计计划实施的实质性程序的性质、时间和范围降低重大错报风险。

【**实训要求**】请分别针对上述每种情况，指出 A 注册会计师在计划审计工作的过程中是否存在不当之处，并简要说明原因。

能 力 训 练

一、判断题(正确打√，错误打×)

1. 审计业务约定书具有经济合同的性质，一经签约双方签字认可，即具有法定约束力。   (   )

2. 具体审计计划用于确定审计范围、时间和方向，并指导制定总体审计策略。(   )

3. 为了防止审计程序被管理层或治理层预见，注册会计师不可以同被审计单位的治理层与管理层就计划审计工作进行沟通。   (   )

4. 为提高计划过程的效率和效果，审计项目负责人和项目组中有经验和见解的其他关键成员均应参与计划审计工作。   (   )

5. 注册会计师可以对总体审计策略和具体审计计划进行必要的修改，但在修改发生后，不仅应在审计工作底稿中记录重大的修改情况，而且应当记录重大修改的理由。(   )

6. 如果被审计单位不是委托人，审计业务约定书是由注册会计师与委托人签订的书面协议。   (   )

7. 具体审计计划比总体审计策略更加详细。   (   )

8. 除了项目负责人，项目组其他成员都不应当参与计划审计工作，以免对计划过程的效率和效果产生不利影响。   (   )

9. 注册会计师对项目组成员工作的指导、监督与复核的性质、时间和范围的确定主要取决于会计师事务所业务质量控制的具体规定，与被审计单位的具体情况无关。   (   )

10. 重要性水平越高，意指报表使用者可以容忍较高的错报或漏报，此时自然注册会计师面临的审计风险就越低。反之亦然。   (   )

二、单项选择题

1. 注册会计师执行年度财务报表审计计划时，下列各项中最有可能帮助其对重要性水平作出初步判断的是(   )。
    A. 计划实施实质性程序时确定的预期样本量
    B. 被审计单位的中期财务报表
    C. 内部控制调查问卷
    D. 与管理层的沟通函

2. 在计划某项审计工作时，注册会计师应分别评价(   )的重要性。
    A. 总账层次和明细账层次   B. 资产负债表层次和利润表层次
    C. 财务报表层次和认定层次   D. 记账凭证层次和原始凭证层次

3. 下列关于计划审计工作说法正确的是(   )。

A. 计划审计工作前需要充分了解被审计单位及其环境，一旦确定，无须进行修改

B. 计划审计工作通常由项目组中经验较多的人完成，项目负责人审核批准

C. 小型被审计单位无须制定总体审计策略

D. 项目负责人和项目组其他关键成员应当参与计划审计工作

4. 用于确定审计范围、时间和方向的是(　　)。

  A. 总体审计策略   B. 审计业务约定书

  C. 审计依据   D. 具体审计计划

5. (　　)是依据总体审计策略制订的，比总体审计策略更加详细。

  A. 审计业务约定书   B. 具体审计计划

  C. 审计准则   D. 审计工作底稿

6. 会计师事务所接受审计委托时，应同被审计单位签订(　　)。

  A. 审计准则   B. 审计业务约定书   C. 审计通知书   D. 审计报告

7. 注册会计师编制与实施(　　)，并对其执行情况进行检查，可以保证审计工作有效地进行，有利于合理利用审计资源。

  A. 审计计划   B. 审计业务约定书   C. 审计准则   D. 审计程序

8. 利达会计师事务所承接了 A 上市公司 2012 年的财务报表审计业务，派出了注册会计师陈力强进入 A 股份有限公司进行审计，注册会计师陈力强按资产总额 1000 万元的 5‰计算了资产负债表的重要性水平，按净利润 100 万元的 10%计算了利润表的重要性水平，则其最终应取(　　)万元作为财务报表层的重要性水平。

  A. 10   B. 5   C. 7.5   D. 0

9. 在下列各项中，属于运用重要性原则的情形是(　　)。

  A. 编写管理建议书   B. 出具审计报告

  C. 制订审计计划   D. 签订审计业务约定书

10. 注册会计师在对内部控制进行了解后，针对某一项认定制订审计计划时，下面表述正确的是(　　)。

  A. 无论控制风险的估计水平如何，都必须执行控制测试

  B. 如果预期控制风险的水平为中等或低，可计划最少的控制测试

  C. 如果预期控制风险的水平为最高，不执行控制测试

  D. 如果预期控制风险的水平为最高，可计划扩大控制测试

三、多项选择题

1. 在确定审计工作方向时，需注册会计师考虑的有(　　)。

  A. 确定适当的重要性水平   B. 重大错报风险较高的审计领域

  C. 识别重要账户余额   D. 影响被审计单位经营的重大发展变化

2. 具体审计计划的主要内容有(　　)。

  A. 项目组成员的分工   B. 风险评估程序

  C. 计划实施的进一步审计程序   D. 计划实施的其他审计程序

3. 注册会计师应考虑的重大错报风险有( )。

    A. 财务报表层次　　　B. 认定层次　　　C. 账簿层次　　　　　　D. 凭证层次

4. 在审计过程中，注册会计师可能运用重要性水平的方面有( )。

    A. 确定审计程序的性质、时间和范围　　B. 签订审计业务约定书

    C. 确定审计具体目标　　　　　　　　　D. 评价错报的影响

5. 审计业务约定书的具体内容包括( )。

    A. 财务报表审计的目标　　　　　　　　B. 管理层对财务报表的责任

    C. 执行审计工作的安排　　　　　　　　D. 确定审计收费

6. ( )都应当参与计划审计工作，利用其经验和见解，以提高计划过程的效率和效果。

    A. 项目负责人　　　　　　　　　　　　B. 项目组其他关键成员

    C. 被审计单位管理层　　　　　　　　　D. 被审计单位治理层

7. 审计计划可分为( )。

    A. 总体审计策略　　　　　　　　　　　B. 具体审计计划

    C. 审计工作底稿　　　　　　　　　　　D. 审计业务约定书

8. 注册会计师在确定各类交易、账户余额、披露认定层次的重要性水平(可容忍误差)时，主要应考虑的因素包括( )。

    A. 各类交易、账户余额、披露认定性质

    B. 各类交易、账户余额、披露认定错报的可能性

    C. 各类交易、账户余额、披露认定错报是否存在钩稽关系

    D. 账户层次重要性水平和报表层次重要性水平的关系

9. 注册会计师应当在总体审计策略中清楚地说明下列( )内容。

    A. 向特定审计领域调配的资源，包括向高风险领域分派有适当经验的项目组成员等

    B. 向特定审计领域分配资源的数量

    C. 何时调配这些资源，包括是在期中审计阶段还是在关键的截止日期调配资源等

    D. 如何管理指导监督这些资源的利用

10. 下列关于总体审计策略和具体审计计划叙述正确的是( )。

    A. 具体审计计划比总体审计策略更加详细，其内容包括为获取充分、适当的审计证据以将审计风险降至可接受的低水平，项目组成员拟实施的审计程序的性质、时间和范围

    B. 为了足够识别和评估财务报表重大错报风险，具体审计计划中注册会计师应确定计划实施的风险评估程序的性质、时间和范围

    C. 针对评估认定层次的重大错报风险，具体审计计划中应确定注册会计师计划实施进一步审计程序的性质、时间和范围

    D. 为了能发表恰当的审计意见，具体审计计划中注册会计师应确定审计意见类型

11. 注册会计师使用整体重要性水平的目的有(　　)。

　　A. 决定风险评估程序的性质、时间安排和范围

　　B. 识别和评估重大错报风险

　　C. 确定进一步审计程序的性质、时间安排和范围

　　D. 确定是否承接审计业务

四、案例分析题

注册会计师对 ABC 公司 2013 年度财务报表进行审计，其未经审计的有关财务报表项目金额如表 6-5 所示。

表 6-5　ABC 公司未经审计的有关财务报表项目金额

单位：万元

资产总额	180000
净资产	88000
营业收入	240000
净利润	24120

该公司所处行业的市场波动较大，因此销售与盈利水平受到很大影响，但总资产比较稳定。

【要求】如以资产总额、净资产、营业收入和净利润作为基准，百分比分别为资产总额、净资产、营业收入和净利润的 0.5%、1%、0.5%和 5%，请代注册会计师计算确定 ABC 公司 2013 年度财务报表层次的重要性水平(请列示计算过程)，并简要说明理由。

第七章
审计程序和审计风险

知识能力目标

(1) 了解社会审计的审计程序，熟练按照审计程序开展审计工作；

(2) 了解审计风险的概念及分类；

(3) 学会运用审计风险模型；

(4) 学会审计的测试流程，进行风险评估工作；

(5) 能够熟练地获取与风险评估有关的信息并记录审计工作底稿；

(6) 学会控制测试和实质性程序的主要工作内容。

问题提示

注册会计师王胜、李明接受利洋股份有限公司委托对其下属的 W 公司实施财务收支审计。为证实 W 公司往来款项的真实性，王胜、李明采取了如下程序和方法：①审阅应收账款和应付账款明细账，并采取核对的方法证实各明细账户是否账账、账证相符。②了解赊销业务内控制度的健全性、有效性。经调查发现，W 公司的相关内控制度存在诸多漏洞。③为提高审计工作效率，决定仅就市内的客户(应收账款 19 家，应付账款 23 家)采用面询的方式证实其真实性，而对于外地客户(应收账款 108 家，应付账款 187 家)只要账账、账证相符即可认定其真实性。

问题：

(1) 分析本案例中往来款项有哪些固有风险和控制风险？

(2) 分析注册会计师王胜、李明制定的审计程序和运用的审计方法的恰当性以及由此产生的审计风险。

问题提示：

其一，往来款项的固有风险是指购销业务中不存在相关内部控制时某账户或交易产生重大错报或漏报的可能性。控制风险是指购销业务中某账户或交易产生重大错报或漏报，而未能被内部控制防止、发现或纠正的可能性；该公司赊销、赊购业务内控制度存在诸多漏洞，说明其内部控制不健全(即固有风险高)、内部控制可能无效(即控制风险高)。

其二，当固有风险、控制风险高时，注册会计师必须扩大审计范围，尽量降低检查风险，以使整个审计风险降低至可接受的水平。为提高审计工作效率而仅实施面询、审阅、核对程序，注册会计师会面临极大的审计风险。为证实应收账款的真实性，注册会计师必须执行函证程序；未函证的应收账款应抽查有关原始凭证，如销售合同、销售订单、销售发票副本及发运凭证等。当控制风险较高、某应付账款明细账金额较大或被审计单位处于财务困难阶段，注册会计师应进行应付账款的函证。为防止应付账款低估，注册会计师应结合存货监盘，检查被审计单位是否存在有材料入库凭证但未收到购货发票的经济业务；检查资产负债表日后收到的购货发票，确认其入账时间是否正确；检查资产负债表日应付账款明细账贷方发生额的相应凭证，确认其入账时间是否正确；还应询问被审计单位有关人员，等等。

第一节 审计程序

一、审计程序的含义

审计程序是保证实现审计目标的手段。只有设计并遵循合理、科学的审计程序，注册会计师才能收集到具有充分证明力的审计证据，对审计事项进行审计评价。

审计程序是确定审计方法的前提。只有先确定出科学、合理和规范的程序，注册会计师才能选定适用的审计方法，高效地实施审计。

二、规范审计程序的意义

(1) 可以保证审计质量，降低审计风险，提高审计效率，减少资源消耗。

(2) 可以保障审计组织和注册会计师依法审计，保障注册会计师和被审计单位的合法权益。

三、社会审计的审计程序

由于不同的审计主体承担着不同的审计职责和审计任务，因而，不同的审计主体的审计程序有着不同的特点。按审计主体不同，审计程序分为国家审计的审计程序，内部审计的审计程序和社会审计的审计程序。

本书着重介绍社会审计的审计程序。

社会审计的审计程序由准备、实施和终结三个阶段组成，与国家审计程序相比，社会审计程序具有以下特点：一是由于社会

社会审计的审计程序.mp4

审计是受托审计，因此社会审计通常不编制年度审计项目计划；二是由于社会审计组织不具有行政处理处罚权，因此社会审计在出具审计报告后，不作出审计处理处罚的决定。

(一)准备阶段

1. 了解被审计单位的基本情况

会计师事务所在接受被审计单位的审计委托之前，应对被审计单位的基本情况加以了解，如对被审计单位的组织结构、业务性质、企业规模、内部控制、经营风险和基本财务状况以及以前年度接受审计的情况等进行初步的调查了解，在此基础上，对审计风险作出评估，并结合自身承受力，就是否可以接受被审计单位的审计委托作出决定。

2. 签订审计业务约定书

审计业务约定书是会计师事务所与委托人共同签订的，用于确认审计业务的委托与受托关系，明确委托目的、审计范围及双方责任与义务等事项的书面合同。它也是一份具有

法律约束力的书面文件，它是维护双方权利和监督双方履行义务的合法依据。

3. 编制审计方案

审计方案是注册会计师为了完成对被审计单位年度财务报表的审计业务，并达到预期的审计目的，在具体执行审计程序之前编制的工作方案。注册会计师的审计方案与国家审计的审计方案基本相同。编制审计方案时应当经过以下几个步骤。

(1) 了解被审计单位及所属行业的基本情况。

(2) 初步评价被审计单位的内部控制。

(3) 初步执行分析性复核。

(4) 初步评估重要性水平。

(5) 初步评估审计风险。

(6) 编写审计方案。

由于未预期事项、条件的变化或在实施审计程序中获取的审计证据等原因，注册会计师应当在审计过程中对总体审计策略和具体审计方案作出必要的更新和修改。

(二)实施阶段

1. 对内部控制进行内部控制测试

在审计实施阶段，注册会计师应按照审计方案安排，对拟予信赖的内部控制进行内部控制测试。通过内部控制测试，注册会计师应对被审计单位内部控制的可信赖程度及控制风险作出进一步的评价，并据此确定实质性测试的范围和重点。如果认为在准备阶段对内部控制的评价有误，则应及时修订原审计方案。

2. 对财务报表项目进行实质性测试

实质性测试是在内部控制测试的基础上，运用各种审计技术方法，对被审计单位财务报表各项目认定的正确性与公允性进行的证实性测试。它包括以下两点。

(1) 对交易和余额的详细测试。用于审定某项交易和账户余额认定的恰当性。

(2) 对会计信息及非会计信息的分析性测试。用于审定财务报表各项目间数据关系的合理性。

如果实质性测试的结果表明，控制风险的实际水平高于控制风险的初步评估水平，则可能意味着根据对控制风险初步评估水平而设计的实质性测试程序，将不能使检查风险降低至可接受的水平。此时，注册会计师应当考虑是否追加相应的审计程序。对于通过风险评估和经内部控制测试后被确认为风险较高的财务报表项目或业务，注册会计师应给予特别关注。

注意

尽管大多数的财务报表审计都要执行内部控制测试程序，但并不是每次财务报表审计都必须执行这类程序。而实质性测试程序则是在每次财务报表审计中都必须执行的，甚至在某些情况下，可以完全依赖实质性测试程序来获取审计证据。

注册会计师在审计过程中，可以采用检查、观察、询问、函证、计算和分析性复核等审计技术方法，获取所需要的审计证据。注册会计师应对所获证据的充分性、适当性作出鉴定，并在审计工作底稿中予以清晰、完整地记录。对在审计过程中所发现的、尚有疑虑的重要事项，应进一步获取审计证据，以证实或消除疑虑。如果在实施了必要的审计程序后，仍无法获取所需的审计证据，则注册会计师应出具保留意见或无法表示意见的审计报告。

3. 重新确定重要性水平

注册会计师应根据在准备阶段所确定的重要性标准，评价所发现的问题是否重要。注册会计师在运用审计技术对报表各项目进行审查，并确定了各项目的实际错误金额后，应将各项目的错误总额与重要性的初步判断数进行比较，以此来确定财务报表的可接受程度。

注意

由于在项目审计实施阶段，注册会计师往往会获得许多有关审计项目的意外信息，并且经常会受到许多诸如审计环境变化等因素的影响，因此，注册会计师在审计实施阶段对于重要性水平的确定与其在准备阶段对重要性水平所作的初步判断数之间基本上不会出现一致的情况。

(三)终结阶段

1. 复核审计工作底稿

根据《会计师事务所质量控制准则第 5101 号——业务质量控制》的要求，会计师事务所应当建立多层次的审计工作底稿复核制度。它是会计师事务所进行审计项目质量控制的一项重要程序，对于减少或消除人为的审计误差、降低审计风险有重要作用。它还有助于有关部门对注册会计师进行审计质量监控和业绩考评。目前，在我国众多的会计师事务所中，普遍采用的是主任会计师(所长或指定代理人)、部门经理(或签字注册会计师)和项目经理(或项目负责人)复核的三级复核制度。

2. 出具审计报告

注册会计师在实施了必要的审计程序后，应当以经过核实的审计证据为依据，形成审计意见，出具审计报告。

审计报告中应当说明审计的范围、审计的依据、会计责任与审计责任以及所实施的主要审计程序等事项；还应当说明被审计单位财务报表的编制是否符合国家颁布的企业会计准则和相关会计制度的规定，在所有重大方面是否公允地反映了其财务状况、经营成果和现金流量。

注册会计师应当根据在实施阶段实质性测试的结果，并结合职业经验，对财务报表中是否存在可能导致报表使用者改变其决策的重大遗漏或歪曲作出判断，以便据此出具恰当的审计报告。

注意

注册会计师应对所出具的审计报告的真实性、合法性负责。

3. 建立审计档案

注册会计师应当对审计工作底稿进行分类整理，形成审计档案。

第二节 审 计 风 险

一、审计风险的含义和特征

(一)审计风险的含义

审计风险是指会计报表存在重大错误或漏报，而注册会计师审计后发表不恰当审计意见的可能性。

(二)审计风险的基本特征

(1) 审计风险是客观存在的，不以注册会计师的意志为转移。不论是详细审计还是抽样审计，由于多种内部、外部的原因，都可能存在审计结论不一定完全符合审计事项实际情况的可能性。

(2) 审计活动自始至终存在着审计风险。注册会计师选择被审计单位不当，制订审计计划和审计方案不周，配备注册会计师不能胜任工作，收集审计证据不充分，编制审计报告有误等都会导致最终的审计风险。

(3) 审计风险具有潜在性。审计责任的存在是导致审计风险的基本原因，注册会计师的审计结论偏离了审计事项的客观事实，但没有造成不良后果，没有引发追究审计责任的行为，审计风险只是停留在潜在的阶段。但是，这并不是说明审计风险是不存在的，一旦造成影响，引发追究责任，潜在风险就会转化为实际风险。

(4) 审计风险是可以控制的。审计风险虽然存在，但可以加以控制，只是不能完全消除。只要将审计风险控制在可接受的水平，审计就是成功的。

二、审计风险的分类

影响审计风险的因素很多，因此从不同的影响因素考虑可将审计风险分为不同的类型。

(一)审计风险可分为固有风险、控制风险和检查风险

(1) 固有风险。固有风险指在不考虑被审计单位相关的内部控制政策或程序的情况下，其会计报表上某项认定产生重大错报的可能性。它是独立于会计报表审计之外存在的，是注册会计师无法改变其实际水平的一种风险。固有风险有如下几个特点。

① 固有风险水平取决于会计报表对于业务处理中的错误和舞弊的敏感程度。业务处理中的错弊引起报表失实越多，固有风险越大，反之，固有风险越低。经济业务发生问题的可能性越大，固有风险水平越高；反之则越小。就是说，对于不同的业务，固有风险水平也不同。

② 固有风险的产生与被审计单位有关，而与注册会计师无关。会计师无法通过自己的工作来降低固有风险，只能通过必要的审计程序来分析和判断固有风险水平。

③ 固有风险水平受被审计单位外部经营环境的间接影响。被审计单位外部经营环境的变化会引起固有风险的变化。例如，由于科技的进步会使被审计单位的某些产品过时，这就带来了存货计价是否正确的风险。

④ 固有风险独立存在于审计过程中，又客观存在于审计过程中，且是一种相对独立的风险。这种风险水平的大小需要经过注册会计师的认定。

(2) 控制风险。控制风险是指被审计单位内部控制未能及时防止或发现其会计报表上某项错报或漏报的可能性。同固有风险一样，注册会计师只能评估其水平而不能影响或降低它的大小。控制风险有以下几个特点。

① 控制风险水平与被审计单位的控制水平有关。如果被审计单位内部控制制度存在重要的缺陷或不能有效地工作，那么错弊就会进入被审计单位的财务报表系统，并由此产生控制风险。

② 控制风险与注册会计师的工作无关。同固有风险一样，注册会计师无法降低控制风险，但注册会计师可以根据被审计单位相关部分内部控制的健全性和有效性情况，设定一定控制风险的计划估计水平。

③ 控制风险是审计过程中一个独立的风险。控制风险独立存在于审计过程中。这种风险与固有风险的大小无关。它是被审计单位内部控制制度或程度的有效性的函数。有效的内部控制将降低控制风险，而无效的内部控制将增加控制风险。由于内部控制制度不能完全保证防止或发现所有错弊，因此，控制风险不可能为零，它必然会影响最终的审计风险。

(3) 固有风险和控制风险可合并称为重大错报风险，这种风险是指财务报表在审计前存在重大错报的可能性。注册会计师通过分析风险的影响范围，可以将重大错报风险分为两个层次。

① 财务报表层次重大错报风险。指对财务报表整体产生广泛影响，可能影响多项认定。如经济危机、管理层缺乏诚信、治理层形同虚设等情形可能引发报表层次的重大错报。

② 认定层次重大错报风险。指与特定的交易、账户余额、列报的认定相关，只对某一种认定产生重大影响。如主要客户陷入财务困境，则应收账款计价认定可能存在重大错报。

(4) 检查风险。检查风险是指注册会计师通过预定的审计程序未能发现被审计单位会计报表上存在的某项重大错报或漏报的可能性。检查风险是审计风险要素中唯一可以通过注册会计师进行控制和管理的风险要素。其特点如下所述。

① 它独立地存在于整个审计过程中。不受固有风险和控制风险的影响。

② 检查风险与注册会计师工作直接相关。是审计程序的有效性和注册会计师运用审

计程序的有效性的函数。其实际水平与注册会计师的工作有关。它直接影响最终的审计风险。在实践中注册会计师可以通过收集充分的证据来降低检查风险，从而把总审计风险控制在可接受的水平上。检查风险水平和重要性水平一道决定了注册会计师需要实施的实质性测试的性质、时间和范围以及所需收集证据的数量。

(二)从审计风险管理的角度还可将审计风险分为可控风险和不可控风险

(1) 可控风险。可控风险是指由审计机构或注册会计师可控制的因素导致的审计风险。由于注册会计师的素质、注册会计师工作态度、审计方法选用、审计机构对审计工作的管理等因素导致的审计风险。这些因素均与审计机构和注册会计师有关，因此审计机构可以通过控制它们产生的影响来控制审计风险。

(2) 不可控风险。不可控风险是指由审计机构或注册会计师不能直接加以控制的不确定性因素所引发的审计风险，包括被审计单位内外两种因素，外部因素如国家经济形势的变化，内部因素如被审计单位内部控制健全程度等。显然。这些因素不是审计机构或注册会计师所能加以控制的。

三、审计风险模型

(一)审计风险模型表达式

1. 最初审计风险模型表达式

可接受的审计风险=固有风险×控制风险×检查风险

2. 现代审计风险模型表达式

可接受的审计风险=重大错报风险×检查风险

经过整理后，得到：

检查风险=可接受的审计风险÷重大错报风险

审计风险模型.mp4

(二)审计风险各要素之间的关系

(1) 在既定的重大错报风险水平下，可接受的审计风险与可接受的检查风险成正比；实际的检查风险与实际的审计风险成正比。

(2) 在既定的审计风险水平下，可接受的检查风险与评估的认定层次重大错报风险成反比。

第三节　审计风险评估

一、风险评估的含义

风险评估是指以了解被审计单位及其环境为内容，以识别和评估财务报表重大错报风险(审计准备阶段执行)为目的，在设计和实施进一步审计程序(审计实施阶段执行)之前实施的程序。

二、风险评估程序的作用

(1) 可以为审计师暗示可能出现舞弊的报表项目。

(2) 为进一步的检查提供线索。

三、实施的风险评估程序

注册会计师了解被审计单位及其环境，目的是为了识别和评估财务报表重大错报风险。为了解被审计单位及其环境而实施的程序称为"风险评估程序"。注册会计师应当依据实施以下这些程序所获取的信息，评估重大错报风险。

实施风险评估程序.mp4

(一)询问管理层和被审计单位内部其他人员

(1) 注册会计师应当向管理层和财务负责人询问下列事项。

① 管理层所关注的主要问题。如新的竞争对手、主要客户和供应商的流失、新的税收法律法规的实施以及经营目标或战略的变化等。

② 被审计单位最近的财务状况、经营成果和现金流量。

③ 可能影响财务报告的交易和事项，或者目前发生的重大会计处理问题。如重大的购并事宜等。

④ 被审计单位发生的其他重要变化。如所有权结构、组织结构、内部控制的变化等。

(2) 注册会计师还应考虑询问其他人员，并考虑询问不同级别的员工。

① 询问治理层，有助于注册会计师了解财务报表编制的环境。

② 询问内部注册会计师，有助于注册会计师了解其针对被审计单位内部控制设计和运行有效性而实施的工作以及管理层对内部审计发现的问题是否采取适当的措施。

③ 询问参与生成、处理或记录复杂或异常交易的员工，有助于注册会计师评估被审计单位选择和运用某项会计政策的适当性。

④ 询问内部法律顾问，有助于注册会计师了解有关法律法规的遵循情况、产品保证和售后责任、与业务合作伙伴(如合营企业)的安排、合同条款的含义以及诉讼情况等。

⑤ 询问营销或销售人员，有助于注册会计师了解被审计单位的营销策略及其变化、销售趋势以及与客户的合同安排。

⑥ 询问采购人员和生产人员，有助于注册会计师了解被审计单位的原材料采购和产品生产等情况。

⑦ 询问仓库人员，有助于注册会计师了解原材料、产成品等存货的进出、保管和盘点等情况。

【课堂案例】 在了解被审计单位及其环境时，A 注册会计师可能实施的风险评估程序有( )。

A. 询问甲企业管理层和内部其他人员

B. 实地察看甲企业生产经营场所和设备

C. 检查文件、记录和内部控制手册

D. 重新执行内部控制

【参考答案】 ABC

(二)分析程序

注册会计师实施分析程序有助于识别异常的交易或事项以及对财务报表和审计产生影响的金额、比率和趋势。在实施分析程序时，注册会计师应当预期可能存在的合理关系，并与被审计单位记录的金额、依据记录金额计算的比率或趋势相比较；如果发现异常或未预期到的关系，注册会计师应当在识别重大错报风险时考虑这些比较的结果。

注意

如果使用了高度汇总的数据，实施分析程序的结果仅可能初步显示财务报表存在重大错报风险，应当连同识别重大错报风险时获取的其他信息一并考虑。

(三)观察和检查

观察和检查程序可以印证对管理层和其他相关人员的询问结果，并可提供有关被审计单位及其环境的信息。注册会计师应当实施观察和检查程序如下所述。

(1) 观察被审计单位的生产经营活动。

(2) 检查文件、记录和内部控制手册。

(3) 阅读由管理层和治理层编制的报告。

(4) 实地察看被审计单位的生产经营场所和设备。

(5) 追踪交易在财务报告信息系统中的处理过程(穿行测试：由点到线)。

注意

穿行测试是指追踪交易在财务报告信息系统中的处理过程，是注册会计师了解被审计单位业务流程及其相关控制时经常使用的审计程序。通过追踪某笔或某几笔交易在业务流程中如何生成、记录、处理和报告以及相关控制如何执行，注册会计师可以确定被审计单位的交易流程和相关控制是否与之前通过其他程序所获得的了解一致，并确定相关控制是否得到执行。

四、了解被审计单位及其环境

根据审计准则的要求，注册会计师应当从六个方面了解被审计单位及其环境。在了解的过程中获得的信息，可以为评估重大错报风险提供帮助。

(一)行业状况、法律环境与监管环境以及其他外部因素

1. 行业状况了解的具体内容

(1) 所在行业的市场供求与竞争。

(2) 生产经营的季节性和周期性。

(3) 产品生产技术的变化。

(4) 能源供应与成本。

(5) 行业的关键指标和统计数据。

了解被审计单位及其
环境具体方面.mp4

2. 法律环境及监管环境了解的内容

(1) 会计原则和行业特定惯例。

(2) 受管制行业的法律法规框架。

(3) 对被审计单位经营活动产生重大影响的法律法规，包括直接的监管活动。

(4) 税收政策(关于企业所得税和其他税种的政策)。

(5) 目前对被审计单位开展经营活动产生影响的政府政策，如货币政策(包括外汇管制)。

(6) 影响行业和被审计单位经营活动的环保要求。

3. 其他外部因素了解的内容

(1) 宏观经济的景气度。

(2) 利率和资金供求状况。

(3) 通货膨胀水平及币值变动。

(4) 国际经济环境和汇率变动。

(二)被审计单位的性质

被审计单位的性质包括所有权结构、治理结构、组织结构、经营活动、投资活动、筹资活动。

1. 所有权结构

对被审计单位所有权结构的了解有助于注册会计师识别关联方关系并了解被审计单位的决策过程。注册会计师应当了解所有权结构以及所有者与其他人员或实体之间的关系，考虑关联方关系是否已经得到识别以及关联方交易是否得到恰当核算。

2. 治理结构

良好的治理结构可以对被审计单位的经营和财务运作实施有效的监督，从而降低财务报表发生重大错报的风险。

3. 组织结构

复杂的组织结构可能导致某些特定的重大错报风险。注册会计师应当了解被审计单位的组织结构，考虑复杂组织结构可能导致的重大错报风险，包括财务报表合并、商誉减值以及长期股权投资核算等问题。

4. 经营活动

了解被审计单位经营活动有助于注册会计师识别预期在财务报表中反映的主要交易类别、重要账户余额和列报。注册会计师应当了解被审计单位的经营活动。主要包括主营业务的性质、与生产产品或提供劳务相关的市场信息、业务的开展情况。

5. 投资活动

了解被审计单位投资活动有助于注册会计师关注被审计单位在经营策略和方向上的重大变化。注册会计师应当了解被审计单位的投资活动。主要包括：近期拟实施或已实施的并购活动与资产处置情况，包括业务重组或某些业务的终止；证券投资、委托贷款的发生与处置；资本性投资活动，包括固定资产和无形资产投资，近期或计划发生的变动以及重大的资本承诺等；不纳入合并范围的投资，例如联营、合营或其他投资，包括近期计划的投资项目。

6. 筹资活动

了解被审计单位筹资活动有助于注册会计师评估被审计单位在融资方面的压力，并进一步考虑被审计单位在可预见未来的持续经营能力。注册会计师应当了解被审计单位的筹资活动，主要包括：债务结构和相关条款；固定资产的租赁；关联方融资；实际受益股东；衍生金融工具的运用。

(三)被审计单位对会计政策的选择和运用

(1) 重要项目的会计政策和行业惯例。

(2) 重大和异常交易的会计处理方法。例如，本期发生的企业合并的会计处理方法。某些被审计单位可能存在与其所处行业相关的重大交易，例如，银行向客户发放贷款、证券企业对外投资、医药企业的研究与开发活动等。注册会计师应当考虑对重大的和不经常发生的交易的会计处理方法是否适当。

(3) 在缺乏权威性标准或共识、有争议的或新兴领域采用重要会计政策产生的影响。注册会计师应当关注被审计单位选用了哪些会计政策、为什么选用这些会计政策以及选用这些会计政策产生的影响。

(4) 会计政策的变更。如果被审计单位变更了重要的会计政策，注册会计师应当考虑变更的原因及其适当性，即考虑：会计政策变更是否是法律、行政法规或者适用的会计准则和相关会计制度要求的变更；会计政策变更是否能够提供更可靠、更相关的会计信息。除此之外，注册会计师还应当关注会计政策的变更是否得到恰当处理和充分披露。

(5) 被审计单位何时采用以及如何采用新颁布的会计准则和相关会计制度。例如，当新的企业会计准则颁布施行时，注册会计师应考虑被审计的单位是否应采用新颁布的会计准则，如果采用，是否已按照新会计准则的要求做好衔接调整工作，并收集执行新会计准则需要的信息资料。

(6) 列报和披露。

(四)被审计单位的目标、战略以及相关经营风险

(1) 目标：被审计单位的整体计划。

(2) 战略：管理层想要实现目标所采用的操作方法。

(3) 经营风险：源于对被审计单位实现目标和战略产生不利影响的重大情况、事项、环境和行动，或源于不恰当的目标和战略；多数经营风险最终都会产生财务后果，从而影响财务报表。

(五)被审计单位财务业绩的衡量和评价

(1) 管理层是否在压力下报告财务业绩，主要关注的信息：关键业绩指标；业绩趋势；预测、预算和差异分析；管理层和员工业绩考核与激励性报酬政策；分部信息与不同层次部门的业绩报告；与竞争对手的业绩比较；外部机构提出的报告。

(2) 还应关注：财务业绩衡量所显示的未预期到的结果或趋势；管理层的调查结果和纠正措施。

(六)被审计单位的内部控制

1. 内部控制的含义

内部控制是被审计单位为了合理保证财务报告的可靠性、经营的效率性和效果性以及对法律法规的遵守性，由治理层、管理层和其他人员设计和执行的政策和程序。

2. 内部控制的要素，包括以下五个内容

(1) 控制环境(基础)。

① 管理层诚信。

② 治理职能和管理职能。

③ 治理层和管理层对内部控制及其重要性的态度、认识和措施。

注意

控制环境设定了被审计单位的内部控制基调，能够影响员工对内部控制的认识和态度，良好的控制环境是实施有效内部控制的基础。

【课堂案例】

在了解控制环境时，E 注册会计师应当关注的内容有(   )。

A. 企业治理层相对于管理层的独立性

B. 企业管理层的理念和经营风格

C. 企业员工整体的道德价值观

D. 企业对控制的监督

【参考答案】ABC

【参考解析】选项 A，要考虑治理层的参与程度，治理层对控制环境的影响要素包括治理层相对于管理层的独立性；选项 B，管理层负责企业的运作以及经营策略和程序的制定、执行与监督，管理层的理念包括管理层对内部控制的理念；选项 C，在确定控制环境的要素是否得到执行时，通过询问管理层和员工，注册会计师可能了解管理层如何就业务规程和道德价值观念与员工进行沟通；选项 D，对控制的监督和控制环境都属于内部控制所包括的要素，所以对控制的监督并不是了解控制环境时应该关注的内容。

(2) 风险评估过程(关键)。

① 识别与财务报告目标相关的经营风险。

② 估计风险的重要性。

③ 评估风险发生的可能性。

④ 决定应对这些风险的措施。

(3) 信息系统与沟通(保证)。

① 信息：财务报告相关的信息系统包括用于生成、记录、处理和报告交易、事项和情况，对相关资产、负债和所有者权益履行经营管理责任的程序和记录。

② 沟通：与财务报告相关的沟通包括使员工了解各自在与财务报告有关的内部控制方面的角色和职责、员工之间的工作联系以及向适当级别的管理层报告例外事项的方式。

(4) 控制活动(必需)。

控制活动是指有助于确保管理层的指令得以执行的政策和程序。包括：与授权、业绩评价、信息处理、实物控制、职责分离、对控制的监督等相关的活动。

【课堂案例】下列活动中，A 注册会计师认为属于控制活动的有(   )。

A. 授权   B. 业绩评价   C. 风险评估   D. 职责分离

【参考答案】ABD

【参考解析】控制活动是指有助于确保管理层的指令得以执行的政策和程序。包括与授权、业绩评价、信息处理、实物控制和职责分离等相关的活动。

(5) 对控制的监督(手段)。

对控制的监督是指被审计单位评价内部控制在一段时间内运行有效性的过程，该过程包括及时评价控制的设计和运行以及根据情况的变化采取必要的纠正措施。

【课堂案例】A 注册会计师负责审计甲企业 2016 年度财务报表。在了解内部控制时，A 注册会计师遇到下列事项，请代为作出正确的专业判断。

持续监督活动应当贯穿于日常经营活动与常规管理工作。下列活动中属于持续监督活动的是(   )。

A. 审计委员会定期了解财务数据

B. 相应级别的员工复核采购业务流程中控制的执行情况

C. 注册会计对年度财务报表进行审计

D. 内部注册会计师对控制实施风险评估

【参考答案】B

【参考解析】本题考核对控制的监督。被审计单位通过持续的监督活动、单独的评价活动或两者相结合，实现对控制的监督，持续的监督活动通常贯穿于被审计单位日常经营活动与常规管理工作中，例如，管理层在履行其日常管理活动时，取得内部控制持续发挥功能的信息。所以选项 B 的表述属于持续监督活动。

3. 对内部控制了解的深度

注册会计师需要了解和评价的内部控制只是与财务报表审计相关的内部控制，并非被审计单位所有的内部控制。

对内部控制了解的深度，是指在了解被审计单位及其环境时对内部控制了解的程度，包括评价控制的设计，并确定其是否得到执行，但不包括对控制是否得到一贯执行的测试。

【课堂案例】A 注册会计师负责对甲企业 2016 年度财务报表进行审计，在了解内部控制时，A 注册会计师遇到下列事项，请代为作出正确的专业判断。

在了解甲企业内部控制时，A 注册会计师最应当关注的是(   )。

A. 内部控制是否按照管理层的意图，实现了经营效率

B. 内部控制是否能够防止或发现并纠正错误或舞弊

C. 内部控制是否明确区分控制要素

D. 内部控制是否没有因串通而失效

【参考答案】B

【参考解析】注册会计师应当重点考虑被审计单位某项控制，是否能够以及如何防止或发现并纠正各类交易、账户余额、列报存在的重大错报。

4. 内部控制的固有局限性

内部控制无论如何设计和执行，只能对财务报告的可靠性提供合理的保证。

固有局限性包括下列各点。

(1) 在决策时人为判断可能出现错误和由于人为失误而导致内部控制失效。

(2) 可能由于两个或更多的人员进行串通或管理层凌驾于内部控制之上而导致控制失效。

(3) 可能因行使控制职能的人员素质不适应岗位要求而影响内部控制功能的正常发挥。

(4) 实施内部控制的成本效益问题影响控制环节或控制措施的设置。

(5) 内部控制一般都是针对常规业务而设置的，如果出现非常规业务，原有控制就可能不适用。

(6) 内部控制的设计和实施是在特定环境下进行的，一旦环境发生变化，控制政策和程序可能无法正常发挥作用。

五、识别和评估重大错报风险

(一)识别和评估重大错报风险的审计程序

(1) 在了解被审计单位及其环境的整个过程中识别风险，并考虑各类交易、账户余额、列报。

(2) 将识别的风险与认定层次可能发生错报的领域相联系。

(3) 考虑识别的风险是否重大。

(4) 考虑识别的风险导致财务报表发生重大错报的可能性。

评估重大错报风险.mp4

(二)被审计单位可能存在重大错报风险的事项的主要表现

在高度波动的市场开展业务；持续经营和资产流动性出现问题，包括重要客户流失；融资能力受到限制；行业环境发生变化；重大的关联方交易；缺乏具备胜任能力的会计人员；关键人员变动；内部控制薄弱；以往存在重大错报或本期期末出现重大会计调整；按照管理层特定意图记录的交易；应用新颁布的会计准则或相关会计制度等。

(三)评估两个层次的重大错报风险

在了解被审计单位及其环境的整个过程中都要进行风险识别和评估。对重大错报风险要在两个层次上进行评估。

1. 财务报表层次重大错报风险的评估

财务报表层次的重大错报风险很可能源于薄弱的控制环境和舞弊风险。

2. 认定层次重大错报风险的评估

重大账户列记录所有认定层次的重大账户；认定列记录与重大账户相关的认定；识别的重大错报风险列记录汇总所有之前程序所识别的与该重大账户的认定相关的重大错报风险；风险评估结果列记录评估该认定的重大错报风险。

六、对风险评估的修正

风险评估是一个不断进行和修正的过程，如果通过实施进一步审计程序获取的审计证据与初始评估相矛盾，注册会计师还应当修正风险评估结果，并相应修改原计划实施的进一步审计程序。

对重大错报风险的评估，可能会经历三个阶段。

(1) 根据对被审计单位及其环境的了解，初步评估重大错报风险。

(2) 根据控制测试的结果，再评估重大错报风险(修正)。

(3) 在实施实质性程序之后，根据实际发现的错报进行最终评价。

注意

风险评估程序本身不足以为发表审计意见提供充分、适当的审计证据，注册会计师还应当实施进一步审计程序，包括控制测试和实质性程序。

第四节　审计风险应对

注册会计师应当针对评估的财务报表层次重大错报风险确定总体应对措施，并针对评估的认定层次重大错报风险设计和实施进一步审计程序，以将面临的审计风险降至可接受的低水平。

一、财务报表层次重大错报风险与总体应对措施

(一)针对财务报表层次重大错报风险的总体应对措施

(1) 向审计项目组强调在收集和评价审计证据过程中保持职业怀疑态度的必要性。

(2) 分派更有经验或具有特殊技能的注册会计师，或利用专家的工作。

总体应对措施的确定.mp4

(3) 提供更多的督导。

(4) 在选择进一步审计程序时，应使某些程序不被管理层预见或事先了解。

(5) 对拟实施审计程序的性质、时间和范围做出总体修改。

(二)提高审计程序的不可预见性的方式

(1) 对某些未测试过的低于重要性水平或风险较小的账户余额和认定实施实质性程序。

(2) 调整实施审计程序的时间，使被审计单位不可预期。

(3) 采取不同的审计抽样方法，使当期抽取的测试样本与以前有所不同。

(4) 选取不同的地点实施审计程序，或预先不告知被审计单位所选定的测试地点。

(三)控制环境存在缺陷，对拟实施审计程序作出总体修改时应当考虑的因素

(1) 修改审计程序的性质，获取更具说服力的审计证据。

(2) 主要依赖实质性程序获取审计证据。

(3) 在期末而非期中实施更多的审计程序。

(4)　增加拟纳入审计范围的经营地点的数量。

总体应对措施对拟实施进一步审计程序的总体方案的影响。

(1)　进一步审计程序的总体方案包括实质性方案和综合性方案。

①　实质性方案：实施的进一步审计程序以实质性程序为主。

②　综合性方案：实施进一步审计程序时，将控制测试与实质性程序结合使用。

(2)　根据重大错报风险的评估结果，恰当选用实质性方案或综合性方案。

①　通常情况下，采用综合性方案。

②　某些情况下(如仅通过实质性程序无法应对重大错报风险)，必须实施控制测试。

③　另一些情况下(认为控制测试不符合成本效益原则)，仅实施实质性程序。

④　当财务报表层次重大错报风险属于高水平时，更倾向于实质性方案。

二、针对认定层次重大错报风险的进一步审计程序

(一)进一步审计程序概述

(1)　含义：进一步审计程序是相对于风险评估程序而言，是针对认定层次重大错报风险实施的审计程序，包括控制测试和实质性程序。

(2)　设计进一步审计程序时，应当考虑下列因素。

①　风险的重要性，即风险后果的严重程度。后果越严重，越要精心设计进一步审计程序。

②　重大错报发生的可能性。可能性越大，越需要精心设计进一步审计程序。

③　涉及的各类交易、账户余额和列报的特征。

④　特定控制的性质。不同性质的控制(尤其是人工控制还是自动化控制)对设计进一步审计程序具有重要影响。

⑤　是否拟获取审计证据，以确定内部控制在防止或发现并纠正重大错报方面的有效性。

总体应对措施对拟实施进一步审计程序的总体方案的影响。

进一步审计程序的总体方案的选择。

(1)　通常情况下，采用综合性方案。

(2)　某些情况下(如仅通过实质性程序无法应对重大错报风险)，必须实施控制测试。

(3)　某些情况下(认为控制测试不符合成本效益原则)，仅实施实质性程序。

(4)　当财务报表层次重大错报风险属于高水平时，更倾向于实质性方案。

注意

无论选择何种方案，注册会计师都应当对所有重大的各类交易、账户余额、列报设计实施实质性程序。

(二)进一步审计程序的流程

进一步审计程序的流程如图 7-1 所示。

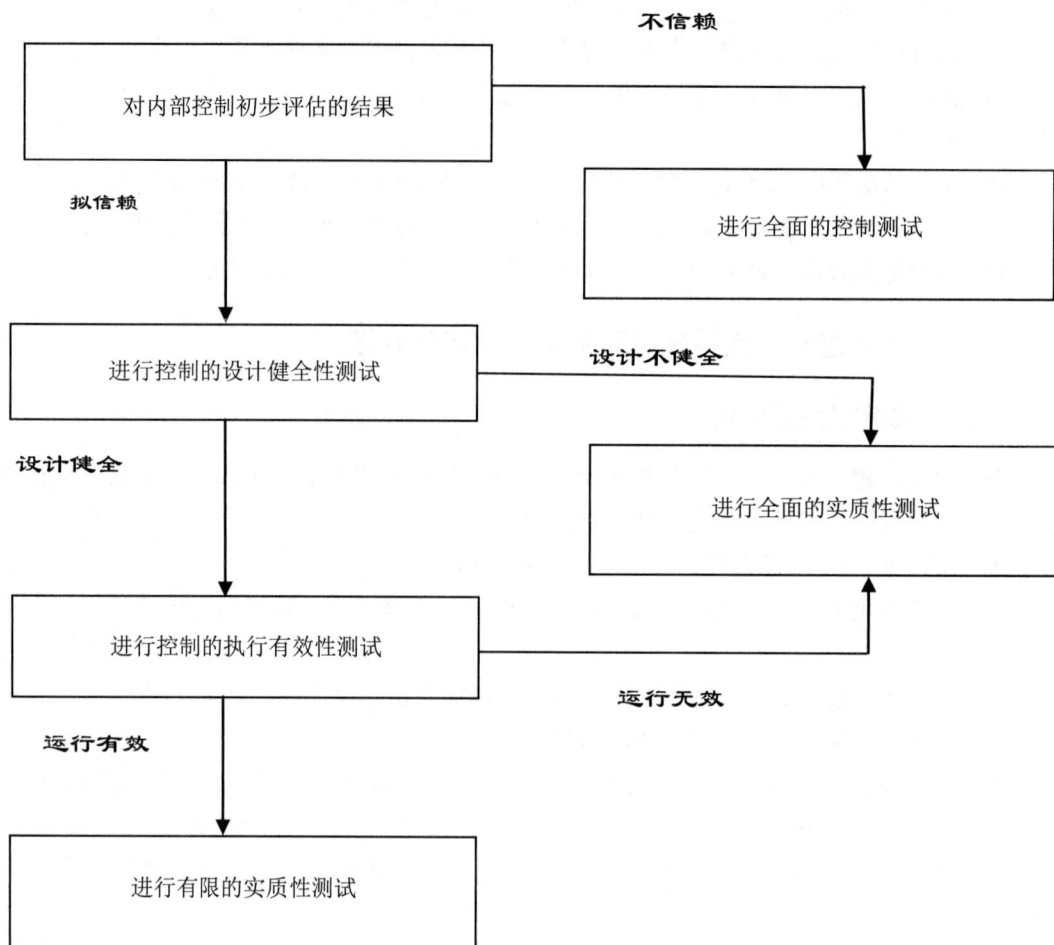

图 7-1　进一步审计程序的流程

三、控制测试

(一)控制测试的含义

控制测试是为了确定控制运行有效性而实施的审计程序,具体来说有下列各点。

(1)　控制在所审计期间的不同时点是如何运行的。

(2)　控制是否得到一贯执行。

(3)　控制由谁执行。

(4)　控制以何种方式运行(如人工控制或自动化控制)。

(二)控制测试的适用情形

控制测试并不是在任何情况下都需要实施。实施控制测试的情形有以下几种。

(1) 内部控制的设计合理，且预期内部控制能够得到有效执行。

(2) 仅实施实质性程序不足以获取认定层次充分、适当的审计证据。

控制测试的适用情形.mp4

【课堂案例】 下列与控制测试有关的表述中，正确的有(　　)。

A. 如果控制设计不合理，则不必实施控制测试

B. 如果在评估认定层次重大错报风险时预期控制的运行是有效的，则应当实施控制测试

C. 如果认为仅实施实质性程序不足以提供认定层次充分、适当的证据，则应当实施控制测试

D. 对特别风险，即使拟信赖的相关控制没有发生变化，也应当在本次审计中实施控制测试

【参考答案】 ABCD

【参考解析】 控制设计不合理，则不必实施控制测试，但是了解内控是必需的。

(三)控制测试的性质

控制测试的性质是指控制测试所使用的审计程序的类型及其组合。其具体包括询问、观察、检查、重新执行、穿行测试。

1. 询问

向被审计单位适当员工询问，获取与内部控制运行情况相关的信息。

2. 观察

测试不留下书面记录的内部控制运行情况的有效方法。例如，观察存货盘点控制的执行情况。

3. 检查

适用于检查留有书面证据的控制运行情况，通过书面说明、签字或记号或标志确认控制运行情况。

4. 重新执行

通常只有当询问、观察、检查程序结合在一起仍无法获得充分的证据时，才考虑使用重新执行，将所测试的内部控制重新执行一次，以证实控制是否有效运行。

5. 穿行测试

穿行测试不是单独的一种程序，而是将多种程序按特定审计需要进行结合运用的方法。

(四)控制测试的时间

控制测试的时间包含以下含义。

1. 测试所针对的控制适用的时点或期间

对于仅需要测试在特定时点运行有效性的控制，注册会计师只需获取该时点的审计证据(如期末存货盘点)；对于需要测试在某一期间运行有效性的控制，注册会计师仅获取与时点相关的审计证据是不充分的，应当在多个不同时点进行测试，获取不同时点的审计证据。

2. 何时实施控制测试

控制测试经常是在期中进行的，这样可以提高审计效率，节约审计资源。但即使已获取有关控制在期中运行有效性的审计证据，仍需考虑如何能够将这些审计证据合理延伸至期末。

3. 考虑针对期中至期末这段剩余期间获取充分、适当的审计证据

(1) 获取这些控制在剩余期间变化情况的审计证据。
(2) 确定针对剩余期间还需获取的补充审计证据。

4. 考虑以前审计获取的审计证据

考虑拟信赖的以前审计测试的控制在本期是否发生变化。

(1) 发生变化。应考虑以前获取审计证据是否与本期审计相关：如变化仅仅使被审计单位从中获取新的报告，则不影响以前所获证据的相关性；如变化引起数据累积或计算发生改变，可能影响相关性，应在本期审计中测试这些控制的运行有效性。

(2) 未发生变化，且不属于旨在减轻特别风险的控制，应当运用职业判断确定是否在本期审计中测试其运行有效性，两次测试的时间间隔不得超过两年。

(五)控制测试的范围

控制测试的范围是指对某项控制活动测试的次数。控制测试范围的确定，主要受以下因素的影响。

(1) 在整个拟信赖的期间，被审计单位执行控制的频率：频率越高，范围越大。

(2) 在所审计期间，拟信赖控制运行有效性的时间长度：拟信赖期间越长，控制测试的范围越大。

(3) 为证实控制能防止或发现并纠正认定层次重大错报，对证据相关性和可靠性的要求：相关性和可靠性要求越高，控制测试的范围越大。

(4) 通过测试与认定相关的其他控制获取的审计证据的范围：针对其他控制获取证据

的充分性和适当性较高时，测试的范围可适当缩小。

(5) 在风险评估时拟信赖控制运行有效性的程度：拟信赖程度越高，控制测试的范围越大。

(6) 控制的预期偏差：预期偏差率越高，控制测试的范围越大。

(六)控制测试的结论

注册会计师实施控制测试后，还需要对内部控制情况进行最终评价。得出的结论可能是下列情况之一：一是控制运行有效，可以信赖；二是控制运行无效，不值得信赖。

注册会计师应根据控制测试的结果，确定其进行实质性程序的性质、时间和范围。

四、实质性程序

(一)实质性程序的含义

实质性程序是直接用于发现认定层次的重大错报而实施的审计程序。

无论评估的重大错报风险结果如何，都应当针对所有重大交易、账户余额、列报实施实质性程序，以应对识别的认定层次重大错报风险。

(二)实质性程序的性质

实质性程序的性质是指实质性程序的类型及其组合，具体包括细节测试和实质性分析程序。

1. 细节测试

细节测试是指针对具体细节(如时间、金额等)进行测试，目的在于直接识别财务报表认定是否存在重大错报。适用于对各类交易、账户余额、列报认定的测试，尤其是对存在或发生、计价认定的测试。

2. 实质性分析程序

实质性分析程序是指在实质性程序中运用的分析程序，目的是通过分析数据之间的关系求评价财务信息，是否有可能存在重大错报。对在一段时期内存在可预期关系的大量交易，注册会计师可以考虑实施实质性分析程序。

> **注意**
>
> 细节测试必须进行，实质性分析程序可以不使用。

(三)实质性程序的时间

实质性程序经常在期末进行测试，也有少部分测试可以在期中进行，或者利用以前审计获取的审计证据。

(1) 在期中实施实质性程序时，需要考虑其成本效益的权衡：期中实施实质性程序，消耗了审计资源，又不能直接作为期末财务报表认定的审计证据，需要消耗进一步的审计资源，使期中审计证据能够合理延伸至期末。这两部分审计资源的总和，是否能够显著小于完全在期末实施实质性程序所需消耗的审计资源，是注册会计师需要权衡的。

(2) 对于以前审计中通过实质性程序获取的审计证据，则应采取更加慎重的态度和更严格的限制。

(四)实质性程序的范围

实质性程序的范围是指对某项认定实施细节测试或实质性分析程序的次数。实质性程序范围主要受以下因素的影响。

(1) 评估的认定层次重大错报风险：认定层次的重大错报风险越高，需要实施实质性程序的范围越广。

(2) 实施控制测试的结果：对控制测试结果不满意，应当考虑扩大实质性程序的范围。

(五)控制测试结果对实质性程序的影响

(1) 如果控制测试结果表明某一认定的控制是有效运行的，能够支持低水平的风险评估结论，注册会计师期望对其有较高程度的信赖，则只需从实质性程序中获取较低程度的保证。

(2) 如果控制测试结果表明某一认定的控制并未有效运行，不能支持低水平的风险评估结论，注册会计师对其不能信赖过高，就需要从实质性程序中获取较高程度的保证。

控制测试结果对实质性程序的性质、时间和范围都可能产生影响。

能 力 训 练

一、判断题(正确打√，错误打×)

1. 注册会计师应当针对评估的认定层次重大错报风险确定总体应对措施。　　(　　)

2. 注册会计师对内部控制的了解可以代替对控制运行有效性的测试。　　(　　)

3. 注册会计师因作出错误审计结论和表达错误审计意见，从而导致审计组织和注册会计师承担法律责任和相应经济损失的可能性被称为固有风险。　　(　　)

4. 了解被审计单位及其环境是一个连续和动态地收集、更新与分析信息的过程，贯穿于整个审计过程的始终。注册会计师应当运用职业判断确定需要了解被审计单位及其环境的程度。　　(　　)

5. 重大错报风险的水平越高，注册会计师可接受的检查风险水平越高。　　(　　)

6. 注册会计师应当根据对认定层次重大错报风险的评估结果，恰当选用实质性方案或综合性方案。　　(　　)

7. 签约前对被审计单位的基本情况进行了解，既是为了确定是否签约，又是为了合理安排审计工作。　　(　　)

8. 如果对控制测试结果不满意，注册会计师应当考虑扩大实质性程序的范围。（ ）

9. 在连续审计中，注册会计师必须根据被审计单位发生的重大变化而对审计业务书进行修订或重新签约。（ ）

10. 在既定的审计风险水平下，可接受的检查风险水平与认定层次重大错报风险的评估结果成同向关系。（ ）

二、单项选择题

1. 注册会计师了解被审计单位及其环境的目的是（ ）。

    A. 进行风险评估程序

    B. 收集充分适当的审计证据

    C. 识别和评估财务报表的重大错报风险

    D. 控制检查风险

2. 注册会计师在了解的以下事项中，属于行业状况的是（ ）。

    A. 生产经营的季节性和周期性

    B. 国家的特殊监管要求

    C. 与被审计单位相关的税务法律法规是否发生变化

    D. 是否存在新出台的法律法规

3. 在签订审计业务约定书之前，会计师事务所应当对其自身的胜任能力进行评价。评价的内容不包括（ ）。

    A. 执行审计的能力   B. 会计师事务所的独立性

    C. 保持应有谨慎的能力   D. 助理人员的经验

4. 下列关于审计程序的说法中，不正确的是（ ）。

    A. 检查有形资产可提供权利和义务的全部审计证据

    B. 观察提供的审计证据仅限于观察发生的时点

    C. 对于询问的答复，注册会计师应当通过获取其他证据予以佐证

    D. 分析程序包括调查识别出的、与其他相关信息不一致或与预期数据严重偏离的波动和关系

5. 在既定的审计风险水平下，可接受的检查风险水平与认定层次的重大错报风险评估结果（ ）。

    A. 成正向关系   B. 成反向关系   C. 没有关系   D. 根据具体情况确定

6. 财务报表层次的重大错报风险很可能源于（ ）。

    A. 薄弱的控制环境   B. 控制活动执行不力

    C. 对控制的监督无效   D. 风险评估过程有缺陷

7. 在对财务报表进行分析后，确定资产负债表的重要性水平为 200 万元，利润表的重要性水平为 100 万元，则注册会计师应确定报表层次的重要性水平为（ ）万元。

    A. 200   B. 100   C. 150   D. 300

8. 注册会计师为了了解内部控制的设计和执行，通常实施的风险评估程序有

( ).

    A. 询问被审计单位的人员　　　　　　B. 观察特定控制的运用

    C. 检查文件和报告　　　　　　　　　D. 分析程序

9. 注册会计师设计和实施的进一步审计程序的性质、时间和范围，应当与下列评估的( )层次的重大错报风险具备明确的对应关系。

    A. 财务报表　　　　B. 认定　　　　　　C. 账户余额　　　　D. 交易或事项

10. 下列各项中，与丙企业财务报表层次重大错报风险评估最相关的是( )。

    A. 丙企业应收账款周转率呈明显下降趋势

    B. 丙企业持有大量高价值且易被盗窃的资产

    C. 丙企业生产成本计算过程相当复杂

    D. 丙企业控制环境薄弱

三、多项选择题

1. 审计程序包括的阶段有( )。

    A. 审计准备阶段　B. 审计实施阶段　C. 审计测试阶段　　　　D. 审计结束阶段

2. 下列事项中表明被审计单位很可能存在重大错报风险的有( )。

    A. 在高度波动的市场开展业务

    B. 被审计单位的供应链发生变化

    C. 被审计单位从基础设施行业转做风险投资行业

    D. 经常与控股股东发生交易

3. 下列关于控制测试的提法中，恰当的有( )。

    A. 如果注册会计师预期内部控制的设计能够防止或发现并纠正财务报表认定层次的重大错报且已执行时，应对控制运行的有效性实施测试

    B. 注册会计师应对被审计单位的所有内部控制测试其有效性

    C. 如果被审计单位在所审期间内不同时期使用了不同的控制，注册会计师应当考虑不同时期控制运行的有效性

    D. 注册会计师可以考虑在评价控制设计和获取其得到执行的审计证据的同时测试控制运行的有效性，以提高审计效率

4. 下列各项中，属于审计结束阶段基本工作的是( )。

    A. 审核期后事项　　　　　　　　　　B. 获取管理层声明

    C. 确定重要性水平　　　　　　　　　D. 出具审计报告

5. 在对 J 企业 2017 年度财务报表进行审计时，注册会计师准备实施函证程序。在确定函证对象后，如果 J 企业不同意对某函证对象进行函证，以下方案中，应选取的有( )。

    A. 如果 J 企业的要求合理，则应当实施替代审计程序

    B. 如果 J 企业的要求合理，且无法实施替代审计程序，则应视为审计范围受到限制

    C. 如果 J 企业的要求不合理，可以不实施替代审计程序，并将其视为审计范围受

到限制

D. 如果 J 企业的要求不合理，且无法实施替代审计程序，则应视为审计范围受到限制

6. 下列说法中，不正确的有( )。

A. 注册会计师在执行财务报表审计业务时，无论被审计单位规模大小，都应当对相关的内部控制进行控制测试

B. 注册会计师评估的认定层次的重大错报风险越高，需要实施实质性程序的范围越小

C. 无论选择何种进一步审计程序方案，注册会计师都应当对所有重大的各类交易、账户余额和披露设计实施实质性程序

D. 当针对其他控制获取审计证据的充分性和适当性较低时，测试该控制的范围可适当缩小

7. 注册会计师在对 K 企业 2017 年度会计报表进行审计时，下列不属于分析程序的是( )。

A. 询问赊销审批人员，以了解各购货方的信用情况和应收账款的可收回性

B. 计算本年销售成本占销售收入的比重，并与以前年度比较，判断销售利润的总体合理性

C. 发放调查问卷，向该企业有关人员了解企业的内部控制制度设计及执行情况

D. 获取律师声明书，以确定 K 企业是否存在未决诉讼、未决索赔等可能涉及该企业法律责任的事项

8. 风险评估程序包括( )。

A. 询问被审计单位管理层和内部其他相关人员   B. 分析程序

C. 观察和检查   D. 穿行测试

9. 注册会计师在( )情况下实施控制测试是必要的。

A. 风险评估程序不能识别出重大错报风险时

B. 在评估认定层次重大错报风险时，预期控制的运行是有效的

C. 仅实施实质性程序不足以提供有关认定层次的充分、适当的审计证据

D. 评估的重大错报风险较高

10. 下列与审计风险模型相关的风险概念表述中，正确的有( )。

A. 审计风险模型中重大错报风险是指被审计单位财务报表在审计后存在重大错报的可能性

B. 审计风险模型中的审计风险是指注册会计师可接受的审计风险

C. 审计风险模型中的检查风险与财务报表整体相关

D. 审计风险模型中的各种风险，注册会计师能够控制检查风险从而确保审计风险处在可接受的低水平

四、综合分析题

A 注册会计师对 M 企业关于原料的内部控制制度进行审计，发现 M 企业原材料的购入、验收、贮存、发出等程序如下。

(1) 原料(主要是价值较高的电子元件)存放于加锁的仓库内，库房人员包括一位主管和四名保管人员。生产车间以书面或口头通知的形式从仓库领取材料。

(2) 企业未建立永续盘存制度，因此仓库保管人员未记录原料的发出，而是在每月通过实地盘点存货来倒算本期的发出存货，存货盘点的程序比较完善。

(3) 实地盘点后，仓库主管将盘点数量与预先确定的再订货点进行比较。如果某一原料低于再订货点，主管就将这种原料编号写在请购单上，然后送交采购部门，由采购部门负责进行材料的选购。

(4) 在采购的原料运到企业时，由仓库保管员进行验收、清点，并与送货单上注明的数量、品种、规格进行核对。

【要求】指出 M 企业内部控制制度中存在的缺陷并提出相应的改进建议。

第八章

审计业务循环

知识能力目标

(1) 熟悉各个审计业务循环业务活动;

(2) 了解各个审计业务循环的审计目标和程序;

(3) 能够制定各个审计业务循环的审计目标;

(4) 能够根据制定的审计目标,初步确认审计范围和执行控制测试与实质性程序。

问题提示

(1) 货币资金的主要业务活动有哪些?

(2) 销售与收款循环审计的目标是什么?实质性程序有哪些?

(3) 采购与付款循环审计的目标是什么?实质性程序有哪些?

　　一般而言,财务报表审计有两种组织方式,分别是账户法和循环法。账户法是对报表的每个账户余额单独进行审计,与多数被审计单位账户设置体系及财务报表格式相吻合,具有操作方便的优点,但它将紧密联系的相关账户人为地予以分割,容易造成整个审计工作的脱节和重复,致使审计效率低下;而循环法是指把紧密联系的交易种类和账户余额归入同一循环中,按照循环组织实施审计,更符合被审计单位业务流程和内部控制设计的实际情况,不仅可以加深注册会计师对被审计单位经济业务的理解,而且由于特定业务循环所涉及的财务报表项目分配给一个或数个注册会计师,便于注册会计师的合理分工,能够提高审计工作的效率与效果。

　　在财务报表审计中可将被审计单位的所有交易和账户余额划分为 4 个、5 个、6 个甚至更多个业务循环。由于各被审计单位的业务性质和规模不同,其业务循环的划分也应有所不同。我们将交易和账户余额划分为销售与收款循环、采购与付款循环、生产与存货循环、人力资源与工薪循环、投资与筹资循环,分项目阐述各业务循环的审计。由于货币资金与上述多个业务循环和其他财务报表均密切相关,并且货币资金的业务和内部控制又有着不同于其他业务循环和其他财务报表项目的鲜明特征,所以将货币资金也作为一个独立的审计项目单独安排。

　　在本章中我们将以执行企业会计准则、企业的财务报表审计为例,介绍业务循环的具体内容,以及对各业务循环中重要的财务报表项目的控制测试和对各类交易、账户余额实施的实质性程序。

　　注册会计师在划分业务循环时应注意各业务循环之间有一定联系,比如投资与筹资循环同采购与付款循环(也称支出循环)紧密联系,生产与存货循环则同其他所有业务循环均紧密联系。各业务循环之间的关系如图 8-1 所示。

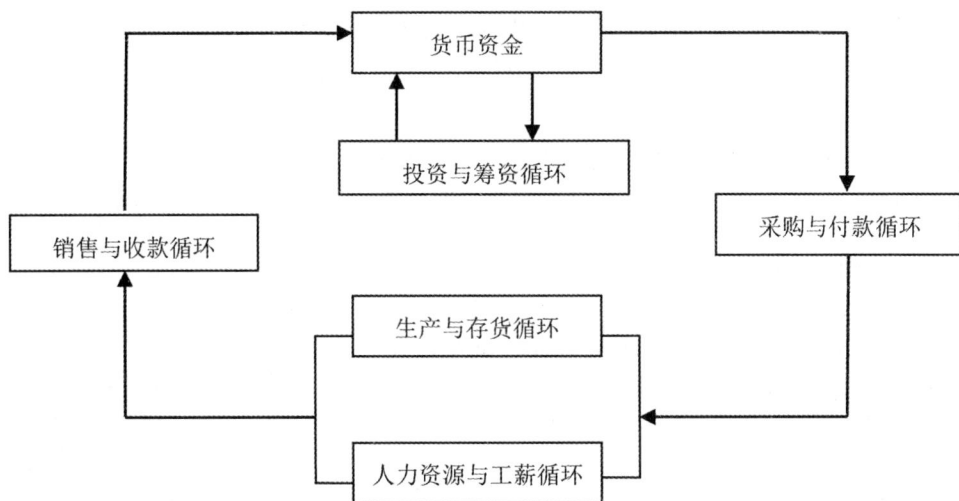

图 8-1　各业务循环之间的关系

第一节　货币资金审计

一、了解货币资金的主要业务活动

货币资金作为一种流通手段，是企业资产中最活跃的部分，为了更好地进行货币资金审计，有必要了解货币资金的循环过程。图 8-2 列示了货币资金同销售与收款循环、投资与筹资循环、生产与存货循环和采购与付款循环的关系。

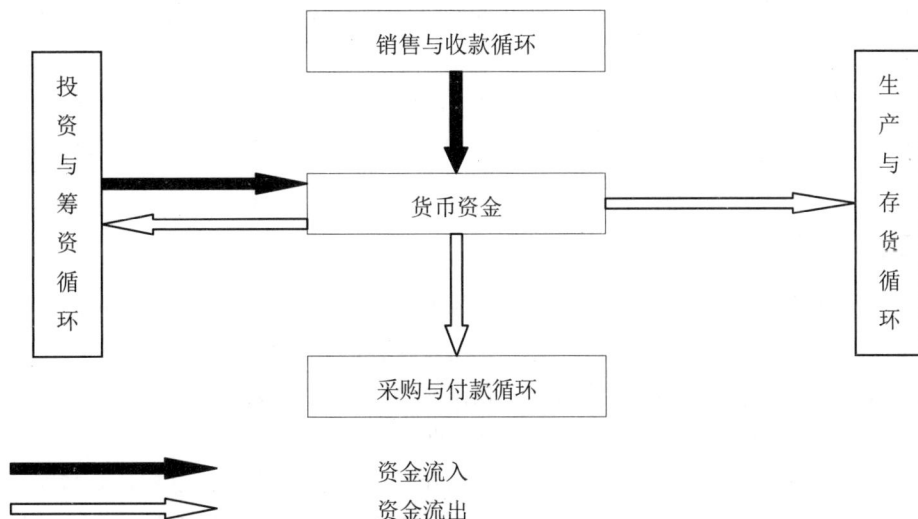

图 8-2　企业货币资金循环

从货币资金与四个循环的关系中，我们可以看出：销售与收款循环中现销或赊销将来取得的货款，是货币资金增加的主要来源；购货与付款循环中预付或应付账款的支付会使货币资金减少；存货与生产循环中购入存货或支付职工工资也会使货币资金减少；投资与筹资循环中借款或发行股票、出售股票、取得股利等使货币资金增加，但购买股票、归还借款和支付利息等又使货币资金减少。

由此可见，货币资金犹如人体的血液，贯穿于企业经济活动的全过程，在流动和周转中实现增值效应。货币资金审计所涉及的报表项目主要有库存现金、银行存款。

二、货币资金的内部控制

尽管由于每个企业的性质、所处行业、规模以及内部控制健全程度等不同，而使其与货币资金相关的内部控制内容有所不同，但以下要求是通常应当共同遵循的。

货币资金的内部控制.mp4

(一)职责分离

(1) 货币资金支付的审批与执行要相互分离。

(2) 货币资金的保管、记录与盘点清查要相互分离。

(3) 货币资金的会计记录与审计监督相互分离。

(4) 出纳员应担负现金收付、银行结算、货币资金的日记账核算及各种有价证券的保管等职责，不得兼任稽核、会计档案保管和收入、支出、费用、债权债务账目的登记。

(二)授权审批控制

(1) 明确审批人对货币资金业务的授权批准方式、权限、程序、责任和相关控制措施，规定经办人办理货币资金业务的职责范围和工作要求。

(2) 审批人应当根据货币资金授权批准制度的规定，在授权范围内进行审批，不得超越审批权限。

(3) 经办人应当在职责范围内，按照审批人的批准意见办理货币资金业务。

(4) 对于审批人超越授权范围审批的货币资金业务，经办人员有权拒绝办理，并及时向审批人的上级授权部门报告。

(三)货币资金的付款程序

(1) 支付申请。单位有关部门或个人用款时，应当提前向审批人提交货币资金支付申请，注明款项的用途、金额、预算、支付方式等内容，并附有效经济合同或相关证明。

(2) 支付审批。审批人根据其职责、权限和相应程序对支付申请进行审批。对不符合规定的货币资金支付申请，审批人应当拒绝批准。

(3) 支付复核。复核人应当对批准后的货币资金支付申请进行复核，复核货币资金支付申请的批准范围、权限、程序是否正确，手续及相关单证是否齐备，金额计算是否准确，支付方式、支付单位是否妥当等。复核无误后，交出纳人员办理支付手续。

(4) 办理支付。出纳人员应当根据复核无误的支付申请，按规定办理货币资金支付手续，及时登记现金和银行存款日记账。

(5) 单位对于重要货币资金支付业务，应当实行集体决策和审批，并建立责任追究制度，防范贪污、侵占、挪用货币资金等行为。

(6) 严禁未经授权的机构或人员办理货币资金业务或直接接触货币资金。

(四)现金和银行存款的管理

(1) 单位应当加强现金库存限额的管理，超过库存限额的现金应及时存入银行。

(2) 单位必须根据《现金管理暂行条例》的规定，结合本单位的实际情况，确定本单位现金的开支范围。不属于现金开支范围的业务应当通过银行办理转账结算。

(3) 单位现金收入应当及时存入银行，不得用于直接支付单位自身的支出。因特殊情况需坐支现金的，应事先报经开户银行审查批准。单位借出款项必须执行严格的授权批准程序，严禁擅自挪用、借出货币资金。

(4) 单位取得的货币资金收入必须及时入账，不得私设"小金库"，不得账外设账，严禁收款不入账。

(5) 单位应当严格按照《支付结算办法》等国家有关规定，加强银行账户的管理，严格按照规定开立账户，办理存款、取款和结算。

(6) 单位应当严格遵守银行结算纪律，不准签发没有资金保证的票据或远期支票，套取银行信用；不准签发、取得和转让没有真实交易和债权债务的票据，套取银行和他人资金；不准无理拒绝付款，任意占用他人资金；不准违反规定开立和使用银行账户。

(7) 单位应当指定专人定期核对银行账户，每月至少核对一次，编制银行存款余额调节表，使银行存款账面余额与银行对账单调节相符。如调节不符，应查明原因，及时处理。

(8) 单位应当定期和不定期地进行现金盘点，确保现金账面余额与实际库存相符。发现不符，及时查明原因，作出处理。

(五)票据及有关印章的管理

(1) 单位应当加强与货币资金相关的票据的管理，明确各种票据的购买、保管、领用、背书转让、注销等环节的职责权限和程序，并专设登记簿进行记录，防止空白票据的遗失和被盗用。

(2) 单位应当加强银行预留印鉴的管理。财务专用章应由专人保管，个人名章必须由本人或其授权人员保管。严禁一人保管支付款项所需的全部印章。

按规定需要有关负责人签字或盖章的经济业务，必须严格履行签字或盖章手续。

课堂实训

【实训操作内容】对货币资金内部控制的了解与评价。

【实训操作要求】掌握货币资金内部控制审计要点。

【实训资料】1. 甲公司的银行预留印鉴、空白支票、支付密码等均由李某一人保管。李某得以私自开出现金支票，任意提取现金，两年间先后作案十几起，共贪污公款 23.4 万元，挪用公款 32 万元。

2. 2016 年 12 月 28 日，甲公司收到当地一家公司交来的购货款 8000 元。当天该公司购入原材料一批，甲公司于是用刚收到的货款 8000 元支付了购入原材料的货款。

【实训要求】指出甲公司货币资金内部控制中存在的问题，并提出处理意见。

(六)监督检查

(1) 单位应当建立对货币资金业务的监督检查制度，明确监督检查机构或人员的职责权限，定期和不定期地进行检查。

(2) 货币资金监督检查的内容主要包括：货币资金业务相关岗位及人员的设置情况。重点检查是否存在货币资金业务不相容职务混岗的现象；货币资金授权批准制度的执行情况。重点检查货币资金支出的授权批准手续是否健全，是否存在越权审批行为；支付款项印章的保管情况。重点检查是否存在办理付款业务所需的全部印章交由一人保管的现象；票据的保管情况。重点检查票据的购买、领用、保管手续是否健全，票据保管是否存在漏洞。

(3) 对监督检查过程中发现的货币资金内部控制中的薄弱环节，应当及时采取措施，加以纠正和完善。

三、识别和了解相关控制

注册会计师可以通过检查被审计单位有关规章制度等重要文件、观察有关业务活动和内部控制的运行情况、询问有关人员、穿行测试等方法来了解被审计单位货币资金交易流程，确定被审计单位薄弱环节，识别、评估货币资金风险。为确定可能发生的错报环节奠定基础。

四、确定可能发生错报的环节

注册会计师需要确认和了解货币资金的错报在什么环节发生，即确定被审计单位应在哪些环节设置控制，以防止或发现并纠正可能发生的错报。部分在货币资金上可能发生错报的环节，如表 8-1 所示。

表 8-1　部分货币资金的可能错报环节

可能的错报	关键控制点
现金收入不入账，设置账外资金	通过观察、检查和询问是否有小金库
存入的款项来源不合法，如出租账户	抽取并检查收款凭证
挪用、贪污(截留或开假发票)	检查发票或收据的真实性和是否连续编号
以现金支付的回扣或好处费	抽取并检查付款凭证，检查是否授权审批
坐支	观察出纳工作，并检查相关凭证
非法挪用资金，白条抵库，长、短款	检查相关凭证是否真实并经过授权

五、穿行测试

注册会计师应当选择一笔或几笔收款与付款交易进行穿行测试，以证实对交易流程和相关控制的了解是否正确和完整。例如针对货币资金支付业务，追踪从支付申请、审批、复核到办理支付，生成记账凭证，再到过账至库存现金、银行存款日记账和总账的整个交易流程，并确定相关控制是否得到执行。

六、初步评价和风险评估

注册会计师通过了解货币资金的内部控制，对相关控制的设计和是否得到执行进行评价，同时结合对被审计单位其他方面的了解，评估重大错报风险，以确定进一步审计程序的性质、时间和范围。如果了解到相关内部控制不存在或不值得信赖，注册会计师可考虑执行实质性程序，而不进行控制测试。

七、库存现金审计目标与实质性程序

库存现金包括企业的人民币和外币。现金是企业资产中流动性最强的一种资产。尽管其在企业资产总额中比重不大，但企业发生舞弊事件大都与现金有关，因此，注册会计师应该重视库存现金的审计。

(一)库存现金(审计)的实质性程序(见表 8-2)

库存现金审计的实质性程序.mp4

表 8-2　库存现金(审计)的实质性程序

被审计单位：	索引号：
项目：	财务报表截止日/期间：
编制：	复核：
日期：	日期：

一、审计目标：

二、审计程序：

序号	内　　容	执行情况说明	索引号
1			
2			
3			
...			

三、调整事项说明及调整分录：(注：分录请写到二级科目，并注明底稿索引；如篇幅不够，请另加页附后)

四、余额：			
期初余额		期末余额	
上年审定数(未审数)	本期审定数	未审定数	本期审定数

五、审计结论：

(二)库存现金审计目标与认定的对应关系(见表 8-3)

表 8-3　库存现金审计目标与认定的对应关系

审计目标	财务报表的认定				
	存在	完整性	权利和义务	计价和分摊	列报
A.确定被审计单位资产负债表的货币资金项目中的库存现金在资产负债表日是否确实存在	√				
B.确定被审计单位在特定期间内发生的现金收支业务是否均记录完毕，有无遗漏		√			
C.确定记录的库存现金是否为被审计单位所拥有或控制			√		
D. 确定库存现金包括在财务报表的货币资金项目中，与之相关的计价调整已恰当记录				√	
E 确定库存现金是否已按照企业会计准则的规定在财务报表中作出恰当列报					√

(三)库存现金审计目标与审计程序的对应关系(见表 8-4)

表 8-4　库存现金审计目标与审计程序的对应关系

审计目标	可供选择的审计程序	索引号
D	1.核对库存现金日记账与总账的金额是否相符，检查非记账本位币库存现金的折算汇率及折算金额是否正确	略
ABDC	2.监盘库存现金	ZA1-1
ABD	3.抽查大额库存现金收支。检查原始凭证是否齐全、记账凭证与原始凭证是否相符、账务处理是否正确、是否记录于恰当的会计期间等项内容	ZA2-6
	4.根据评估的舞弊风险等因素增加的其他审计程序	

八、银行存款的审计目标与实质性程序

银行存款是指企业存放在银行或其他金融机构的各种款项。按照国家有关规定，凡是独立核算的企业都必须在当地银行开设账户。企业在银行开设账户以后，除按核定的限额保留库存现金外，超过限额的现金必须存入银行；除了在规定的范围内可以用现金直接支付的款项外，在经营过程中所发生的一切货币收支业务，都必须通过银行存款账户进行结算。

(一)银行存款(审计)的实质性程序(见表 8-5)

银行存款审计的实质性程序.mp4

表 8-5　银行存款(审计)的实质性程序

被审计单位：＿＿＿＿＿＿＿＿	索引号：＿＿＿＿＿＿＿＿＿＿
项目：＿＿＿＿＿＿＿＿＿＿＿	财务报表截止日/期间：＿＿＿＿
编制：＿＿＿＿＿＿＿＿＿＿＿	复核：＿＿＿＿＿＿＿＿＿＿＿
日期：＿＿＿＿＿＿＿＿＿＿＿	日期：＿＿＿＿＿＿＿＿＿＿＿

一、审计目标：

二、审计程序：

序号	内　　　容	执行情况说明	索引号
1			
2			
3			
...			

三、调整事项说明及调整分录：(注：分录请写到二级科目，并注明底稿索引；如篇幅不够，请另加页附后)

四、余额：

期初余额		期末余额	
上年审定数(未审数)	本期审定数	未审定数	本期审定数

五、审计结论：

(二)银行存款审计目标与认定的对应关系(见表8-6)

表8-6　银行存款审计目标与认定的对应关系

审计目标	财务报表认定				
	存在	完整性	权利和义务	计价和分摊	列报
A. 确定被审计单位资产负债表的货币资金项目中的银行存款在资产负债表日是否确实存在	√				
B. 确定被审计单位在特定期间内发生的银行存款收支业务是否均记录完毕,有无遗漏		√			
C. 确定记录的银行存款是否为被审计单位所拥有或控制			√		
D. 确定银行存款以恰当的金额包括在财务报表的货币资金项目中,与之相关的计价调整已恰当记录				√	
E. 确定银行存款是否已按照企业会计准则的规定在财务报表中作出恰当列报					√

(三)银行存款审计目标与审计程序的对应关系(见表8-7)

表8-7　银行存款审计目标与审计程序的对应关系

审计目标	可供选择的审计程序
D	1. 获取或编制银行存款余额明细表。复核加计是否正确并与总账的余额是否相符
ABD	2. 计算银行存款累计余额应收利息收入,分析比较被审计单位银行存款应收利息收入与实际利息收入的差异是否恰当,评估利息收入的合理性,检查是否存在高息资金拆借,确认银行存款余额是否存在,利息收入是否已经完整记录
AC	3. 检查银行存单。编制银行存单检查表,检查是否与账面记录金额一致,是否被质押或限制使用,存单是否为被审计单位所拥有。 (1)对已质押的定期存款,应检查定期存单,并与相应的合同核对,同时关注定期存单对应的质押借款有无入账; (2)对已质押的定期存款,应检查开户证实书原件; (3) 对审计外勤工作结束日前提取的定期存款,应核对相应的对付凭证、银行对账单行和定期存款复印件
ABD	4. 取得并检查银行存款余额调节表
AC	5. 函证银行存款余额,编制银行函证结果汇总表,检查银行回函
C	6. 检查银行存款账户存款人是否为被审计单位,若存款人非被审计单位,应获取该账户户主和被审计单位的书面声明,确认资产负债表日是否需要调整

审计目标	可供选择的审计程序
CE	7. 关注是否存在质押、冻结等对变现有限制或存在境外的款项。是否已做必要的调整和披露
E	8. 对不符合现金及现金等价物条件的银行存款在审计工作底稿中予以列明，以考虑对现金流量表的影响
ABD	9. 抽查大额银行存款收支的原始凭证，检查原始凭证是否齐全、记账凭证与原始凭证是否相符、账务处理是否正确、是否记录于恰当的会计期间等项内容。检查是否存在非营业目的的大额货币资金转移，并核对相关账户的进账情况；如有与被审计单位生产经营无关的收支事项，应查明原因并作相应的记录
BA	10. 检查银行存款收支的截止是否正确。选取资产负债表日前后____张、____金额以上的凭证实施截止测试，关注业务内容及对应项目，如有跨期收支事项，应考虑是否应进行调整
E	11. 检查银行存款是否在财务报表中作出恰当列报

第二节　销售与收款循环的审计

一、销售与收款循环审计所涉及的重点报表项目

销售与收款循环中涉及的主要资产负债表项目包括应收票据、应收账款、长期应收款、预收账款、应交税费、其他应交款等；涉及利润表项目包括营业收入、营业税金及附加、销售费用等。本节将以营业收入、应收账款为例进行审计目标、实质性程序的介绍。

二、销售与收款循环的控制测试

如果在评估认定层次重大错报风险时预期控制是有效的，注册会计师应当实施控制测试，就控制在相关期间或时点的运行有效性获取充分、适当的审计证据。在审计实务中，控制测试有两种方式可以选择，一是以内部控制目标为起点的控制测试，二是以风险为起点的控制测试。本书选择第一种以内部控制目标为起点的控制测试进行介绍。

(一)销售交易的控制目标、关键内部控制和审计测试一览表(见表 8-8)

表 8-8 销售交易的控制目标、关键内部控制和审计测试一览表

内部控制目标	关键内部控制	常用的控制测试	常用的交易实质性程序
1.登记入账的销售交易确系已经发货给真实的客户(营业收入/发生,应收账款/存在)	(1)销售交易是以经过审核的发运凭证及经过批准的客户订购单为依据登记入账的 (2)在发货前,客户的赊购已经被授权批准 (3)每月向客户寄送对账单,对客户提出的意见作专门追查	(1)检查销售发票副联是否附有发运凭证(或提货单)及销售单(或客户订购单) (2)检查客户的赊购是否经授权批准 (3)观察是否寄发对账单,并检查客户回函档案	(1)复核主营业务收入总账、明细账以及应收账款明细账中的大额或异常项目 (2)追查主营业务收入明细账中的分录至销售单、销售发票副联及发运凭证 (3)将发运凭证与存货永续记录中的发运分录进行核对
2.所有销售交易均已登记入账(营业收入/完整性,应收账款/完整性)	(1)发运凭证(或提货单)均经事先编号并经登记入账 (2)销售发票均经事先编号,并已登记入账	(1)检查发运凭证连续编号的完整性 (2)检查销售发票连续编号的完整性	将发运凭证与相关的销售发票和主营业务收入明细账及应收账款明细账中的分录进行核对
3.登记入账的销售数量确系已发货的数量,已正确开具账单并登记入账(营业收入/准确性,应收账款/计价和分摊)	(1)销售发票有经批准的装运凭证和客户订购单支持,将装运数量与开具账单的数量相比对 (2)从价格清单主文档获取销售单价	(1)检查销售发票有无支持凭证 (2)检查比对留下的证据 (3)检查价格清单的准确性及是否经恰当批准	(1)复算销售发票上的数据 (2)追查主营业务收入明细账中的分录至销售发票 (3)追查销售发票上的详细信息至发运凭证、经批准的商品价目表和客户订购单
4.销售交易的分类恰当(营业收入/分类)	(1)采用适当的会计科目表 (2)内部复核和核查	(1)检查会计科目表是否适当 (2)检查有关凭证上内部复核和核查的标记	检查证明销售交易分类正确的原始证据
5.销售交易的记录及时(营业收入/截止)	(1)采用尽量能在销售发生时开具收款账单和登记入账的控制方法 (2)每月末由独立人员对销售部门的销售记录、发运部门的发运记录和财务部门的销售交易入账情况作内部核查	(1)检查尚未开具收款账单的发货和尚未登记入账的销售交易 (2)检查有关凭证上内部核查的标记	比较核对销售交易登记入账的日期与发运凭证的日期
6.销售交易已经正确地记入明细账,并经正确汇总(营业收入/准确性,应收账款/计价和分摊)	(1)每月定期给客户寄送对账单 (2)由独立人员对应收账款明细账作内部核查 (3)将应收明细账余额合计数与其总账余额进行比较	(1)观察对账单是否已经寄出 (2)检查内部核查标记 (3)检查将应收账款明细账余额合计数与其总账余额进行比较的标记	将主营业务收入明细账加总,追查其至总账的过账

【课堂技能训练 8-1】

以下控制活动中能够控制营业收入"发生"认定错报风险的是( )。

A. 每月末由独立人员对销售部门的销售记录、发运部门的发运记录和财务部门的销售交易入账情况作内部核查,以确认销售交易是否及时入账

B. 销售发票均经事先编号,并已登记入账

C. 销售价格、付款条件、运费和销售折扣的确定已经适当的授权批准

D. 销售交易是以经过审核的发运凭证及经过批准的客户订购单为依据登记入账的

(二)收款交易的控制目标、关键内部控制和审计测试一览表(见表 8-9)

表 8-9 收款交易的控制目标、关键内部控制和审计测试一览表

内部控制目标	关键内部控制	常用的控制测试	常用的交易实质性程序
登记入账的现金收入确实为企业已经实际收到的现金(存在或发生)	(1)现金折扣必须经过适当的审批手续 (2)定期盘点现金并与账面余额核对	(1)观察 (2)检查是否定期盘点,检查盘点记录 (3)检查现金记录是否经过恰当的审批	(1)盘点库存现金,如与账面数额存在差异,分析差异原因 (2)检查现金收入的日记账,总账和应收账款明细账的大额项目与异常项目
收到的现金收入全部登记入账(完整性)	(1)现金出纳与现金记账的职务分离 (2)每日及时记录现金收入 (3)定期盘点现金并与账面余额核对 (4)定期向客户寄送对账单 (5)现金收入记录的内部复核	(1)观察 (2)检查是否存在未入账的现金收入 (3)检查是否定期盘点,检查盘点记录 (4)检查是否向客户寄送对账单,了解是否定期进行 (5)检查复核标记	(1)现金收入的截止测试 (2)盘点库存现金,如与账面数额存在差异,分析差异原因 (3)抽查客户对账单与账面金额核对
存入银行并记录的现金收入确系实际收到的金额(准确性)	(1)定期取得银行对账单 (2)编制银行存款余额调节表 (3)定期与客户对账	(1)检查银行对账单 (2)检查银行存款余额调节表 (3)观察是否每月寄送对账单	检查调节表中未达账项的真实性以及资产负债表日后的进账情况
现金收入在资产负债表中的披露正确(列报)	现金日记账与总账的登记职责分离	观察	

三、营业收入的审计目标与实质性程序

注册会计师在审计中根据被审计单位销售与收款业务循环的不同特点和情况，现以工作底稿的形式，根据审计实务的要求，将营业收入实质性程序及与审计目标的关系进行列示。

营业收入审计的实质性程序.mp4

(一)营业收入(审计)的实质性程序(见表 8-10)

表 8-10　营业收入(审计)的实质性程序

被审计单位：＿＿＿＿＿＿＿	索引号：＿＿＿＿＿＿＿
项目：＿＿＿＿＿＿＿	财务报表截止日/期间：＿＿＿＿＿
编制：＿＿＿＿＿＿＿	复核：＿＿＿＿＿＿＿
日期：＿＿＿＿＿＿＿	日期：＿＿＿＿＿＿＿

一、审计目标：

二、审计程序：

序号	内　　容	执行情况说明	索引号
1			
2			
3			
...			

三、调整事项说明及调整分录：(注：分录请写到二级科目，并注明底稿索引；如篇幅不够，请另加页附后)

四、余额：

期初余额		期末余额	
上年审定数(未审数)	本期审定数	未审定数	本期审定数

五、审计结论：

(二)营业收入审计目标与认定的对应关系表(见表 8-11)

表 8-11　营业收入审计目标与认定的对应关系表

审计目标	财务报表认定					
	发生	完整性	准确性	截止	分类	列报
A.利润表中记录的营业收入已发生，且与被审计单位有关	√					
B.所有应当记录的营业收入均已记录		√				
C.与营业收入有关的金额及其他数据已恰当记录			√			
D.营业收入已记录于恰当的会计期间				√		
E.营业收入已记录于恰当的账户					√	
F.营业收入已按照企业会计准则的规定在财务报表中作出恰当的列报						√

(三)营业收入具体审计目标与财务报表相关认定的实质性程序(见表 8-12)

表 8-12　营业收入审计目标与审计程序的对应关系

审计目标	可供选择的实质性程序(仅以主营业务收入为例说明)
C	1.获取或编制主营业务收入明细表
AC/BC	2.主营业务收入的实质性分析程序(在以下说明细节)
ACD/BCD	3.检查营业收入的确认条件、方法是否符合企业会计准则，前后期是否一致；关注周期性、偶然的收入是否符合既定收入确认原则、方法
C	4.获取产品价格目录，抽查售价是否符合价格政策，并注意销售给关联方或关系密切的重要客户的产品价格是否合理，有无以低价或高价结算的方法，相互之间有无转移利润的现象
ACD/BCD	5.抽取本期一定数量的发运凭证，审查出库日期、品名、数量等是否与发票、销售合同、记账凭证等一致
ACD	6.抽取本期一定数量的记账凭证，审查入账日期、品名、数量、单价、金额等是否与发票、发货单、销售合同等一致
AC	7.结合对应收账款的审计，选择主要客户函证本期销售额
A	8.对于出口销售，应当将销售记录与出口报关单、货运提单、销售发票等出口销售单据进行核对，必要时向海关函证

续表

审计目标	可供选择的实质性程序(仅以主营业务收入为例说明)
D	9.销售的截止测试(在以下说明细节)
A	10.存在销货退回的,检查手续是否符合规定,结合原始销售凭证检查其会计处理是否正确。结合存货项目审计关注其真实性
C	11.销售折扣与折让
ACDE/BCDE	12.检查有无特殊的销售行为,如委托代销、分期收款销售、商品需要安装和检验的销售、附有退回条件的销售、售后租回、售后回购、以旧换新、出口销售等,选择恰当的审计程序进行审核
AC	13.调查向关联方销售的情况,记录其交易品种、价格、数量、金额和比例,并记录占总销售收入的比例。对于合并范围内的销售活动,记录应予合并抵销的金额
AC	14.调查集团内部销售的情况,记录其交易价格、数量和金额,并追查在编制合并财务报表时是否已予以抵销
F	15.确定主营业务收入列报是否恰当

四、应收账款的审计目标与实质性程序

注册会计师在审计中根据被审计单位销售与收款业务循环的不同特点和情况,现以工作底稿的形式,根据审计实务的要求,将应收账款实质性程序及与审计目标的关系进行列示。

应收账款审计的实质性程序.mp4

(一)应收账款(审计)的实质性程序(见表 8-13)

表 8-13　应收账款(审计)的实质性程序

被审计单位:＿＿＿＿＿＿	索引号:＿＿＿＿＿＿
项目:＿＿＿＿＿＿	财务报表截止日/期间:＿＿＿＿＿
编制:＿＿＿＿＿＿	复核:＿＿＿＿＿＿
日期:＿＿＿＿＿＿	日期:＿＿＿＿＿＿

一、审计目标:

二、审计程序:

序号	内　　容	执行情况说明	索引号
1			
2			

续表

3			
...			

三、调整事项说明及调整分录：(注：分录请写到二级科目，并注明底稿索引；如篇幅不够，请另加页附后)

四、余额：

期初余额		期末余额	
上年审定数(未审数)	本期审定数	未审定数	本期审定数

五、审计结论：

(二)应收账款审计目标与认定的对应关系(见表 8-14)

表 8-14　应收账款审计目标与认定的对应关系

审计目标	财务报表的认定				
	存在	完整性	权利和义务	计价和分摊	列报
A. 资产负债表中记录的应收账款是存在的	√				
B. 所有应当记录的应收账款均已记录		√			
C. 记录的应收账款由被审计单位拥有或控制			√		
D. 应收账款以恰当的金额包括在财务报表中，与之相关的计价调整已恰当记录				√	
E. 应收账款已按照企业会计准则的规定在财务报表中作出恰当列报					√

(三)应收账款审计目标与审计程序的对应关系(见表 8-15)

表 8-15　应收账款审计目标与审计程序的对应关系

审计目标	可供选择的审计程序
D	1. 获取或编制应收账款明细表 ①复核加总是否正确，并与总账数和明细账合计数核对是否相符；结合坏账准备科目与报表数核对是否相符；②检查非记账本位币应收账款的折算汇率及折算是否正确；③分析有贷方余额的项目，查明原因，必要时，重作分类调整；④结合其他应收款、预收账款等往来项目的明细余额，调查有无同一客户多处挂账、异常余额或与销售无关的其他款项(例如，代销账户、关联方账户或雇员账户)。如有，应作出记录，必要时作调整；⑤标识重要的欠款单位，计算其欠款合计数占应收账款余额的比例

审计目标	可供选择的审计程序
ABD	2. 检查涉及应收账款的相关财务指标 ①复核应收账款借方累计发生额与主营业务收入是否配比，并将当期应收账款借方发生额占销售收入净额的百分比与管理层考核指标比较，如存在差异应查明原因；②计算应收账款周转率、应收账款周转天数等指标，并与被审计单位以前年度指标、同行业同期相关指标对比分析，检查是否存在重大异常
D	3. 获取或编制应收账款账龄分析表 ①测试计算的准确性；②将加总数与应收账款总分类账余额相比较，并调查重大调节项目；③检查原始凭证，如销售发票、运输记录等，测试账龄核算的准确性；④请被审计单位协助，在应收账款明细表上标出至审计时已收回的应收账款金额，对已收回金额较大的款项进行常规检查，如核对收款凭证、银行对账单、销货发票等，并注意凭证发生日期的合理性，分析收款时间是否与合同相关要素一致
ACD	4. 对应收账款进行函证 ①选取函证项目。②对函证实施过程进行控制：核对询证函是否由注册会计师直接收发；被询证者以传真、电子邮件等方式回函的，应要求被询证者寄回询证函原件；如果未能收到积极式函证回函，应当考虑与被询证者联系，要求对方作出回应或再次寄发询证函。③编制"应收账款函证结果汇总表"，对函证结果进行评价。核对回函内容与被审计单位账面记录是否一致，如不一致，分析不符事项的原因，检查销售合同、发运单等相关原始单据，分析被审计单位对于回函与账面记录之间差异的解释是否合理，编制"应收账款函证结果调节表"，并检查支持性凭证；如果不符事项构成错报，应重新考虑所实施审计程序的性质、时间和范围。④针对最终未回函的账户实施替代审计程序(如实施期后收款测试，检查运输记录、销售合同等相关原始资料及询问被审计单位有关部门等)
A	5. 确定已收回的应收账款金额
A	6. 对未函证应收账款实施替代审计程序。抽查有关原始凭据，如销售合同、销售订单、销售发票副本、发运凭证及回款单据等，以验证与其相关的应收账款的真实性
D	7. 评价坏账准备计提的适当性(请重点掌握) ①取得或编制坏账准备计算表，复核加总是否正确，与坏账准备总账数、明细账合计数核对是否相符。将应收账款坏账准备本期计提数与资产减值损失相应明细项目的发生额核对，是否相符。②检查应收账款坏账准备计提和核销的批准程序，取得书面报告等证明文件。评价计提坏账准备所依据的资料、假设及方法。复核应收账款坏账准备是否按经股东(大)会或董事会批准的既定方法和比例提取，其计算和会计处理是否正确。③根据账龄分析表中，选取金额大于__的账户，逾期超过__天账户，以及认为必要的其他账户(如有收款问题记录的账户，收款问题行业集中的账户)。复核并测试所选取账户期后收款情况。针对所选取的账户，与授信部门经理或其他负责人员讨论其可收回性，并复核往来函件或其他相关信息，以支持被审计单位就此作出的声明。针对坏账准备计提不足情况进行调整

续表

审计目标	可供选择的审计程序
A	8. 抽查有无不属于结算业务的债权 抽查应收账款明细账，并追查至有关原始凭证，查证被审计单位有无不属于结算业务的债权。如有，应建议被审计单位作适当调整
A	9. 通过检查自资产负债表日至__日止被审计单位授予欠款单位的、金额大于__的减免应收账款凭证以测试其准确性。检查资产负债表日前后销售退回和赊销水平，确定是否存在异常迹象(如与正常水平相比)，并考虑是否有必要追加审计程序
A	10. 复核应收账款和相关总分类账、明细分类账和现金日记账，调查异常项目 对大额或异常及关联方应收账款，即使回函相符，仍应抽查其原始凭证
A	11. 检查应收账款减少有无异常
D	12. 检查应收账款中是否存在债务人破产或者死亡，以其破产财产或者遗产清偿后仍无法收回，或者债务人长期未履行偿债义务的情况，如果有，应提请被审计单位处理
ABCD	13. 标明应收关联方[包括持股 5%以上(含 5%)股东]的款项，执行关联方及其交易审计程序，并注明合并报表时应予抵销的金额；对关联企业、有密切关系的主要客户的交易事项作专门核查 ①了解交易事项目的、价格和条件，作比较分析；②检查销售合同、销售发票、货运单证等相关文件资料；③检查收款凭证等货款结算单据；④向关联方、有密切关系的主要客户或其他注册会计师函询，以确认交易的真实性、合理性
C	14. 检查银行存款和银行贷款等询证函的回函、会议纪要、借款协议和其他文件，确定应收账款是否已被质押或出售
ABCD	15. 根据评估的舞弊风险等因素增加的审计程序
E	16. 检查应收账款是否已按照企业会计准则的规定在财务报表中作出恰当列报

✎ **【课堂技能训练 8-2】**

如果需要针对甲公司 2016 年销售交易真实性获取审计证据，下列实质性程序最相关的是(   )。

A. 复算销售发票上的数据

B. 追查销售发票上的详细信息至发运凭证、经批准的商品价目表和顾客订购单

C. 将发运凭证与相关的销售发票和营业收入明细账以及应收账款明细账中的分录进行核对

D. 追查营业收入明细账中的会计分录至销售单、销售发票副联及发运凭证

第三节　采购与付款循环的审计

采购与付款循环中涉及的主要资产负债表项目有预付账款、固定资产、在建工程、工程物资、固定资产清理、无形资产、开发支出、商誉、长期待摊费用、应付票据、应付账

款、长期应付款等；利润表项目有管理费用。本节以应付账款和固定资产为例进行审计目标、实质性程序的介绍。

一、采购与付款循环的控制测试

采购交易的控制目标、内部控制和测试及实质性程序一览如表 8-16 所示。

表 8-16　采购交易的控制目标、内部控制和控制测试及实质性程序一览

内部控制目标	关键内部控制	常用的控制测试	常用的交易实质性程序
1.所记录的采购都已收到商品或已接受劳务(存在)	(1)请购单、订购单、验收单和卖方发票一应俱全，并附在付款凭单后 (2)采购经适当级别批准 (3)注销凭证以防止重复使用 (4)对卖方发票、验收单、订购单和请购单作内部核查	(1)查验付款凭单后是否附有单据 (2)检查批准采购的标记 (3)检查注销凭证的标记 (4)检查内部核查的标记	(1)复核采购明细账、总账及应付账款明细账，注意是否有大额或不正常的金额 (2)检查卖方发票、验收单、订购单和请购单的合理性和真实性 (3)追查存货的采购至存货永续盘存记录 (4)检查取得的固定资产
2.已发生的采购交易均已记录(完整性)	(1)订购单均经事先编号并已登记入账 (2)验收单均经事先编号并已登记入账 (3)应付凭单均经事先编号并已登记入账	(1)检查订购单连续编号的完整性 (2)检查验收单连续编号的完整性 (3)检查应付凭单连续编号的完整性	(1)从验收单追查至采购明细账 (2)从卖方发票追查至采购明细账
3.所记录的采购交易估价正确(准确性、计价和分摊)	(1)对计算准确性进行内部核查 (2)采购价格和折扣的批准	(1)检查内部核查的标记 (2)检查批准采购价格和折扣的标记	(1)将采购明细账中记录的交易同卖方发票、验收单和其他证明文件比较 (2)复算包括折扣和运费在内的卖方发票填写的准确性
4.采购业务的分类正确(分类)	(1)采用适当的会计科目表 (2)分类的内部核查	(1)检查工作手册和会计科目表 (2)检查有关凭证上内部核查的标记	参照卖方发票，比较会计科目表上的分类
5.采购交易按正确的日期记录(截止)	(1)要求收到商品或接受劳务后及时记录采购交易 (2)内部核查	(1)检查工作手册并观察有无未记录的卖方发票存在 (2)检查内部核查的标记	将验收单和卖方发票上的日期与采购明细账中的日期进行比较

续表

内部控制目标	关键内部控制	常用的控制测试	常用的交易实质性程序
6.采购交易被正确记入应付账款和存货等明细账中，并正确汇总(准确性、计价和分摊)	应付账款明细账内容的内部核查	检查内部核查的标记	通过加总采购明细账，追查过入采购总账和应付账款、存货期细账的数额是否正确，用于测试过账和汇总的正确性

二、应付账款的审计目标与实质性程序

应付账款是企业在正常经营过程中，因购买材料、商品和接受劳务供应等经营活动而应付给供应商的款项。可见，应付账款是随着企业赊购交易的发生而发生的，注册会计师应结合赊购交易进行应付账款的审计。为了便于对应付账款审计工作过程和内容的理解、掌握和实务操作，现以工作底稿的形式，根据审计实务的要求将应付账款实质性程序及与审计目标的关系进行列示。"应付账款实质性程序"工作底稿见表8-16。

(一)应付账款(审计)的实质性程序(见表8-17)

表8-17　应付账款(审计)的实质性程序

被审计单位：＿＿＿＿＿＿　　索引号：＿＿＿＿＿＿

项目：＿＿＿＿＿＿　　财务报表截止日/期间：＿＿＿＿＿＿

编制：＿＿＿＿＿＿　　复核：＿＿＿＿＿＿

日期：＿＿＿＿＿＿　　日期：＿＿＿＿＿＿

一、审计目标：

二、审计程序：

序号	内　　容	执行情况说明	索引号
1			
2			
3			
...			

三、调整事项说明及调整分录：(注：分录请写到二级科目，并注明底稿索引；如篇幅不够，请另加页附后)

续表

四、余额：			
期初余额		期末余额	
上年审定数(未审数)	本期审定数	未审定数	本期审定数
五、审计结论：			

(二)应付账款审计目标与认定的对应关系(见表 8-18)

表 8-18　应付账款审计目标与认定的对应关系

审计目标	财务报表认定				
	存在	完整性	权利和义务	计价和分摊	列报
A. 资产负债表中记录的应付账款是存在的	√				
B. 所有应当记录的应付账款均已记录		√			
C. 资产负债表中记录的应付账款是被审计单位应当履行的现实义务			√		
D. 应付账款以恰当的金额包括在财务报表中，与之相关的计价调整已恰当记录				√	
E. 应付账款已按照企业会计准则的规定在财务报表中做出恰当的列报					√

(三)应付账款审计目标与审计程序的对应关系(见表 8-19)

表 8-19　应付账款审计目标与审计程序的对应关系

审计目标	可供选择的审计程序
D	1. 获取或编制应付账款明细表
BD	2. 对应付账款执行实质性分析程序
AC	3. 函证应付账款或替代审计程序。
BD	4. 检查应付账款是否计入了正确的会计期间，是否存在未入账的应付账款
AE	5. 针对已偿付的应付账款，追查至银行对账单、银行付款单据和其他原始凭证，检查其是否在资产负债表日前真实偿付
AE	6. 针对已偿付的应付账款，追查至银行对账单、银行付款单据和其他原始凭证，检查其是否在资产负债表日前真实偿付
AB	7. 针对异常或大额交易及重大调整事项(如大额的购货折扣或退回，会计处理异常的交易，未经授权的交易，或缺乏支持性凭证的交易等)，检查相关原始凭证和会计记录，以分析交易的真实性、合理性

续表

审计目标	可供选择的审计程序
D	8. 检查带有现金折扣的应付账款是否按发票上记载的全部应付金额入账，在实际获得现金折扣时再冲减财务费用
ABCD	9. 被审计单位与债权人进行债务重组的，检查不同债务重组方式下的会计处理是否正确
ABCD	10. 标明应付关联方[包括持 5%以上(含 5%)表决权股份的股东]的款项，执行关联方及其交易审计程序，并注明合并报表时应予抵销的金额
E	11. 检查应付账款是否已按照企业会计准则的规定在财务报表中做出恰当列报

注：表中的审计程序是在应付账款进行实质性程序时可选择的程序，并非对每一个被审计单位必须全部采用，在审计实务中应根据被审计单位的具体情况选择所采取的审计程序。需要强调的是，应付账款审计的重点与应收账款不同，应付账款审计重点是完整性和舞弊审计，即是否存在未入账和入账时间不正确的应付账款，以及应付账款核算内容不规范，如利用应付账款隐瞒收入，或通过应付账款掩盖财务人员的不法行为等。

三、固定资产的审计目标与实质性程序

(一)固定资产(审计)的实质性程序(见表 8-20)

固定资产审计的实质性程序.mp4

表 8-20　固定资产(审计)的实质性程序

被审计单位：_____	索引号：_____
项目：_____	财务报表截止日/期间：_____
编制：_____	复核：_____
日期：_____	日期：_____

一、审计目标：

二、审计程序：

序号	内　　容	执行情况说明	索引号
1			
2			
3			
...			

三、调整事项说明及调整分录：(注：分录请写到二级科目，并注明底稿索引；如篇幅不够，请另加页附后)

续表

四、余额:			
期初余额		期末余额	
上年审定数(未审数)	本期审定数	未审定数	本期审定数

五、审计结论:

(二)固定资产审计目标与认定的对应关系(见表 8-21)

表 8-21　固定资产审计目标与认定的对应关系

审计目标	财务报表认定				
	存在	完整性	权利和义务	计价和分摊	列报和披露
A.资产负债表中记录的固定资产是存在的	√				
B.所有应记录的固定资产均已记录		√			
C.记录的固定资产由被审计单位拥有或控制			√		
D.固定资产以恰当的金额包括在财务报表中，与之相关的计价或分摊已恰当记录				√	
E.固定资产已按照企业会计准则的规定在财务报表中作出恰当列报					√

(三)固定资产审计目标与审计程序的对应关系(见表 8-22)

表 8-22　固定资产审计目标与审计程序的对应关系

审计目标	可供选择的实质性程序
D	1. 获取或编制固定资产明细表，复核加总是否正确，并与总账数和明细账合计数核对是否相符，结合累计折旧和固定资产减值准备与报表数核对是否相符
ABD	2. 实质性分析程序 (在以下说明细节)
A	3. 实地检查重要固定资产 (在以下说明细节)
C	4. 检查固定资产的所有权或控制权 (在以下说明细节)
ABDC	5. 检查本期固定资产的增加
ABD	6. 检查本期固定资产的减少
AB	7. 检查固定资产的后续支出

续表

审计目标	可供选择的实质性程序
ABDC	8. 检查固定资产的租赁
D	9. 获取暂时闲置固定资产的相关证明文件，并观察其实际状况，检查是否已按规定计提折旧，相关的会计处理是否正确
D	10. 获取已提足折旧仍继续使用固定资产的相关证明文件，并作相应记录
A	11. 获取持有待售固定资产的相关证明文件，并作相应记录，检查对其预计净残值调整是否正确、会计处理是否正确
B	12. 检查固定资产保险情况，复核保险范围是否足够
ABD	13. 检查有无与关联方的固定资产购售活动，是否经适当授权，交易价格是否公允。对于合并范围内的购售活动，记录应予合并抵销的金额
D	14. 对应计入固定资产价值的借款费用，应根据企业会计准则的规定，结合长短期借款、应付债券或长期应付款的审计，检查借款费用资本化的计算方法和资本化金额，以及会计处理是否正确
DE	15. 检查购置固定资产时是否存在与资本性支出有关的财务承诺
CE	16. 检查固定资产的抵押、担保情况。结合对银行借款等的检查，了解固定资产是否存在重大的抵押、担保情况。如存在，应取证，并作相应的记录，同时提请被审计单位作恰当披露
D	17. 检查累计折旧
D	18. 检查固定资产的减值准备
E	19. 检查固定资产是否已按照企业会计准则的规定在财务报表中作出恰当列报

【课堂技能训练 8-3】

如果需要针对甲公司 2016 年应付账款存在认定获取审计证据，下列实质性程序最相关的是(　　)。

A. 以应付账款明细账为起点，追查至采购相关的原始凭证，如采购订单、卖方发票和入库单等

B. 检查采购订单文件以确定是否预先连续编号

C. 从采购订单、卖方发票和入库单等原始凭证，追查至应付账款明细账

D. 向采购供应商函证零余额的应付账款

【课堂技能训练 8-4】

在设计应对固定资产的错报风险的以下实质性程序获取的审计证据中，与固定资产存在认定最相关的是(　　)。

A. 观察经营活动，并将固定资产本期余额与上期余额进行分析比较

B. 询问被审计单位的管理层和生产部门固定资产闲置情况

C. 以固定资产实物为起点，追查至固定资产明细账和相关凭证

D. 以固定资产明细账为起点，追查至固定资产实物和相关凭证

第四节 生产与存货循环的审计

生产与存货循环涉及的主要资产负债表项目主要是存货(包括材料采购和在途物资、原材料、材料成本差异、库存商品、发出商品、商品进销差价、委托加工物资、委托代销商品、受托代销商品、周转材料、生产成本、制造费用、劳务成本、存货跌价准备、受托代销商品款等、包装物、低值易耗品、自制半成品);利润表项目主要是营业成本。本节以存货、营业成本为例进行介绍。

一、生产与存货循环的控制测试

成本会计制度的内部控制目标、关键的内部控制、常用的控制测试及常用的交易实质性程序,如表8-23所示。

表8-23 成本会计制度的控制目标、内部控制及测试一览表

内部控制目标	关键的内部控制	常用的控制测试	常用的交易实质性程序
1.生产业务是根据管理层一般或特定的授权进行的(发生)	对以下三个关键点应履行恰当手续,经过特别审批或一般审批:①生产指令的授权批准;②领料单的授权批准;③工薪的授权批准	检查在凭证中是否包括这三个关键点恰当审批	检查生产指令、领料单、工薪等是否经过授权
2.记录的成本为实际发生的而非虚构的(发生)	成本的核算是以经过审核的生产通知单、领发料凭证、产量和工时记录、工薪费用分配表、材料费用分配表、制造费用分配表为依据的	检查有关成本的记账凭证是否附有生产通知单、领发料凭证、产量和工时记录、工薪费用分配表、材料费用分配表、制造费用分配表等,原始凭证的顺序编号是否完整	①对成本实施分析程序;②将成本明细账与生产通知单、领发料凭证、产量和工时记录、工薪费用分配表、材料费用分配表、制造费用分配表相核对
3.所有耗费和物化劳动均已反映在成本中(完整性)	生产通知单、领发料凭证、产量和工时记录、工薪费用分配表、材料费用分配表、制造费用分配表均事先编号并已经登记入账	检查生产通知单、领发料凭证、产量和工时记录、工薪费用分配表、材料费用分配表、制造费用分配表的顺序编号是否完整	①对成本实施分析程序;②将生产通知单、领发料凭证、产量和工时记录、工薪费用分配表、材料费用分配表、制造费用分配表与成本明细账相核对

续表

内部控制目标	关键的内部控制	常用的控制测试	常用的交易实质性程序
4．成本以正确的金额，在恰当的会计期间及时记录于适当的账户(发生、完整性、准确性、计价和分摊)	①采用适当的成本核算方法，并且前后各期一致；②采用适当的费用分配方法并且前后各期一致；③采用适当的成本核算流程和账务处理流程；内部核查	选取样本测试各种费用的归集和分配以及成本的计算；测试是否按照规定的成本核算流程和账务处理流程进行核算和账务处理	①对成本实施分析程序；②抽查成本计算单，检查各种费用的归集和分配以及成本的计算是否正确；③对重大在产品项目进行计价测试
5．对存货实施保护措施，保管人员与记录、批准人员相互独立(完整性)	存货保管人员与记录人员职务相分离	询问和观察存货与记录的接触以及相应的批准程序	
6．账面存货与实际存货定期核对相符(存在、完整性、计价和分摊)	定期进行存货盘点	询问和观察存货盘点程序	对存货实施监盘程序

二、存货审计目标与实质性程序

(一)存货(审计)的实质性程序(见表 8-24)

存货审计的实质性程序.mp4

表 8-24　存货(审计)的实质性程序

被审计单位：＿＿＿＿＿＿＿	索引号：＿＿＿＿＿＿＿
项目：＿＿＿＿＿＿＿	财务报表截止日/期间：＿＿＿＿＿
编制：＿＿＿＿＿＿＿	复核：＿＿＿＿＿＿＿
日期：＿＿＿＿＿＿＿	日期：＿＿＿＿＿＿＿

一、审计目标：

二、审计程序：

序号	内　　容	执行情况说明	索引号
1			
2			

续表

3			
...			

三、调整事项说明及调整分录:(注:分录请写到二级科目,并注明底稿索引;如篇幅不够,请另加页附后)

四、余额:

期初余额		期末余额	
上年审定数(未审数)	本期审定数	未审定数	本期审定数

五、审计结论:

(二)存货审计目标与认定的对应关系(见表 8-25)

表 8-25　存货审计目标与认定的对应关系

审计目标	财务报表的认定				
	存在	完整性	权利和义务	计价和分摊	列报
A. 资产负债表中记录的存货是存在的	√				
B. 所有应当记录的存货均已记录		√			
C. 记录的存货由被审计单位拥有或控制			√		
D. 存货以恰当的金额包括在财务报表中,与之相关的计价调整已恰当记录				√	
E. 存货已按照企业会计准则的规定在财务报表中作出恰当列报					√

(三)存货主要审计程序及能证明的认定对应关系(见表 8-26)

表 8-26　存货的主要审计程序及能证明的认定对应关系

序号	对存货项目实施的主要程序	能证明的认定
1	存货监盘	存在、完整性、权利和义务
2	存货计价测试	计价和分摊
3	存货成本	计价和分摊
4	截止测试	计价和分摊
5	存货周转率分析	识别存货项目的波动和错报的方向

(四)存货监盘程序

存货监盘是注册会计师现场观察被审计单位存货的盘点，并对已盘点存货进行适当的检查。具体地说，包括两层含义：一是注册会计师亲临现场观察被审计单位盘点；二是在此基础上，注册会计师根据需要适当抽查已盘点的存货。

1. 存货监盘的目的

存货监盘针对的主要是存货的存在认定、完整性认定以及权利和义务的认定，注册会计师监盘存货的目的在于获取有关存货数量和状况的审计证据，以证实被审计单位记录的所有存货确实存在，已经反映了被审计单位拥有的全部存货，并属于被审计单位的合法财产。

需要指出的是，定期盘点存货，合理确定存货的数量和状况是被审计单位管理层的责任。实施存货监盘，获取有关存货数量和状况的充分适当的审计证据是注册会计师的责任。两者不能互相取代。

2. 制订存货监盘计划

注册会计师应当根据被审计单位存货的特点、盘存制度和存货内部控制的有效性等情况，在评价被审计单位存货盘点计划的基础上，编制存货监盘计划。制订盘点计划时最好有被审计单位管理当局参与，听取其意见，以便引起被审计单位参与盘点人员重视。存货监盘计划的主要内容包括下列各点。

(1) 存货监盘的目标、范围及时间安排。存货监盘的主要目标包括获取被审计单位资产负债表日有关存货数量和状况以及有关管理层存货盘点程序可靠性的审计证据，检查存货的数量是否真实完整，是否归属被审计单位，存货有无毁损、陈旧、过时、残次和短缺等现象。

存货监盘范围的大小取决于存货的内容、性质以及与存货相关的内部控制的完善程度和重大错报风险的评估结果。

存货监盘的时间，包括实地察看盘点现场的时间、观察存货盘点的时间和对已盘点存货实施检查的时间等，应当与被审计单位实施存货盘点的时间相协调。

(2) 存货监盘的要点及关注事项。存货监盘的要点主要包括注册会计师实施存货监盘程序的方法、步骤，各个环节应注意的问题以及所要解决的问题。注册会计师需要重点关注的事项包括盘点期间的存货移动、存货的状况、存货的截止确认、存货的各个存放地点及金额等。

(3) 参与存货监盘人员的分工。注册会计师应当根据被审计单位参与存货盘点人员分工分组情况、存货监盘工作量的大小和人员素质情况，确定参与存货监盘的人员组成以及各组成人员的职责和具体的分工情况，并加强督导。

(4) 检查存货的范围。注册会计师应当根据对被审计单位存货盘点和对被审计单位内部控制的评价结果确定检查存货的范围。在实施观察程序后，如果认为被审计单位内部控制设计良好且得到有效实施，存货盘点组织良好，可以相应缩小实施检查程序的范围。

3. 存货监盘程序

存货监盘程序如表 8-27 所示。

表 8-27　存货监盘程序

被审计单位：＿＿＿＿＿＿＿＿＿＿	索引号：＿＿＿＿＿ZI5＿＿＿＿
项目：　存货监盘	财务报表截止日/期间：＿＿＿＿＿
编制：＿＿＿＿＿＿＿＿＿＿	复核：＿＿＿＿＿＿＿＿＿＿
日期：＿＿＿＿＿＿＿＿＿＿	日期：＿＿＿＿＿＿＿＿＿＿

审计程序	索引号
一、监盘中，实施观察和检查程序	
1.在被审计单位盘点存货前，观察盘点现场： (1)注册会计师应在被审计单位盘点前到达现场，确定纳入盘点的范围是否恰当(应纳入的，未纳入的、所有权不属于被审计单位的委托代存的存货，被审计单位是否纳入盘点计划盘点)； (2)确定存货是否附有盘点标识。对未纳入盘点范围的存货，查明未纳入的原因	略
2.在被审计单位盘点人员盘点时进行观察： (1)确定被审计单位盘点人员是否遵守盘点计划； (2)确定被审计单位盘点人员是否准确地记录存货的数量和状况； (3)关注存货发送和验收场所，确定这里的存货应包括在盘点范围之内还是排除在外； (4)关注存货所有权的证据，如货运单据以及商标等； (5)关注所有应盘点的存货是否均已盘点	略
3.检查所有权不属于被审计单位的存货： (1)取得其规格、数量等有关资料； (2)确定这些存货是否已分别存放、标明； (3)确定这些存货未被纳入盘点范围	略
4.检查已盘点的存货： (1)检查要求是将抽查结果与被审计单位盘点记录相核对，形成相应记录； (2)检查目的是确定被审计单位盘点计划是否得到执行和证实被审计单位的存货实物总额； (3)检查范围通常包括每个盘点小组已盘点的存货以及难以盘点的或隐蔽性较强的存货； (4)双向检查：从存货盘点记录中选取项目追查至存货实物，以测试盘点记录的准确性；从存货实物中选取项目追查至存货盘点记录，以测试存货盘点的完整性	略
5.对检查发现的差异，进行适当处理： (1)查明差异原因：可能表明盘点记录存在高估、低估或其他的错误； (2)及时提请被审计单位更正； (3)如果差异较大，应当扩大检查范围或提请被审计单位重新盘点	略
6.特别关注存货的移动情况，防止遗漏或重复盘点；特别关注存货的状况，观察被审计单位是否已经恰当区分所有毁损、陈旧、过时及残次等存货的处置及存货跌价准备；特别关注存货的截止，获取盘点日前后存货收发及移动的凭证，检查库存记录与会计记录期末截止是否正确	略

续表

审计程序	索引号
二、监盘后，复核盘点结果，完成存货监盘报告	
7.在被审计单位存货盘点结束前，再次观察盘点现场，以确定所有应纳入盘点范围的存货是否均已盘点： (1)再次回到现场，观察现场，确定有无漏盘存货(被审计单位所有应纳入盘点的存货是否均已盘点)； (2)检查盘点单是否连续编号并全部收回(包括作废和未使用的)； (3)如果盘点日不是 12 月 31 日，注册会计师确定盘点日与 12 月 31 日之间存货变动是否已作出了正确记录； (4)被审计单位永续盘存记录与盘点结果有无重大差异，如果有重大差异，注册会计师应通过追加审计程序查明原因	略
8.取得并复核盘点结果汇总记录，形成存货盘点报告(记录)，完成存货监盘报告： (1)评估其是否正确地反映了实际盘点结果； (2)确定盘点结果汇总记录中未包括所有权不属于被审计单位的货物； (3)选择盘点结果汇总记录中的项目，查至原始盘点表，以确定没有混入不应包括在内的存货项目； (4)选择价值较大的存货项目，和上期相同项目的库存数量比较，获取异常变动的信息	ZI5-1 ZI5-2
9.如果盘点日与资产负债表日一致，且被审计单位使用永续盘存记录来确定期末数，应当考虑对永续记录实施适当的审计程序，并作必要的监盘	ZI5-3
10.如果存货盘点日不是资产负债表日，应当实施适当的审计程序，确定盘点日与资产负债表日之间存货的变动是否已作出正确的记录；编制存货抽盘核对表，将盘点日的存货调整为资产负债表日的存货，并分析差异	ZI5-4
11.在永续盘存制下，如果永续盘存记录与存货盘点结果之间出现重大差异，应当实施追加的审计程序，查明原因并检查永续盘存记录是否已作出适当的调整	略
三、特殊情况的处理	
12.存货监盘的替代审计程序。如果由于被审计单位存货的性质或位置等原因导致无法实施存货监盘，注册会计师应当考虑能否实施下列替代审计程序： (1)检查进货交易凭证或生产记录以及其他相关资料； (2)检查资产负债表日后发生的销货交易凭证； (3)向顾客或供应商函证	略
13.如果因不可预见的因素导致无法在预定日期实施存货监盘，或接受委托时被审计单位的期末存货盘点已经完成，注册会计师应当实施下列审计程序： (1)评估与存货相关的内部控制的有效性； (2)对存货进行适当检查或提请被审计单位另择日期重新盘点； (3)测试在该期间发生的存货交易，以获取有关期末存货数量和状况的充分、适当的审计证据	略
14.对被审计单位委托其他单位保管的或已作抵押的存货，注册会计师应当实施下列审计程序： (1)向保管人或债权人函证； (2)如果此类存货的金额占流动资产或总资产的比例较大，还应当考虑实施存货监盘或利用其他注册会计师的工作	ZI6

续表

审计程序	索引号
15.当首次接受委托未能对上期期末存货实施监盘，且该存货对本期财务报表存在重大影响时，注册会计师应当实施下列一项或多项审计程序： (1)查阅前任注册会计师的工作底稿； (2)复核上期存货盘点记录及文件； (3)检查上期存货交易记录； (4)运用毛利百分比法等进行分析	略
16.确定存货监盘的审计结论	ZI5-1

【课堂技能训练 8-5】

如果由于天气原因，注册会计师无法现场监盘存货，下列应对措施中，优先考虑实施替代程序的是(　　)。

A. 如果替代程序无法获取有关存货存在和状况的充分、适当的审计证据，则考虑是否发表非无保留意见

B. 另择日期进行监盘，并对间隔期内的交易实施审计程序

C. 评价被审计单位有关存货盘点的内部控制，判断是否信赖被审计单位的存货盘点结果

D. 在审计报告中说明审计范围因不可预见的情况受到限制

第五节　人力资源与工薪循环的审计

无论在哪种行业，工薪都具有重要性。例如，在高科技行业中，企业支付的工薪取决于员工的技能，这些企业可能设计出一套复杂的补偿方案雇用和留住最好的员工，以保持具备良好的持续经营能力。在制造业中，企业支付的工薪取决于产品生产过程中的劳动密集程度。人力资源与工薪循环涉及的主要报表项目有应付职工薪酬。

一、人力资源与工薪循环的控制测试

工薪内部控制的目标、内部控制、测试及实质性程序一览如表 8-28 所示。

表 8-28 工薪内部控制的目标、内部控制、测试及实质性程序一览

内部控制目标	关键的内部控制	常用的控制测试	常用的交易实质性程序
工薪账项均经恰当的批准(发生)	对以下五个关键点，应履行恰当的批准手续，经过特别审批或一般审批：①批准上工；②工作时间，特别是加班时间；③工薪、薪金或佣金；④代扣款项；⑤工薪结算表和工薪汇总表	①检查人事档案；②检查工时卡的有关核准；③检查工薪记录中有关内部检查标记；④检查人事档案中的授权；⑤检查工薪记录中有关核准的标记	将工时与工时记录等进行比较
记录的工薪为实际发生的而非虚构的(发生)	①工时卡经领班核准；②用生产记录钟记录工时	①检查工时卡的核准说明；②检查工时卡；③复核人事政策、组织结构图	①对本期工薪费用实施分析程序；②将有关费用明细账与工薪费用分配表、工薪汇总表、工薪结算表相核对
所有已发生的工薪支出已记录(完整性)	工薪分配表、工薪汇总表完整反映已发生的工薪支出	检查工薪分配表、工薪汇总表、工薪结算表，并核对员工工薪手册、员工手册等	①对本期工薪费用的发生情况实施分析程序；②将工薪费用分配表、工薪汇总表、工薪结算表与有关费用明细账相核对
工薪以正确的金额，在恰当的会计期间及时记录于适当的账户(发生、完整性、准确性、计价和分摊)	①采用适当的工薪费用分配方法，并且前后各期一致；②采用适当的账务处理流程	①选取样本测试工薪费用的归集和分配；②测试是否按照规定的账务处理流程进行账务处理	①对本期工薪费用实施分析程序；②检查工薪的计提是否正确，分配方法是否与上期一致
人事、考勤、工薪发放、记录之间相互分离(准确性)	人事、考勤、工薪发放、记录等职务相互分离	面向和观察各项职责执行情况	

二、应付职工薪酬的实质性程序

(一)应付职工薪酬(审计)的实质性程序(见表 8-29)

表 8-29　应付职工薪酬(审计)的实质性程序

被审计单位：＿＿＿＿＿＿＿	索引号：＿＿＿＿＿＿＿
项目：＿＿＿＿＿＿＿	财务报表截止日/期间：＿＿＿＿＿
编制：＿＿＿＿＿＿＿	复核：＿＿＿＿＿＿＿
日期：＿＿＿＿＿＿＿	日期：＿＿＿＿＿＿＿

一、审计目标：

二、审计程序：

序号	内　容	执行情况说明	索引号
1			
2			
3			
…			

三、调整事项说明及调整分录：(注：分录请写到二级科目，并注明底稿索引；如篇幅不够，请另加页附后)

四、余额：

期初余额		期末余额	
上年审定数(未审数)	本期审定数	未审定数	本期审定数

五、审计结论：

(二)应付职工薪酬审计目标与认定的对应关系(见表 8-30)

表 8-30　应付职工薪酬审计目标与认定的对应关系

审计目标	财务报表认定				
	存在	完整性	权利和义务	计价和分摊	列报
A. 资产负债表中记录的应付职工薪酬是存在的	√				
B. 所有应当记录的应付职工薪酬均已记录		√			

审计目标	财务报表认定				
	存在	完整性	权利和义务	计价和分摊	列报
C. 记录的应付职工薪酬是被审计单位应当履行的现时义务			√		
D. 应付职工薪酬以恰当的金额包括在财务报表中，与之相关的计价调整已恰当记录				√	
E. 应付职工薪酬已按照企业会计准则的规定在财务报表中作出恰当列报					√

(三)应付职工薪酬审计目标与审计程序的对应关系(见表 8-31)

表 8-31　应付职工薪酬审计目标与审计程序对应关系

审计目标	可供选择的审计程序
D	1. 获取或编制应付职工薪酬明细表。复核加总是否正确，并与报表数、总账数和明细账合计数核对是否相符
ABD	2. 实质性分析程序。 (1)针对已识别需要运用分析程序的有关项目，并基于对被审计单位及其环境的了解，通过进行以下比较，同时考虑有关数据间关系的影响，以建立有关数据的期望值。 ①比较被审计单位员工人数的变动情况，检查被审计单位各部门各月工薪费用的发生额是否有异常波动，若有，则查明波动原因是否合理；②比较本期与上期工薪费用总额，要求被审计单位解释其增减变动原因，或取得公司管理层关于员工工薪标准的决议；③结合员工社保缴纳情况，明确被审计单位员工范围，检查是否与关联公司员工工薪混淆列支；④核对下列相互独立部门的相关数据：工薪部门记录的工薪支出与出纳记录的工薪支付数，工薪部门记录的工时与生产部门记录的工时；⑤比较本期应付职工薪酬余额与上期应付职工薪酬余额，是否有异常变动。 (2)确定可接受的差异额。 (3)将实际的情况与期望值相比较，识别需要进一步调查的差异。 (4)如果其差额超过可接受的差异额，调查并获取充分的解释和恰当的佐证审计证据(如通过检查相关的凭证)。 (5)评估实质性分析程序的测试结果

审计目标	可供选择的审计程序
ABD	3.检查工资、奖金、津贴和补贴。 (1)计提是否正确，依据是否充分。将执行的工薪标准与有关规定核对，并对工薪总额进行测试；被审计单位如果实行工效挂钩的，应取得有关主管部门确认的效益工薪发放额认定证明，结合有关合同文件和实际完成的指标，检查其计提额是否正确，是否应作纳税调整。 (2)检查分配方法与上年是否一致。除因解除与职工的劳动关系给予的补偿直接计入管理费用外，被审计单位是否根据职工提供服务的受益对象，分别下列情况进行处理：①应由生产产品、提供劳务负担的职工薪酬，计入产品成本或劳务成本；②应由在建工程、无形资产负担的职工薪酬，计入建造固定资产或无形资产；③被审计单位为外商投资企业，按规定从净利润中提取的职工奖励及福利基金，是否以董事会决议为依据，是否相应记入"利润分配——提取的职工奖励及福利基金"账户；④其他职工薪酬，是否计入当期损益。 (3)检查发放金额是否正确，代扣的款项及其金额是否正确。 (4)检查是否存在属于拖欠性质的职工薪酬，并了解拖欠的原因
ABD	4.检查社会保险费、住房公积金、工会经费和职工教育经费。检查社会保险费(包括医疗、养老、失业、工伤、生育保险费)、住房公积金、工会经费和职工教育经费等计提(分配)和支付(或使用)的会计处理是否正确，依据是否充分
ABD	5.检查辞退福利项目
ABD	6.检查非货币性福利
ABD	7.检查以现金与职工结算的股份支付
ABC	8.检查应付职工薪酬的期后付款情况。关注在资产负债表日至财务报表批准报出日之间，是否有确凿证据表明需要调整资产负债表日原确认的应付职工薪酬事项
E	9. 检查应付职工薪酬是否已按照企业会计准则的规定在财务报表中作出恰当的列报 检查是否在附注中披露与职工薪酬有关的主要信息： ①应当支付给职工的工薪、奖金、津贴和补贴，及其期末应付未付金额；②应当为职工缴纳的医疗、养老、失业、工伤和生育等社会保险费，及其期末应付未付金额；③应当为职工缴存的住房公积金，及其期末应付未付金额；④为职工提供的非货币性福利，及其计算依据；⑤应当支付的因解除劳动关系给予的补偿，及其期末应付未付金额

【课堂技能训练 8-6】

(   )是不同企业之间最可能具有共同性的领域。

A. 销售与收款循环　　　　　　　　B. 人力资源与工薪循环

C. 采购与付款循环　　　　　　　　D. 生产与存货循环

第六节　投资与筹资循环的审计

筹资活动是指企业为满足生存和发展的需要，通过改变企业资本及债务规模和构成而筹集资金的活动。投资活动是指企业为享有被投资单位分配的利润，或为谋求其他利益，将资产让渡给其他单位而获得另一项资产的活动。投资与筹资循环中涉及的主要资产负债表报表项目有交易性金融资产、应收股利、应收利息、其他应收款、其他流动资产、可供出售金融资产、持有至到期投资、长期股权投资、投资性房地产、递延所得税资产、其他非流动资产、短期借款、交易性金融负债、应付利息、应付股利、其他应付款、其他流动负债、长期借款、应付债券、专项应付款、预计负债、递延所得税负债、其他非流动负债、实收资本(股本)、资本公积、盈余公积、未分配利润；涉及的利润表项目有财务费用、资产减值损失、公允价值变动收益、投资收益、补贴收入、营业外收入、营业外支出、所得税费用。本节以短期借款和长期借款为例进行介绍。

一、投资与筹资循环的控制测试

筹资交易和投资交易的内部控制目标、内部控制、控制测试及实质性程序的关系如表 8-32 和表 8-33 所示。

表 8-32　筹资交易的内部控制目标、内部控制、常用控制测试及实质性程序一览表

内部控制目标	关键内部控制	常用控制测试	交易实质性程序
1.记录的筹资交易均系真实发生的交易(存在或发生)	(1)借款经过授权审批。 (2)签订借款合同或协议等相关法律文件	索取借款的授权批准文件，检查审批手续是否齐全。检查借款合同或协议	检查支持借款记录的原始凭证
2.筹资交易均已记录(完整性)	(1)负责借款业务的信贷管理层根据综合授信协议或借款合同，逐笔登记借款备查簿，并定期与信贷记账的借款明细账核对。 (2)定期与债权人核对账目	(1)询问借款业务的职责分工情况及内部对账情况。 (2)检查被审计单位是否定期与债权人核对账目	检查董事会会议记录、借款合同、银行询证函等，确定有无未入账的交易
3.筹资交易均已以恰当的金额记入恰当的期间	(1)负责借款业务的信贷管理层根据综合授信协议或借款合同，逐笔登记借款备查簿，并定期与信贷记账员的借款明细账核对。 (2)定期与债权人核对账目。 (3)会计主管复核	(1)询问借款业务的职责分工情况及内部对账情况。 (2)检查被审计单位是否定期与债权人核对账目。 (3)检查会计主管复核标记	将借款记录与所附的原始凭证进行细节比对
4.筹资交易均已记入恰当的账户	(1)使用会计科目核算说明。 (2)会计主管复核	(1)询问会计科目表的使用情况。 (2)检查会计主管复核标记	将借款记录与所附的原始凭证进行细节比对

注：本表以获得初始借款交易为例，不包括偿还利息和本金交易。

表 8-33　投资交易的控制目标、内部控制和测试及实质性程序一览表

内部控制目标	关键内部控制	常用控制测试	交易实质性程序
1.记录的投资交易均系真实发生的交易(存在或发生)	投资经过授权审批	索取投资授权批准文件，检查审批手续是否齐全	检查与投资有关的原始凭证，包括投资授权文件、被投资单位出具的股权或债权证明、投资付款记录和相关有价证券等
2.投资交易均已记录(完整性)	(1)投资管理层根据交易流水单，对每笔投资交易记录进行核对、存档，并在交易结束后一个工作日内将交易凭证交投资记账员。投资记账员编制转账凭证，并附相关单据，提交会计主管复核。复核无误后进行账务处理。每周末，投资管理员与投资记账员就投资类别、资金统计进行核对，并编制核对表，分别由投资管理经理、财务经理复核并签字。如有差异，将立即调查。(2)对所投资的有价证券或金融资产进行定期盘点，并与账面记录相核对。(3)定期与被投资单位或交易对方核对账目	(1)询问投资业务的职责分工情况及内部对账情况。(2)检查被审计单位是否定期与交易对方或被投资方核对账目	检查董事会会议记录、投资合同、交易对方提供的对账单、盘点报告等，确定有无未入账的交易
3.投资交易均已以恰当的金额记入恰当的期间	(1)定期与被投资单位或交易对方核对账目。(2)会计主管复核	(1)检查被审计单位是否定期与债权人核对账目。(2)检查会计主管复核标记	将借款记录与所附的原始凭证进行细节比对
4.投资交易均已记入恰当的账户	(1)使用会计科目核算说明。(2)会计主管复核	(1)询问会计科目表的使用情况。(2)检查会计主管复核标记	将投资记录与所附的原始凭证进行细节比对

注：本表以初始投资交易为例，不包括收到投资收益、收回或变现投资、期末对投资计价进行调整等交易。

二、短期借款的审计目标与实质性程序

借款是企业承担的一项经济义务，是企业的负债项目。注册会计师对于负债项目的审计，主要是防止企业低估债务。

(一)短期借款(审计)的实质性程序(见表 8-34)

表 8-34　短期借款(审计)的实质性程序

被审计单位：＿＿＿＿＿＿＿＿	索引号：＿＿＿＿＿＿＿＿＿＿
项目：＿＿＿＿＿＿＿＿＿＿	财务报表截止日/期间：＿＿＿＿＿
编制：＿＿＿＿＿＿＿＿＿＿	复核：＿＿＿＿＿＿＿＿＿＿
日期：＿＿＿＿＿＿＿＿＿＿	日期：＿＿＿＿＿＿＿＿＿＿

一、审计目标：

二、审计程序：

序号	内　　容	执行情况说明	索引号
1			
2			
3			
…			

三、调整事项说明及调整分录：(注：分录请写到二级科目，并注明底稿索引；如篇幅不够，请另加页附后)

四、余额：

期初余额		期末余额	
上年审定数(未审数)	本期审定数	未审定数	本期审定数

五、审计结论：

(二)短期借款审计目标与认定的对应关系(见表 8-35)

表 8-35　短期借款审计目标与认定的对应关系

审计目标	财务报表认定				
	存在	完整性	权利和义务	计价和分摊	列报
A. 资产负债表中记录的短期借款是存在的	√				
B. 所有应当记录的短期借款均已记录		√			
C. 记录的短期借款是被审计单位应当履行的现时义务			√		
D. 短期借款以恰当的金额包括在财务报表中，与之相关的计价调整已恰当记录				√	
E. 短期借款已按照企业会计准则的规定在财务报表中作出恰当列报					√

(三)短期借款审计目标与审计程序的对应关系(见表 8-36)

表 8-36　短期借款审计目标与审计程序的对应关系

审计目标	可供选择的审计程序
D	1.获取或编制短期借款明细表。注册会计师应首先获取或编制短期借款明细表,复核其加总数是否正确,并与明细账和总账核对是否相符
ACD	2. 函证短期借款的实有数。注册会计师应在期末短期借款余额较大或认为必要时向银行或其他债权人函证短期借款
ABD	3. 检查短期借款的增加。对年度内增加的短期借款,注册会计师应检查借款合同和授权批准,了解借款数额、借款条件、借款日期、还款期限、借款利率,并与相关会计记录相核对
ABD	4. 检查短期借款的减少。对年度内减少的短期借款,注册会计师应检查相关记录和原始凭证,核实还款数额
ABD	5. 检查有无到期未偿还的短期借款。注册会计师应检查相关记录和原始凭证,检查被审计单位有无到期未偿还的短期借款,如有,则应查明是否已向银行提出申请并经同意后办理延期手续
BD	6.复核短期借款利息。注册会计师应根据短期借款的利率和期限,复核被审计单位短期借款的利息计算是否正确,有无多算或少算利息的情况,如有未计利息和多计利息,应作出记录,必要时进行调整
D	7. 检查外币借款的折算
E	8. 检查短期借款在资产负债表上的列报是否恰当

三、长期借款的审计目标与实质性程序

长期借款同短期借款一样都是企业向银行或其他金融机构借入的款项,因此,长期借款的实质性程序同短期借款的实质性程序较为相似。

(一)长期借款(审计)的实质性程序(见表 8-37)

表 8-37　长期借款(审计)的实质性程序

被审计单位: ＿＿＿＿＿＿＿＿	索引号: ＿＿＿＿＿＿＿＿
项目: ＿＿＿＿＿＿＿＿	财务报表截止日/期间: ＿＿＿＿＿＿
编制: ＿＿＿＿＿＿＿＿	复核: ＿＿＿＿＿＿＿＿
日期: ＿＿＿＿＿＿＿＿	日期: ＿＿＿＿＿＿＿＿

一、审计目标:

二、审计程序：

序号	内　　容	执行情况说明	索引号
1			
2			
3			
...			

三、调整事项说明及调整分录：(注：分录请写到二级科目，并注明底稿索引；如篇幅不够，请另加页附后)

四、余额：

期初余额		期末余额	
上年审定数(未审数)	本期审定数	未审定数	本期审定数

五、审计结论：

(二)长期借款审计目标与认定的对应关系(见表8-38)

表8-38　长期借款审计目标与认定的对应关系

审计目标	财务报表认定				
	存在	完整性	权利和义务	计价和分摊	列报
A. 资产负债表中记录的长期借款是存在的	√				
B. 所有应当记录的长期借款均已记录		√			
C. 记录的长期借款是被审计单位应当履行的现时义务			√		
D. 长期借款以恰当的金额包括在财务报表中，与之相关的计价调整已恰当记录				√	
E. 长期借款已按照企业会计准则的规定在财务报表中作出恰当列报					√

(三)长期借款审计目标与审计程序的对应关系(见表 8-39)

表 8-39　长期借款审计目标与审计程序的对应关系

审计目标	可供选择的审计程序
D	1. 获取或编制长期借款明细表，复核其加总数是否正确，并与明细账和总账核对是否相符
AE	2. 了解金融机构对被审计单位的授信情况以及被审计单位的信用等级评估情况，了解被审计单位获得短期借款和长期借款的抵押和担保情况，评估被审计单位的信誉和融资能力
ABD	3. 对年度内增加的长期借款，应检查借款合同和授权批准，了解借款数额、借款条件、借款日期、还款期限、借款利率，并与相关会计记录相核对
BD	4. 检查长期借款的使用是否符合借款合同的规定，重点检查长期借款使用的合理性
AC	5. 向银行或其他债权人函证重大的长期借款
DB	6. 对年度内减少的长期借款，注册会计师应检查相关记录和原始凭证。核实还款数额
AD	7. 检查年末有无到期未偿还的借款，逾期借款是否办理了延期手续，分析计算逾期借款的金额、比率和期限，判断被审计单位的资信程度和偿债能力
D	8. 计算短期借款、长期借款在各个月份的平均余额，选取适用的利率匡算利息支出总额，并与财务费用的相关记录核对，判断被审计单位是否高估或低估利息支出，必要时进行适当调整
D	9. 检查非记账本位币折合记账本位币时采用的折算汇率，折算差额是否按规定进行会计处理
ABD	10. 检查借款费用的会计处理是否正确。企业发生的借款费用，可直接归属于符合资本化条件的资产的购建或生产的，应当予以资本化，计入相关资产成本；其他借款费用，应当在发生时根据其发生额确认费用，计入当期损益
CE	11. 检查企业抵押长期借款的抵押资产的所有权是否属于企业，其价值和实际状况是否与抵押契约中的规定相一致
E	12. 检查企业重大的资产租赁合同，判断被审计单位是否存在资产负债表外融资的现象
E	13. 检查长期借款是否已在资产负债表上充分披露。长期借款在资产负债表中列示于长期负债类下，该项目应根据"长期借款"科目的期末余额扣减将于一年内到期的长期借款后的数额填列，该项扣除数应当填列在流动负债类下的"一年内到期的长期负债"项目单独反映。注册会计师应注意长期借款的抵押和担保是否已在财务报表附注中作了充分的说明

四、长期股权投资的审计目标与实质性程序

　　长期股权投资核算企业持有的采用权益法或成本法核算的长期股权投资，具体包括：①企业持有的能够对被投资单位实施控制的权益性投资，即对子公司的投资；②企业持有的能够与其他合营方一同对被投资单位实施共同控制的权益性投资，即对合营企业的投资；③企业持有的能够对被投资单位施加重大影响的权益性投资，即对联营企业的投资；④企业对被投资单位不具有控制、共同控制或重大影响，且在活跃市场中没有报价、公允

价值不能可靠计量的权益性投资。

根据审计实务的要求将长期股权投资实质性程序及与审计目标的关系进行列示。

(一)长期股权投资(审计)的实质性程序(见表 8-40)

表 8-40　长期股权投资的实质性程序

被审计单位：＿＿＿＿＿＿＿＿　　索引号：＿＿＿＿＿＿＿＿

项目：＿＿＿＿＿＿＿＿＿＿　　财务报表截止日/期间：＿＿＿＿＿

编制：＿＿＿＿＿＿＿＿＿＿　　复核：＿＿＿＿＿＿＿＿＿

日期：＿＿＿＿＿＿＿＿＿＿　　日期：＿＿＿＿＿＿＿＿＿

一、审计目标：

二、审计程序：

序号	内　　容	执行情况说明	索引号
1			
2			
3			
...			

三、调整事项说明及调整分录：(注：分录请写到二级科目，并注明底稿索引；如篇幅不够，请另加页附后)

四、余额：

期初余额		期末余额	
上年审定数(未审数)	本期审定数	未审定数	本期审定数

五、审计结论：

(二)长期股权投资审计目标与认定的对应关系(见表 8-41)

表 8-41　长期股权投资审计目标与认定的对应关系

审计目标	财务报表认定				
	存在	完整性	权利和义务	计价和分摊	列报
A. 资产负债表中记录的长期股权投资是存在的	√				
B. 所有应当记录的长期股权投资均已记录		√			
C. 记录的长期股权投资由被审计单位拥有或控制			√		
D. 长期股权投资以恰当的金额包括在财务报表中,与之相关的计价调整已恰当记录				√	
E. 长期股权投资已按照企业会计准则的规定在财务报表中作出恰当列报					√

(三)长期股权投资审计目标与审计程序的对应关系(见表 8-42)

表 8-42　长期股权投资审计目标与审计程序的对应关系

审计目标	可供选择的审计程序
D	1. 获取或编制长期股权投资明细表,复核加总是否正确,并与总账和明细账核对是否相符;结合长期股权投资减值准备科目与报表数核对是否相符
ADCE	2. 根据有关合同和文件,确认股权投资的股权比例和持有时间,检查长期股权投资核算方法是否正确
ABD	3. 对于重大的投资,向被投资单位函证被审计单位的投资额、持股比例及被投资单位发放股利等情况
D	4. 对于应采用权益法核算的长期股权投资,获取被投资单位已经注册会计师审计的年度财务报表,如果未经注册会计师审计,则应考虑对被投资单位的财务报表实施适当的审计或审阅程序
D	5. 对于采用成本法核算的长期股权投资,检查股利分配的原始凭证及分配决议等资料,确定会计处理是否正确
D	6. 对于成本法和权益法相互转换的,检查其投资成本的确定是否正确
ABD	7. 检查长期股权投资的增减变动的记录是否完整,相关会计处理是否正确
CE	8. 结合银行借款等的检查,了解长期股权投资是否存在质押、担保情况,如有,是否确定披露
D	9. 对长期股权投资进行逐项检查,以确定长期股权投资是否已经发生减值,是否正确计提长期股权投资减值准备,检查有无违规转回的现象
E	10.检查长期股权投资的列报是否恰当

【课堂技能训练 8-7】

不论是投资业务还是筹资业务，注册会计师均应通过控制测试，对相关业务的职责分工是否明确进行评价。这种说法是否正确？(　　)

能 力 训 练

一、判断题(正确打√，错误打×)

1. 如果现金盘点不是在资产负债表日进行的，注册会计师应将资产负债表日至盘点日的收付金额调整至盘点日金额。　　　　　　　　　　　　　　　　　　　　(　　)

2. 被审计单位资产负债表上的银行存款数额，应以编制或取得银行存款余额调节表日银行存款账户数额为准。　　　　　　　　　　　　　　　　　　　　　　　　(　　)

3. 无论被审计单位采用何种方式销售商品，注册会计师都不应认可其在没有收到货款的情况下确认主营业务收入。　　　　　　　　　　　　　　　　　　　　　　(　　)

4. 函证应收账款的目的在于证实应收账款账户余额的真实性和完整性，防止或发现被审计单位及其有关人员在销售交易中发生的错误或舞弊行为。　　　　　　　　　(　　)

5. 已达到预定可使用状态的固定资产，无论是否交付使用，尚未办理竣工决算的，应当按照估计价值确认为固定资产，并计提折旧；待办理了竣工决算手续后，再按实际成本调整原来的暂估价值，同时需要调整原已计提的折旧额。　　　　　　　　　(　　)

6. 由于固定资产的保险不属于固定资产的内部控制，因此，无须了解固定资产的保险情况。　　　　　　　　　　　　　　　　　　　　　　　　　　　　　　　　(　　)

7. 借款余额较大，或认为必要时注册会计师应向银行或其他债权人发函询证借款额、借款利率、已偿还金额及利息支付情况。　　　　　　　　　　　　　　　　　(　　)

二、单项选择题

1. 在进行年度财务报表审计时，为了证实被审计的单位在临近 12 月 31 日签发的支票未予入账，注册会计师实施的最有效审计程序是(　　)。

   A. 审查 12 月 31 日的银行存款余额调节表

   B. 函证 12 月 31 日的银行存款余额

   C. 审查 12 月 31 日的银行对账单

   D. 审查 12 月份的支票存根

2. 如果被审计单位的某开户银行账户余额为零，注册会计师(　　)。

   A. 不需再向该银行函证　　　　　B. 仍需向该银行函证

   C. 可根据需要确定是否函证　　　D. 可根据审计业务约定书的要求确定是否函证

3. 销售与收款循环所涉及的财务报表项目不包括(　　)。

   A. 销售费用　　　B. 营业收入　　　C. 应交税费　　　D. 所得税费用

4. 审查应收账款最重要的实质性程序应是(　　)。

    A. 函证　　　　　　B. 询问　　　　　　C. 观察　　　　　　D. 重新执行

5. 检查未入账的应付账款时,下列程序中审计效果最佳的是(　　)。

    A. 检查列入应付账款明细表中债权人寄回的询证函

    B. 分析每月应付账款余额和已入账存货之间有无非正常的比例关系

    C. 检查资产负债表日前后一周的发票样本,并查明是否已正确记录

    D. 检查资产负债表日后一段时间内的付款

6. 注册会计师函证资产负债表日应付账款余额或许是不必要的,其原因是(　　)。

    A. 函证与采购截止测试重复

    B. 资产负债表日前应付账款余额在审计完成前也许没有支付

    C. 可与被审计单位法律顾问联系,从而获取因未付款而造成的可能损失的证据

    D. 存在其他可靠的外部凭证证实应付账款的真实性,如订购单等

7. 对本期工薪费用实施分析程序不相关的认定是(　　)。

    A. 存在　　　　　　B. 完整性　　　　　C. 准确性　　　　　D. 列报

8. 甲注册会计师审计 B 公司"长期借款"业务时,为确定"长期借款"账户余额的真实性,可以进行函证。函证的对象应当是(　　)。

    A. 公司的律师　　　　　　　　　　　B. 金融监管机关

    C. 银行或其他有关债权人　　　　　　D. 公司的主要股东

三、多项选择题

1. 为了做到银行存款在财务报表上正确截止,对于以下未达账项,注册会计师应当要求被审计单位编制会计分录调整的有(　　)。

    A. 银行已付,企业未入账的支出　　　B. 银行已收,企业未入账的收入

    C. 企业已付,银行未入账的支出　　　D. 企业已收,银行未入账的收入

2. 下列审计程序中,属于库存现金、银行存款账户实质性程序的有(　　)。

    A. 监盘库存现金,编制库存现金监盘表

    B. 抽查大额现金和银行存款收支看是否及时入账

    C. 抽查是否每月编制银行存款余额调节表

    D. 向开户银行函证银行存款余额

3. 注册会计师应当采取下列措施对函证实施过程进行控制(　　)。

    A. 将询证函中列示的账户余额或其他信息与被审计单位有关资料核对

    B. 将被询证者的名称、地址与被审计单位有关记录核对

    C. 在询证函中指明直接向会计师事务所回函

    D. 询证函经被审计单位盖章后,由注册会计师直接发出

4. 为了证实已发生的销售交易是否均已登记入账,无效的做法是(　　)。

    A. 只审查有关原始凭证

    B. 只审查主营业务收入明细账

    C. 由主营业务收入明细账追查至有关原始凭证

    D. 由有关的原始凭证追查至主营业务收入明细账

5. 注册会计师对应付账款进行函证，通常的函证对象包括(　　)。

    A. 所有应付账款的付款对象　　　　B. 金额较大的应付账款债权人

    C. 在资产负债表日金额为零，但为企业重要供货人的债权人

6. 对本期工薪费用审计中，检查工资、奖金、津贴和补贴，可以实现的审计目标有(　　)。

    A. 完整性　　　　B. 存在　　　　C. 准确性　　　　D. 计价和分摊

四、综合题

1. 简述银行存款的实质性程序。

2. 注册会计师通常依据各类交易、账户余额和列报的相关认定确定审计目标，根据审计目标设计审计程序。下表给出了应收账款的相关认定。

应收账款的相关认定	审计目标	审计程序
存在		(1) (2)
权利		(1) (2)
完整性		(1) (2)
计价		(1) (2)

【要求】请根据表中给出的应收账款的相关认定确定审计目标，并针对每一审计目标简要设计两项审计程序。

3. 简述应付职工薪酬的审计程序。

第九章

完成审计工作

(1) 安排审计结束阶段的具体工作任务;

(2) 了解完成审计工作的主要内容;

(3) 编制审计调整表和试算平衡表。

问题提示

(1) 如何理解审计差异调整?

(2) 审计差异如何分类?

(3) 如何编制审计调整分录表?

第一节 审计差异调整概述

完成审计工作是审计的最后一个阶段。注册会计师按照业务循环完成各财务报表项目的审计测试,并开展一些特殊项目的审计之后,应汇总审计测试结果,对审计结果进行更加综合性的考虑和处理,如汇总审计差异、评价审计过程中的职业道德问题、复核审计工作底稿等。在此基础上评价审计结果,与客户进行沟通后,获取管理层声明,进而形成审计意见,编制审计报告。

以上概括了审计完成阶段注册会计师的主要工作,而非全部工作。在实际工作中,审计完成阶段的有些工作是贯穿于审计全过程的,未必机械地按照定序依次进行,如评价职业道德问题在承接业务时就已经开始,至审计完成时仍需考虑。总之,完成审计工作是审计实施阶段的延续,是出具审计报告的基础,直接决定了审计的最终成果即审计报告的质量,在审计全过程是至关重要的。本节按照一般工作过程,对完成的主要审计工作内容分别进行阐述。

一、差异调整

(一)审计差异和审计差异调整

1. 审计差异

在完成按业务循环进行的测试与财务报表项目的实质性程序的审计后,对审计项目组成员在审计中发现的被审计单位的会计处理方法与企业会计准则的不一致,即审计差异,审计项目经理应根据审计重要性原则予以初步确定并汇总,并建议被审计单位进行调整,使经审计的财务报表所载信息能够公允地反映被审计单位的财务状况、经营成果和现金流量。

2. 审计差异调整

审计差异调整是指注册会计师通过调整和纠正在审计过程中发现的错误和舞弊事项,

使企业的经济活动和经营成果得以真实、正确地反映，是审计结束前的一项重要工作。对审计差异的调整过程，主要是通过编制审计差异调整表和试算平衡表完成的。

(二)审计差异的分类

审计差异按是否需要调整账户记录可以分为核算错误和重分类错误，二者有本质上的区别。

1. 核算错误

核算错误是指被审计单位对交易与事项进行不恰当的核算(确认、计量和记录)而引起的错误。如虚构销售、漏记负债，不仅需要调整报表，还需要调整相关账户记录。

对于核算错误的调整建议如下。

(1) 建议调整的不符事项。注册会计师既需要在工作底稿上记录，又要求被审计单位调整财务报表的相关项目。

(2) 未建议调整的不符事项。注册会计师只需要在工作底稿上记录，但是不要求被审计单位调整财务报表的相关项目。

2. 重分类错误

重分类错误是指被审计单位未按照适用的会计准则和相关会计制度的规定编制财务报表而引起的错误。例如，企业在应收账款项目反映预收账款，在应付账款项目反映预付账款。

(三)审计差异的调整原则

1. 建议调整的不符事项

(1) 对于单笔核算错误超过所涉及财务报表项目层次重要性水平的，应视为建议调整的不符事项，注册会计师需要在工作底稿上记录，并且要求被审计单位调整财务报表相关的项目。例如，冲减管理部门固定资产多计提折旧4万元，调整分录为：

借：固定资产——累计折旧　　　　　　　　　40000
　　贷：管理费用　　　　　　　　　　　　　　　40000

假设"累计折旧"重要性水平为10万元，"管理费用"的重要性水平为2万元，而该笔错报金额为4万元，超过了涉及的"管理费用"重要性水平，故该笔审计调整分录应归为"建议调整的不符事项"。

(2) 对于单笔核算错误低于所涉及财务报表项目层次重要性水平，但性质重要的，如涉及舞弊和违法行为的错误、影响收益趋势等的核算错误，应视为建议调整的不符事项。例如，被审计单位财务人员个人家庭购买一台计算机8000元，但是通过抬头写成被审计单位名称的方式，在被审计单位的财务账上报销，会计账户将其列支为"固定资产"。调整分录为：

借：银行存款　　　　　　　　　　　　　　　8000
　　贷：固定资产　　　　　　　　　　　　　　　8000

假设"银行存款"的重要性水平为 5 万元，"固定资产"的重要性水平为 20 万元，该笔错报金额为 8000 元，虽然金额小于重要性水平，但是该行为属于违规，故应归为建议调整的不符事项。

2. 不建议调整的不符事项

对于单笔核算错误大大低于所涉及财务报表项目(账项)层次重要性水平，并且性质不重要的，一般应视为不建议调整的不符事项，注册会计师需要在工作底稿上记录，但是，未调整不符事项汇总数超过财务报表项目层次重要性水平时，应从中选取几笔转为建议调整的不符事项，使未调整不符事项汇总金额降至重要性水平之下。例如，注册会计师对被审计单位的折旧进行重新计算程序后，与被审计单位原报相比，少提折旧 200 元。调整分录为：

借：管理费用　　　　　　　　　　　　　　　　200
　　贷：固定资产——累计折旧　　　　　　　　　　200

假设"管理费用"的重要性水平为 2 万元，"累计折旧"的重要性水平为 10 万元，则该笔错报金额 200 元小于重要性水平，故归为不建议调整的不符事项。

3. 重分类错误调整

注册会计师需要在工作底稿上记录，并且要求被审计单位调整报表相关项目，不管错误大小都需要调整。常见的重分类调整事项如下。

(1) 应付款项与预付款项。

(2) 应收款项与预收款项等。

"一年内将到期的长期借款"在长期借款项目列报等，则只需要调整财务报表项目，不需要调整有关账户记录。

(四)审计差异调整分录与会计分录的比较

1. 审计差异调整分录与会计分录的区别和联系

不论是建议调整的不符事项，还是不建议调整的不符事项，或重分类错误，注册会计师在工作底稿上通常以会计分录的形式反映，这些分录被称为审计调整分录。既然审计差异调整分录是以会计分录的形式反映，则需要明确审计差异调整分录与会计分录的区别与联系。

(1) 审计差异调整分录与会计分录的区别。

审计差异调整分录与会计分录的区别，如表 9-1 所示。

表 9-1　审计差异调整分录与会计分录的区别

项　目	审计差异调整分录	会计分录
编制依据	依据经济业务的正确会计分录与被审计单位错误会计分录的差异编制	依据企业会计准则和相关会计制度的规定编制

续表

项 目	审计差异调整分录	会计分录
单位	可以以万元为单位	只能以元为单位
使用项目名称	借贷方使用的是报表项目名称,无总账、明细账之分	借贷方使用的是会计科目名称,有总账、明细账之分
编制目的	注册会计师反映、汇总审计差异,为确定审计意见类型提供依据	会计人员据此登记总账
编制人	由注册会计师编制,只调整与被审计单位报表相关的项目,不负责与此调整相关的账户,简称"调表不调账"	由会计人员编制,是会计记账、登账、过账的依据,最终还要反映在报表中,简称"调表又调账"

(2) 审计差异调整分录与会计分录的联系。

① 审计差异调整分录与会计分录在编制过程中都要遵循"有借必有贷,借贷必相等"的原则。

② 注册会计师编写完审计差异调整分录后,对其中建议调整的不符事项和重分类错误,应以书面方式及时征求被审计单位的意见。如果被审计单位接受调整建议,注册会计师才能调整相关的报表项目,被审计单位的会计人员根据审计调整意见调整相关的账户;如果被审计单位不接受调整建议,则注册会计师不能调整相关的报表项目,根据未调整不符事项的性质和重要程度,确定是否在审计报告中反映。

2. 审计差异调整分录的编写步骤

(1) 列出错误和舞弊账项的会计分录。

(2) 列出错误和舞弊账项应当记录的正确会计分录。

(3) 比较正确会计分录和错误会计分录,按其差异编写审计调整分录。

如果调整分录涉及所得税和利润分配,则在汇总审计差异阶段一并考虑,而不是编写一个审计调整分录,立即考虑对所得税和利润分配

二、特殊项目的审计

(一)首次接受委托时对期初余额审计

期初余额是指期初已存在的账户余额。期初余额以上期期末余额为基础,反映了以前期间的交易和上期采用的会计政策的结果。期初余额的审计,既包括注册会计师首次接受委托对被审计单位的财务报表进行审计,也包括连续审计,前者相对要实施更多的审计程序。注册会计师对财务报表进行审计,是对被审计单位所审计期间财务报表发表审计意见,一般无须专门对期初余额发表审计意见,但因为期初余额是本期财务报表的基础,所以要对期初余额实施适当的审计程序。

1. 期初余额的审计目标(见表 9-2)

表 9-2　期初余额的审计目标

审计目标	目标内容
1. 证实不存在对本期财务报表产生重大影响的错报	(1)判断期初余额的错报对本期财务报表使用者进行决策的影响程度是否足以改变或影响其判断
	(2)如果期初余额存在对本期财务报表产生重大影响的错报，则注册会计师在审计中必须对此提出恰当的审计调整或披露建议
	(3)如果期初余额存在对本期财务报表不产生重大影响的错报，则注册会计师无须对此予以特别关注和处理
2. 上期期末余额已正确结转至本期，或在适当的情况下已作出重新表述	(1)上期账户余额计算正确
	(2)上期总账余额与各明细账余额合计数或日记账余额合计数相等
	(3)上期各总账余额和相应的明细账余额或日记账余额已经分别恰当地转入本期的总账和相应的明细账或日记账
3. 被审计单位一贯运用恰当的会计政策，或对会计政策的变更作出正确的会计处理和恰当的列报	(1)评价被审计单位是否一贯运用恰当的会计政策
	(2)评价对会计政策的变更作出了正确的会计处理和恰当的列报

2. 期初余额审计结果对审计报告的影响(见表 9-3)

表 9-3　期初余额审计结果对审计报告的影响

影响的情形	对审计报告的影响
1. 审计后无法获取有关期初余额充分、适当的审计证据	如果实施相关审计程序后无法获取有关期初余额充分、适当的审计证据，注册会计师应当出具保留意见或无法表示意见的审计报告
2. 期初余额存在重大错报对审计报告的影响	(1)如果期初余额存在对本期财务报表产生重大影响的错报，注册会计师应当告知管理层
	(2)如果上期财务报表由前任注册会计师审计，注册会计师还应当考虑提请管理层告知前任注册会计师
	(3)如果错报的影响未能得到正确的会计处理和恰当的列报，注册会计师应当出具保留意见或否定意见的审计报告

期初余额的审计，既包括注册会计师首次接受委托对被审计单位的财务报表进行审计，也包括连续审计，前者相对要实施更多的审计程序。总之，注册会计师的审计对象毕竟是本期的财务报表，对期初余额的审计应该遵循适度原则。一般情况下，期初余额审计的重点应放在三个方面：一是上期结转至本期的金额；二是对比本期和上期所采用的会计

政策；三是上期期末已存在的或有事项及承诺。

(二)或有事项审计

或有事项，是指过去的交易或事项形成的，其结果须由某些未来事项的发生或不发生才能决定的不确定事项。

(1) 或有事项的审计目标。首先确定或有事项是否存在和完整；其次确定或有事项的确认和计量是否符合企业会计准则的规定；最后确定或有事项的列报是否恰当。

(2) 或有事项完整性的审计程序。①了解被审计单位与识别或有事项有关的内部控制；②审阅截至审计工作完成日被审计单位历次董事会纪要和股东大会会议记录，确定是否存在未决诉讼和仲裁、未决索赔、税务纠纷、债务担保、产品质量保证、财务承诺等方面的记录；③向与被审计单位有业务往来的银行函证，或检查被审计单位与银行之间的借款协议和往来函证，以查找有关票据贴现、背书、应收账款抵借、票据背书和担保；④检查与税务征管机构之间的往来函件和税收结算报告，以确定是否存在税务争议；⑤向被审计单位的法律顾问和律师进行函证，分析所审计期间发生的法律费用，以确定是否存在未决诉讼、索赔等事项；⑥向被审计单位管理层获取书面声明，声明其已按照企业会计准则的规定，对全部或有事项作了恰当反映。

在审计过程中，或有事项和期后事项往往是密不可分的。或有事项属于会计范畴，期后事项属于审计范畴，会计上的或有事项很可能会形成审计上的期后事项。在对被审计单位期后事项和或有事项进行审计时，注册会计师往往要向被审计单位的法律顾问和律师进行函证，即律师声明书，以获取与或有事项和期后事项等有关的审计证据。

(三)期后事项审计

(1) 期后事项的含义。期后事项是指资产负债表日至审计报告日之间发生的事项以及审计报告日后发现的事实。

(2) 期后事项的种类如表9-4所示。

表 9-4　期后事项审计

资产负债表日后调整事项	资产负债表日后非调整事项
诉讼案件结案	(1)发生重大诉讼、仲裁、承诺
	(2)资产价格、税收政策、外汇汇率发生重大变化
资产发生减值或需要确认减值	(3)因自然灾害导致资产发生重大损失
	(4)发行股票和债券以及其他巨额举债
确认资产负债表日前购入资产的成本或售出资产的收入	(5)资本公积转增资本
	(6)发生巨额亏损
资产负债表日后发现了财务报表舞弊或差错	(7)发生企业合并或处置子公司
	(8)企业利润分配方案中拟分配的以及经审议批准宣告发放的股利或利润

(3) 不同时段期后事项及 CPA 责任划分。

根据上述定义，期后事项可以按时段划分为三个时段：资产负债表日后至审计报告日之间发生的事项称为"第一时段期后事项"；审计报告日后至财务报表报出日之间发现的事实称为"第二时段期后事项"；财务报表报出日后发现的事实称为"第三时段期后事项"，如图 9-1 所示。

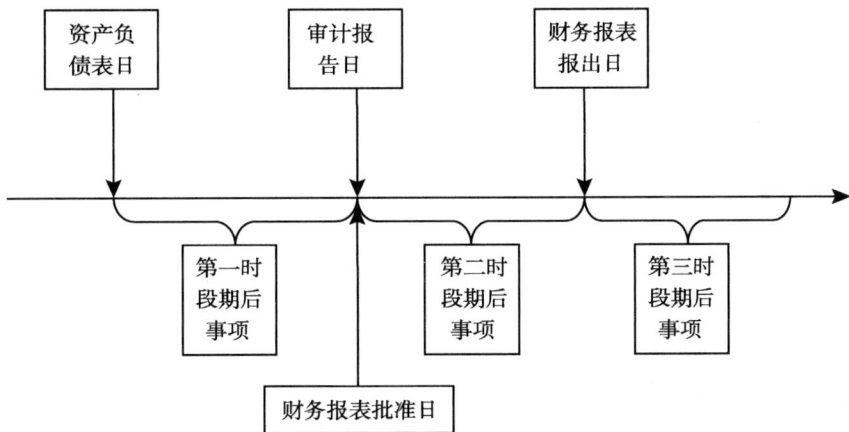

图 9-1　期后事项分段示意

对于期后事项的审计，应掌握以下基本原则：主动识别第一时段期后事项，被动识别第二时段期后事项，没有义务识别第三时段期后事项。

(4) 主动识别第一时段期后事项。

① 基本原则。注册会计师应当实施必要的审计程序，获取充分、适当的审计证据，以确定截至审计报告日发生的、需要在财务报表中调整或披露的事项是否均已得到识别。

资产负债表日至审计报告日之间发生的期后事项属于第一时段期后事项。对于这一时段的期后事项，注册会计师负有主动识别的义务，应当设计专门的审计程序来识别这些期后事项，并根据这些事项的性质判断其对财务报表的影响，进而确定是进行调整还是披露。

② 知悉对财务报表有重大影响的期后事项时的考虑。在实施了上述用于识别期后事项的审计程序后，如果知悉对财务报表有重大影响的期后事项，注册会计师应当考虑这些事项在财务报表中是否得到恰当的会计处理或予以充分披露。

如果所知悉的期后事项属于调整事项，注册会计师应当考虑被审计单位是否已对财务报表作出适当的调整。如果所知悉的期后事项属于非调整事项，注册会计师应当考虑被审计单位是否在财务报表附注中予以充分披露。

(5) 被动识别第二时段期后事项。

① 基本原则。在审计报告日后，注册会计师没有责任针对财务报表实施审计程序或进行专门查询。但是，在这一阶段，被审计单位的财务报表并未报出，管理层有责任将发现的可能影响财务报表的事实告知注册会计师。当然，注册会计师还可能从媒体报道、举报信或者证券监管部门告知等途径获悉影响财务报表的期后事项。

② 知悉第二时段期后事项时的考虑。

管理层修改财务报表时的处理。如果管理层修改了财务报表，注册会计师应当根据具体情况实施必要的审计程序。此时，注册会计师需要获取充分、适当的审计证据，以验证管理层根据期后事项所作出的财务报表调整或披露是否符合企业会计准则和相关会计制度的规定。例如，被审计单位在财务报表报出日前取得了法院关于诉讼赔偿案的最终判决，因此，管理层根据企业会计准则的相关规定，将应支付的该笔赔偿款反映于财务报表中。在这种情况下，注册会计师就应当实施与预计负债相关的审计程序。

由于管理层修改了财务报表，注册会计师除了根据具体情况实施必要的审计程序外，还要针对修改后的财务报表出具新的审计报告和索取新的管理层声明书。新的审计报告日期不应早于董事会或类似机构批准修改后的财务报表的日期。

由于审计报告日的变化，注册会计师应当将用于识别期后事项的审计程序延伸至新的审计报告日，以避免重大遗漏。

管理层不修改财务报表且审计报告未提交时的处理。如果注册会计师认为应当修改财务报表而管理层没有修改，并且审计报告尚未提交给被审计单位，注册会计师应当出具保留意见或否定意见的审计报告。

管理层不修改财务报表且审计报告已提交时的处理。如果注册会计师认为应当修改财务报表而管理层没有修改，并且审计报告已提交给被审计单位，注册会计师应当通知管理层不要将财务报表和审计报告向第三方报出。

如果财务报表仍被报出，注册会计师应当采取措施防止财务报表使用者信赖该审计报告。例如，针对上市公司，注册会计师可以利用证券传媒，刊登必要的声明，防止使用者信赖审计报告。注册会计师采取的措施取决于自身的权利和义务以及所征询的法律意见。

第二节　完成审计工作的具体步骤

审计项目组在审计中发现的被审计单位的会计处理方法与有关会计准则的不一致，即为审计差异。审计项目经理应根据审计重要性原则予以初步确定并汇总审计差异，并建议被审计单位进行调整，使经审计的财务报表所载信息能够公允地反映被审计单位的财务状况、经营成果和现金流量。对审计差异内容的"初步确定并汇总"直至形成"经审计的财务报表"的过程，主要是通过以下步骤完成的。

一、审计差异分类

(一)按是否准确计量分类

审计差异按是否能够准确计量可分为已经识别的具体错报和推断误差。

(1) 已经识别的具体错报是指注册会计师在审计过程中发现的、能够准确计量的错报，包括对事实的错报和涉及主观决策的错报两类。

① 对事实的错报。这类错报产生于被审计单位收集和处理数据的错误以及对事实的忽略或误解，或故意舞弊行为。例如，注册会计师在实施细节测试时发现最近购入存货的实际价值为 15000 元，但账面记录的金额却为 10000 元。因此，存货和应付账款分别被低估了 5000 元，这里被低估的 5000 元就是已识别的对事实的具体错报。

② 涉及主观决策的错报。这类错报产生于两种情况：一是管理层和注册会计师对会计估计值的判断差异，例如，由于包含在财务报表中的管理层作出的估计值超出了注册会计师确定的一个合理范围，导致出现判断差异；二是管理层和注册会计师对选择和运用会计政策的判断差异，由于注册会计师认为管理层选用会计政策造成错报，管理层却认为选用会计政策适当，导致出现判断差异。

(2) 推断误差，也称"可能误差"，是注册会计师对不能明确、具体地识别的其他错报的最佳估计数。推断误差通常包括以下两点。

① 通过测试样本估计出的总体的错报减去在测试中发现的已经识别的具体错报。例如，应收账款年末余额为 2000 万元，注册会计师抽查样本发现金额有 100 万元的高估，高估部分为账面金额的 20%，据此注册会计师推断总体的错报金额为 400(2000×20%)万元，那么上述 100 万元就是已识别的具体错报，其余 300 万元即为推断误差。

② 通过实质性分析程序推断出的估计错报。例如，注册会计师根据客户的预算资料及行业趋势等要素，对客户年度销售费用独立地作出估计，并与客户账面金额比较，发现两者间有 50%的差异；考虑到估计的精确性有限，注册会计师根据经验认为 10%的差异通常是可接受的，而剩余 40%的差异需要有合理解释并取得佐证性证据；假定注册会计师对其中 20%的差异无法得到合理解释或不能取得佐证，则该部分差异金额即为推断误差。

(二)按是否需要调整账户记录分类

审计差异按是否需要调整账户记录可以分为核算错误和重分类错误。这两类审计差异具有本质上的区别。

(1) 核算错误是指被审计单位对交易与事项进行不恰当的计核算(确认、计量和记录)而引起的错误。如虚构销售、漏记负债，不仅需要调整报表，还需要调整相关账户记录。

(2) 重分类错误是指被审计单位未按照适用的会计准则和相关会计制度的规定编制财务报表而引起的错误，不管错误大小都需要调整，例如企业在应付款项中反映的预付款项、在应收款项中反映的预收款项等；"一年内将到期的长期借款"在长期借款项目列报了，则只需要调整财务报表项目，不需要调整有关账户记录。

二、编制审计差异调整表

对于上述审计差异，审计项目组成员必须编制审计差异调整表进行汇总。如何运用审计重要性原则来进一步划分审计过程中发现的核算错误，是正确编制审计差异调整表的关键。具体调整过程说明如下。

(一)第一次调整

情况一：对于单笔核算错误超过所涉及财务报表项目(或账项)层次重要性水平的，应视为建议调整的不符事项。以应收账款项目为例，假定项目组成员正在对甲企业的财务报表进行审计，报表层次的重要性水平为 300 万元，应收账款项目重要性水平为 30 万元，以下均沿用本案例。在应收账款项目审计过程中，如果发现一笔 40 万元的错报，已经超过了该项目的重要性水平 30 万元，因此可以直接划分为建议调整的不符事项。情况二：对于单笔核算错误低于所涉及财务报表项目(或账项)层次重要性水平，但性质重要的，例如涉及舞弊与违法行为的、影响收益趋势的核算错误等，也应视为建议调整的不符事项。如果在对甲企业应收账款项目的审计过程中发现一笔 15 万元的错报，是与另外一家单位串通舞弊造成的，虽然金额低于 30 万元，但是性质重要，也要建议其调整。

(二)第二次调整

对于单笔核算错误低于所涉及财务报表项目(或账项)层次重要性水平，并且性质也不重要的，应视为不建议调整的不符事项(即未调整的不符事项)。但当若干笔同类型不建议调整的不符事项汇总差异数超过财务报表项目(或账项)层次重要性水平时，应从中选取几笔转为建议调整的不符事项，使未调整不符事项汇总金额降至项目层次重要性水平之下。例如，审计时发现一笔 15 万元的错报、一笔 20 万元的错报、一笔 8 万元的错报，且性质都不重要，任意一笔错报都没有超过 30 万元，但是三笔错报加在一起共计 43 万元，远远超过了项目层次的重要性水平，此时只要把 20 万元的错报转为建议调整的不符事项，剩余的两笔共计 23 万元，就可以确认为不建议调整的不符事项。

(三)第三次调整

前两次调整都是考虑财务报表项目(或账项)层次重要性水平，之后还要与报表层次的重要性水平相比较。如果在计划阶段重要性水平的确定采用的是分配法，则如果每个项目的错报都低于项目层次重要性水平，合计的错报金额也不会超过报表层次的重要性水平，但是如果采用的是不分配的方法，项目层次的重要性水平合计金额与报表层次的重要性水平不相等，就可能要进行第三次调整。将所有项目错报的合计数与报表层次重要性水平相比较，如果超过报表层次重要性水平，则应从中选取几笔转为建议调整的不符事项，使未调整不符事项汇总金额降至报表层次重要性水平之下。

(四)第四次调整

考虑前期期末未调整的、继续影响本期的错报漏报金额，如果和第三次调整后的合计数超过报表层次重要性水平，仍应继续调整，直至剩下的未调整不符事项汇总金额低于报表层次的重要性水平。例如应收账款等所有账户经过前三次调整之后，不建议调整的不符事项加总共 280 万元，低于报表层次的重要性水平，但是以前未调整、继续影响本期的错报还有 50 万元，则合计 330 万元的错报超过了报表层次的重要性水平 300 万元，还应进行调整。至于是调上期的错报还是调本期的错报并不重要，只要使调整后的金额低于报表层次的重要性水平就可以了。

(五)第五次调整

考虑期后事项、或有事项等特殊项目的影响。调整原则和方法同上。

在进行审计差异调整时，最多可进行五次调整。前两次调整是具体错报与认定层次重要性水平相比较，后三次调整是错报汇总数与报表层次重要性水平相比较。

审计差异在审计工作底稿中一般都以会计分录的形式反映，通常可以通过编制账项调整分录汇总表、重分类调整分录汇总表和未更正错报汇总表的形式予以汇总，其基本格式见表9-5～表9-7。

表9-5 账项调整分录汇总表

被审计单位：＿＿＿＿＿＿＿＿＿＿＿＿　　索引号：＿＿＿＿＿＿＿＿＿＿＿＿

项目：＿＿＿＿＿＿＿＿＿＿＿＿＿＿　　财务报表截止日/期间：＿＿＿＿＿＿＿＿

编制人：＿＿＿＿＿＿＿＿＿＿＿＿＿　　复核人：＿＿＿＿＿＿＿＿＿＿＿＿＿

编制日期：＿＿＿＿＿＿＿＿＿＿＿＿　　复核日期：＿＿＿＿＿＿＿＿＿＿＿＿

| 序号 | 内容及说明 | 索引号 | 调整内容 | | | | 影响资产负债表金额+(-) | 影响利润表金额+(-) |
			借方项目	借方金额	贷方项目	贷方金额		

与被审计单位的沟通：

参加人员：＿＿＿＿＿＿＿＿＿＿＿＿＿＿＿＿＿＿＿＿＿＿＿＿＿＿＿＿＿＿＿

被审计单位：＿＿＿＿＿＿＿＿＿＿＿＿＿＿＿＿＿＿＿＿＿＿＿＿＿＿＿＿＿

审计项目组：＿＿＿＿＿＿＿＿＿＿＿＿＿＿＿＿＿＿＿＿＿＿＿＿＿＿＿＿＿

被审计单位的意见：＿＿＿＿＿＿＿＿＿＿＿＿＿＿＿＿＿＿＿＿＿＿＿＿＿＿＿

结论：＿＿＿＿＿＿＿＿＿＿＿＿＿＿＿＿＿＿＿＿＿＿＿＿＿＿＿＿＿＿＿＿＿

是否同意上述审计调整：＿＿＿＿＿＿＿＿＿＿＿＿＿＿＿＿＿＿＿＿＿＿＿＿＿

被审计单位授权代表签字：＿＿＿＿＿＿＿＿＿＿＿＿　　日期：＿＿＿＿＿＿＿＿

审计项目组在最终确定了建议调整的不符事项和重分类错误后，应以书面方式及时征求被审计单位对需要调整财务报表事项的意见。若被审计单位予以采纳，应取得被审计单位同意调整的书面确认；若被审计单位不予采纳，应分析原因，并根据未调整不符事项的重要程度，确定是否在审计报告中予以反映以及如何反映。

表 9-6　重分类调整分录汇总表

被审计单位：＿＿＿＿＿＿＿＿＿　　　索引号：＿＿＿＿＿＿＿＿＿＿＿＿＿

项目：＿＿＿＿＿＿＿＿＿＿＿　　　财务报表截止日/期间：＿＿＿＿＿＿＿

编制人：＿＿＿＿＿＿＿＿＿＿　　　复核人：＿＿＿＿＿＿＿＿＿＿＿＿＿

编制日期：＿＿＿＿＿＿＿＿＿　　　复核日期：＿＿＿＿＿＿＿＿＿＿＿＿

序号	内容及说明	索引号	调整内容			
			借方项目	借方金额	贷方项目	贷方金额

与被审计单位的沟通：

参加人员：＿＿＿＿＿＿＿＿＿＿＿＿＿＿＿＿＿＿＿＿＿＿＿＿＿＿＿

被审计单位：＿＿＿＿＿＿＿＿＿＿＿＿＿＿＿＿＿＿＿＿＿＿＿＿＿＿

审计项目组：＿＿＿＿＿＿＿＿＿＿＿＿＿＿＿＿＿＿＿＿＿＿＿＿＿＿

被审计单位的意见：＿＿＿＿＿＿＿＿＿＿＿＿＿＿＿＿＿＿＿＿＿＿＿

结论：＿＿＿＿＿＿＿＿＿＿＿＿＿＿＿＿＿＿＿＿＿＿＿＿＿＿＿＿＿＿

是否同意上述审计调整：＿＿＿＿＿＿＿＿＿＿＿＿＿＿＿＿＿＿＿＿＿＿

被审计单位授权代表签字：＿＿＿＿＿＿＿＿＿＿＿　　日期：＿＿＿＿＿＿＿

表 9-7 未更正错报汇总表

被审计单位：＿＿＿＿＿＿＿＿＿＿＿ 索引号：＿＿＿＿＿＿＿＿＿＿＿

项目：＿＿＿＿＿＿＿＿＿＿＿＿＿ 财务报表截止日/期间：＿＿＿＿＿＿＿

编制人：＿＿＿＿＿＿＿＿＿＿＿＿ 复核人：＿＿＿＿＿＿＿＿＿＿＿＿

内容及说明	索引号	未调整内容				备注
		借方项目	借方金额	贷方项目	贷方金额	

编制日期： 复核日期：

三、编制试算平衡表

试算平衡表是项目经理在被审计单位提供未审财务报表的基础上，考虑调整分录、重分类分录等内容以确定已审数与报表披露数的表式。有关资产负债表和利润表的试算平衡表其参考格式见表 9-8 和表 9-9。需要说明以下几点。

(1) 试算平衡表中的"期末未审数"和"审计前金额"列，应根据被审计单位提供的未审计财务报表填列。

(2) 试算平衡表中的"账项调整"和"调整金额"列，应根据经被审计单位同意的"账项调整分录汇总表"填列。

(3) 试算平衡表中的"重分类调整"列，应根据经被审计单位同意的"重分类调整分录汇总表"填列。

表 9-8 资产负债表试算平衡表

被审计单位：＿＿＿＿＿＿＿＿＿＿ 索引号：＿＿＿＿＿＿＿＿＿＿＿＿

项目：＿＿＿＿＿＿＿＿＿＿＿＿＿ 财务报表截止日/期间：＿＿＿＿＿＿＿

编制人：＿＿＿＿＿＿＿＿＿＿＿＿ 复核人：＿＿＿＿＿＿＿＿＿＿＿＿

编制日期：＿＿＿＿＿＿＿＿＿＿＿ 复核日期：＿＿＿＿＿＿＿＿＿＿＿＿

项 目	期末未审数	账项调整		重分类调整		期末审定数	项 目	期末未审数	账项调整		重分类调整		期末审定数
		借方	贷方	借方	贷方				借方	贷方	借方	贷方	
流动资产							流动负债						
货币资金							短期借款						
交易性金融资产							交易性金融负债						
应收票据							应付票据						
应收账款							应付账款						
预付款项							预收账款						
应收利息							应付职工薪酬						
应收股利							应交税费						
其他应收款							应付利息						
存货							应付股利						
一年内到期的非流动资产							一年内到期的非流动负债						
其他流动资产							其他应付款						
流动资产合计							其他流动负债						
非流动资产							流动负债合计						
可供出售金融资产							非流动负债						
持有至到期投资							长期借款						
长期应收款							应付债券						
长期股权投资							长期应付款						
投资性房地产							专项应付款						
固定资产							预计负债						
在建工程							递延所得税负债						
工程物资							其他非流动负债						
固定资产清理							非流动负债合计						
无形资产							负债合计						
开发支出							所有者权益						
商誉							实收资本(或股本)						
长期待摊费用							资本公积						
递延所得税资产							盈余公积						
其他非流动资产							未分配利润						
非流动资产合计							所有者权益合计						
资产总计							负债和所有者权益合计						

表 9-9　利润表试算平衡表

被审计单位：_____　　　索引号：_____

项目：_____　　　财务报表截止日/期间：_____

编制人：_____　　　复核人：_____

编制日期：_____　　　复核日期：_____

项　目	未 审 数	调整金额		审 定 数
		借　方	贷　方	
一、营业收入				
减：营业成本				
营业税金及附加				
销售费用				
管理费用				
财务费用				
资产减值损失				
加：公允价值变动损益				
投资收益				
二、营业利润				
加：营业外收入				
减：营业外支出				
三、利润总额				
减：所得税费用				
四、净利润				

　　(4) 在编制完试算平衡表后，应注意核对相应的钩稽关系。例如，资产负债表试算平衡表左边的"期末未审数"列合计数、"期末审定数"列合计数应分别等于其右边相应各列合计数；资产负债表试算平衡表左边的"账项调整"列中的借方合计数与贷方合计数之差应等于右边的"账项调整"列中的贷方合计数与借方合计数之差；资产负债表试算平衡表左边的"重分类调整"列中的借方合计数与贷方合计数之差应等于右边的"重分类调整"列中的贷方合计数与借方合计数之差，等等。

四、对财务报表总体合理性实施分析程序

　　在审计结束或临近结束时，注册会计师运用分析程序的目的是确定审计调整后的财务报表整体是否与其对被审计单位的了解一致，是否具有合理性。注册会计师应当围绕这一目的运用分析程序，对财务报表的总体合理性作出评价。此时运用分析程序是审计完成阶段的必要程序。

　　在运用分析程序进行总体复核时，如果识别出以前未识别的重大错报风险，注册会计

师应当重新考虑对全部或部分各类交易、账户余额、列报评估的风险是否恰当，并在此基础上重新评价之前计划的审计程序是否充分，是否有必要追加审计程序。

五、评价审计结果

注册会计师评价审计结果，主要是为了确定将要发表的审计意见的类型以及整个审计工作是否遵循了审计准则。为此，注册会计师必须完成两项工作：一是对重要性和审计风险进行最终的评价；二是对被审计单位已审计财务报表形成审计意见并草拟审计报告。

(一)对重要性和审计风险进行最终的评价

对重要性和审计风险进行最终评价，是注册会计师决定发表何种类型审计意见的必要过程。该过程可通过以下两个步骤来完成。

(1) 确定可能错报金额。可能错报金额包括已经识别的具体错报和推断误差。

(2) 根据财务报表层次重要性水平，确定可能的错报金额的汇总数(即可能错报总额)对财务报表的影响程度。

(二)对被审计单位已审计财务报表形成审计意见并草拟审计报告

在审计过程中，要实施各种测试。这些测试通常是由参与本次审计工作的审计项目组成员来执行的，而每个成员所执行的测试可能只限于某几个领域或账项。所以，在每个功能领域或报表项目的测试都完成之后，审计项目经理应汇总所有成员的审计结果。

在完成审计工作阶段，为了对财务报表整体发表适当的审计意见，必须将这些分散的审计结果加以汇总和评价，综合考虑在审计过程中所收集到的全部证据。负责该审计项目的主任会计师对这些工作负有最终的责任。在有些情况下，这些工作可以先由审计项目经理初步完成，然后再逐级交给部门经理和主任会计师认真复核。

在对审计意见形成最后决定之前，会计师事务所通常要与被审计单位进行沟通。在沟通过程中，项目经理可口头报告本次审计所发现的问题，并说明建议被审计单位作必要调整或表外披露的理由。当然，管理层也可以在会上申辩其立场。最后，双方通常会就需要被审计单位作出的改变达成协议。如果达成了协议，项目经理一般就可以确定自己发表审计意见的类型，并草拟出审计报告。

六、与治理层沟通，获取管理层声明

(一)与治理层沟通

为了借助公司内部之间的权力平衡和制约关系，保证财务信息质量，现代公司治理结构往往要求治理层对管理层编制财务报表的过程实施有效监督。因此，公司治理层和注册会计师在健全完善公司治理结构中都扮演着重要的角色，两者在对管理层编制的财务报表进行监督方面具有共同的关注点。

为了促进注册会计师和治理层之间的良性互动，审计准则规定了注册会计师与治理层沟通的标准。注册会计师应当直接与治理层沟通的事项主要包括注册会计师的责任、计划的审计范围和时间、审计工作中发现的问题以及注册会计师的独立性等。

(二)获取管理层声明

管理层声明，是指被审计单位管理层向注册会计师提供的关于财务报表的各项陈述。管理层声明具有以下两个基本作用：一是明确管理层对财务报表的责任。被审计单位管理层在声明中对提供给注册会计师的有关资料的真实性、合法性和完整性作出正面陈述，并明确承认对财务报表负责；二是提供审计证据。被审计单位管理层声明书把管理层对注册会计师的询问所做的答复以书面方式予以记录，可作为书面证据。

管理层声明包括书面声明和口头声明。书面声明作为审计证据通常比口头声明可靠。书面声明可采取下列形式：①管理层声明书。管理层声明书是列示管理层所作声明的书面文件。②注册会计师提供的列示其对管理层声明的理解并经管理层确认的函。③董事会及类似机构的相关会议纪要或已签署的财务报表副本。

管理层声明书是列示管理层所作声明的书面文件。下面的参考格式列示了一种管理层声明书的范例。

参考格式

管 理 层 声 明 书

××会计师事务所并××注册会计师：

本公司已委托贵事务所对本公司 2016 年 12 月 31 日的资产负债表，2016 年度的利润表、股东权益变动表和现金流量表以及财务报表附注进行审计，并出具审计报告。

为配合贵事务所的审计工作，本公司就已知的全部事项作出如下声明：

1. 本公司承诺，按照《企业会计准则》和《××会计制度》的规定编制财务报表是我们的责任。

2. 本公司已按照《企业会计准则》和《××会计制度》的规定编制 2016 年度财务报表，财务报表的编制基础与上年度保持一致，本公司管理层对上述财务报表的真实性、合法性和完整性承担责任。

3. 设计、实施和维护内部控制，保证本公司资产安全和完整，防止或发现并纠正错报，是本公司管理层的责任。

4. 本公司承诺财务报表符合适用的会计准则和相关会计制度的规定，公允反映本公司的财务状况、经营成果和现金流量情况，不存在重大错报，包括漏报。贵事务所在审计过程中发现的未更正错报，不论是单独还是汇总起来，对财务报表整体均不具有重大影响。未更正错报汇总(见附件)附后。

5. 本公司已向贵事务所提供了：

(1)全部财务信息和其他数据；

(2)全部重要的决议、合同、章程、纳税申报表等相关资料；

(3)全部股东会和董事会的会议记录。

6. 本公司所有经济业务均已按规定入账，不存在账外资产或未计负债。

7. 本公司认为所有与公允价值计量相关的重大假设是合理的，恰当地反映了本公司的意图和采取特定措施的能力；用于确定公允价值的计量方法符合《企业会计准则》的规定，并在使用上保持了一贯性；本公司已在财务报表中对上述事项作出恰当披露。

8. 本公司不存在导致重述比较数据的任何事项。

9. 本公司已提供所有与关联方和关联方交易相关的资料，并已根据《企业会计准则》和《××会计制度》的规定识别和披露了所有重大关联方交易。

10. 本公司已提供全部或有事项的相关资料。除财务报表附注中披露的或有事项外，本公司不存在其他应披露而未披露的诉讼、赔偿、承兑、担保等或有事项。

11. 除财务报表附注披露的承诺事项外，本公司不存在其他应披露而未披露的承诺事项。

12. 本公司不存在未披露的影响财务报表公允性的重大不确定事项。

13. 本公司已采取必要措施防止或发现舞弊及其他违反法律法规行为，未发现：

(1)涉及管理层的任何舞弊行为或舞弊嫌疑的信息；

(2)涉及对内部控制产生重大影响的雇员的任何舞弊行为或舞弊嫌疑的信息；

(3)涉及对财务报表的编制具有重大影响的其他人员的任何舞弊行为或舞弊嫌疑的信息。

14. 本公司严格遵守了合同规定的条款，不存在因未履行合同而对财务报表产生重大影响的事项。

15. 本公司对资产负债表上列示的所有资产均拥有合法权利，除已披露事项外，无其他被抵押、质押资产。

16. 本公司编制财务报表所依据的持续经营假设是合理的，没有计划终止经营或破产清算。

17. 本公司已提供全部资产负债表日后事项的相关资料，除财务报表附注中披露的资产负债表日后事项外，本公司不存在其他应披露而未披露的重大资产负债表日后事项。

18. 本公司管理层确信：

(1)未收到监管机构有关调整或修改财务报表的通知；

(2)无税务纠纷。

19. 其他事项。

注册会计师认为重要而需声明的事项，或者管理层认为必要而声明的事项。

(1)本公司在银行存款或现金运用方面未受到任何限制。

(2)本公司对存货均已按照《××会计制度》的规定予以确认和计量；受托代销商品或不属于本公司的存货均未包括在会计记录内；在途物资或由代理商保管的货物均已确认为本公司存货。

(3)本公司不存在未披露的大股东及关联方占用资金和担保事项。

××有限责任公司(盖章)

法定代表人(签名并盖章)

财务负责人(签名并盖章)

二〇一七年×月×日

课堂实训任务

资料：注册会计师在对 A 公司实施实质性程序时，抽查到以下情况：

(1) A 公司确认对 B 公司一笔销售收入 1000 万元(不含税，增值税税率为 17%)，销售货物为 A 公司生产的半成品，成本 900 万元，A 公司已开具增值税专用发票且已经收到货款；B 公司对其购进的上述半成品进行加工后又以 1100 万元的价格(不含税，增值税税率为 17%)销售给 A 公司，B 公司已开具增值税专用发票且已经收到货款，A 公司已作存货购进处理。

(2) 应收账款中应收 F 公司账款期末余额在贷方，金额为 50 万元；应付账款中应付 G 公司账款期末余额在借方，金额为 10 万元。

(3) A 公司固定资产全年共计提折旧 105.5 万元。注册会计师经过测算得出应计提折旧金额为 103.8 万元。

要求：以上事项是否属于审计差异？如果属于，分类别进行审计差异调整，编制调整分录，填制汇总表，并进行试算平衡。汇总表及试算平衡表见表 9-1 至表 9-5。

(假定各项目层次重要性水平均为 10 万元)

能 力 训 练

一、判断题(正确打√，错误打×)

1. 期后事项是指资产负债表日至审计报告日之间发生的事项以及审计报告日后发现的事实，它包括资产负债表日后调整事项和资产负债表日后非调整事项。　　(　　)

2. 审计差异是指被审计单位会计处理方法与审计准则不一致。　　(　　)

3. 对于单笔核算误差低于所涉及财务报表项目(或账项)层次重要性水平，无论其性质如何，均应不建议调整不符事项。　　(　　)

4. 审计调整分录同会计调整分录相同，都是"有借必有贷，借贷必相等"。　　(　　)

5. 企业在资产负债表的应收账款项目反映预收账款，在应付账款项目反映预付账款，属于重分类错误。　　(　　)

6. 建议将调整分录和重分类调整分录列入试算平衡表中进行调整。　　(　　)

7. 单笔核算错误大大低于所涉及财务报表项目(账项)层次重要性水平和未调整不符事项汇总数超过财务报表项目层次重要性水平，均可视为不建议调整的不符事项。　　(　　)

8. 试算平衡表表明账项调整后仍遵守资产等于负债加所有者权益之和的会计等式。　　(　　)

9. 注册会计师需要不断地在审计执行过程中修正计划的重要性水平。　　(　　)

10. 审计差异的种类按是否需要调整账户记录可以分为核算错误和重分类错误。(　　)

11. 被审计单位控制环境薄弱表明与财务报表层次重大错报风险评估最相关。（   ）

二、单项选择题

1. 对于单笔核算错误低于所涉及财务报表项目层次重要性水平，但性质重要的，如涉及舞弊和违法行为的错误、影响收益趋势等核算错误应视为(   )。

    A. 未更正的错误   B. 未建议调整的不符事项

    C. 建议调整的不符事项   D. 以上说法均不对

2. 注册会计师在审计中发现的某些核算错误超过所涉及财务报表项目层次重要性水平的应视为(   )。

    A. 重分类错误   B. 未建议调整的不符事项

    C. 建议调整的不符事项   D. 以上说法均不对

3. 审计工作底稿的第一级复核人是由(   )复核。

    A. 注册会计师   B. 审计项目经理

    C. 主任会计师   D. 审计助理

4. 在完成审计工作阶段，为了对财务报表整体发表恰当审计意见，必须将分散的审计结果加以汇总和评价，负责该审计项目的(   )对审计工作负有最终责任。

    A. 项目合伙人   B. 审计项目经理

    C. 主任会计师   D. 审计部门经理

5. 如果尚未更正的错报汇总数低于重要性水平，注册会计师可以发表(   )的审计报告。

    A. 保留意见   B. 无保留意见   C. 否定留意见   D. 无法表示意见

6. 在既定的审计风险水平下，可接受的检查风险水平与认定层次的重大错报风险评估结果(   )。

    A. 成正向关系   B. 成反向关系   C. 没有关系   D. 根据具体情况确定

7. 下列有关审计重要性的表述中，错误的是(   )。

    A. 在考虑一项错报是否重要时，既要考虑错报的金额，又要考虑错报的性质

    B. 如果一项错报单独或连同其他错报可能影响财务报表使用者依据财务报表作出的经济决策，则该项错报是重要的

    C. 如果已识别但尚未更正的错报汇总数接近但不超过重要性水平，注册会计师无须要求管理层调整

    D. 重要性的确定离不开职业判断

8. 在对财务报表进行分析后，确定资产负债表的重要性水平为 200 万元，利润表的重要性水平为 100 万元，则注册会计师应确定报表层次的重要性水平为(   )万元。

    A. 200   B. 100   C. 150   D. 300

9. 下列审计风险模型中涉及的各风险因素决定了注册会计师将要实施的审计程序的性质、时间和范围的是(   )。

    A. 审计风险   B. 检查风险   C. 抽样风险   D. 重大错报风险

10. 注册会计师设计和实施的进一步审计程序的性质、时间和范围，应当与下列评估的(　　)层次的重大错报风险具备明确的对应关系。

    A. 财务报表　　　　B. 认定　　　　　C. 账户余额　　　D. 交易或事项

三、多项选择题

1. 索取被审计单位管理层书面声明的作用主要有(　　)。

    A. 明确管理层对财务报表的责任　　　B. 确认注册会计师的审计范围

    C. 保护注册会计师　　　　　　　　　D. 提供审计证据之一

2. 下列各项中，通常包括在管理层声明书里的有(　　)。

    A. 管理层认可其对财务报表的编制责任

    B. 注册会计师应对财务报表的可靠程度提供绝对的保证

    C. 对财务报表具有重大影响的重大不确定事项

    D. 管理层应声明财务会计资料已全部提供给注册会计师

3. 审计差异按是否需要调整账户记录可分为(　　)。

    A. 会计核算错报　B. 重分类错报　　C. 已识别错报　　D. 推断错报

4. 审计调整分录同会计调整分录相比，主要区别在于(　　)等方面。

    A. 编制依据　　　B. 编制目的　　　C. 用途　　　　　D. 编制人

5. 试算平衡表是注册会计师在被审计单位提供未审财务报表的基础上，考虑(　　)等内容以确定已审数与报表披露数的表式。

    A. 建议调整分录　　　　　　　　　　B. 未建议调整分录

    C. 重分类调整分录　　　　　　　　　D. 以上均正确

6. 会计师事务所应当建立完善的审计工作底稿分级复核制度。审计工作底稿一般可分为(　　)层次的复核。

    A. 主任会计师复核　　　　　　　　　B. 项目组内部复核

    C. 项目质量控制复核　　　　　　　　D. 注册会计师的复核

7. 注册会计师与治理层沟通的主要目的是(　　)。

    A. 了解财务报表是否存在特别风险

    B. 了解在财务报表审计和沟通中的责任

    C. 及时向治理层告知审计中发现的与治理层责任相关的事项

    D. 共享有助于注册会计师获取审计证据和治理层履行责任的其他信息

8. 在编制试算平衡表后，应当注意核对相应的钩稽关系。下面表述正确的有(　　)。

    A. 资产负债表试算平衡表左边的"期末未审数"列合计数、"期末审定数"列合计数应分别等于其右边相应各列合计数

    B. 资产负债表试算平衡表左边的"账项调整"列中的借方合计数与贷方合计数之差应等于右边的"账项调整"列中的借方合计数与贷方合计数之差

    C. 资产负债表试算平衡表左边的"重分类调整"列中的借方合计数与贷方合计数之差应等于右边的"重分类调整"列中的贷方合计数与借方合计数之差

D. 资产负债表试算平衡表左边的"账项调整"列中的借方合计数与贷方合计数之差应等于右边的"账项调整"列中的贷方合计教与借方合计数之差

四、综合分析题

注册会计师对 B 公司 2017 年度的财务报表进行审计，确定报表层次的重要性水平为 15 万元。B 公司的总资产构成，如表 9-10 所示。

表 9-10 B 公司的总资产构成

单位：万元

项　目	金　额
货币资金	20
应收账款	300
存货	700
固定资产	800
无形资产	180
总计	2000

【要求】按各项资产占总资产的比例确定各报表项目的重要性水平，指出这种确定方法有无缺陷，并分析理由。

第十章

审计报告

知识能力目标

(1) 了解审计意见的具体类型及出具条件；

(2) 掌握审计报告的撰写要求和基本格式；

(3) 对于给定的条件，可以撰写不同审计意见类型的审计报告。

问题提示

2017 年 1 月 1 日～4 月 30 日，40 家证券资格会计师事务所(以下简称事务所)共为 3136 家上市公司出具了财务报表审计报告，其中，沪市主板 1225 家，深市主板 476 家，中小企业板 833 家，创业板 602 家。从审计报告意见类型看，披露财务报表审计报告的 3136 家上市公司中，3031 家上市公司被出具了标准无保留意见审计报告，75 家上市公司被出具了带强调事项段的无保留意见审计报告，20 家上市公司被出具了保留意见的审计报告，10 家上市公司被出具了无法表示意见审计报告。

2017 年 1 月 1 日～4 月 30 日，40 家事务所共为 1565 家上市公司出具了内部控制审计报告，其中，沪市主板 1041 家，深市主板 457 家，中小企业板 55 家，创业板 12 家。从审计报告意见类型看，1480 家上市公司被出具了标准无保留意见的审计报告，65 家上市公司被出具了带强调事项段的无保留意见审计报告，21 家上市公司被出具了否定意见的审计报告。

问题：

(1) 上述审计意见类型的含义是什么？

(2) 哪些审计意见显示上市公司的财务报表有潜在风险？

第一节　审计意见类型

一、审计意见的含义及类型

审计意见是指审计师在完成审计工作后，对于鉴证对象是否符合鉴证标准而发表的意见。对于财务报表审计而言，则是对财务报表是否已按照适用的会计准则编制，以及财务报表是否在所有重大方面公允地反映了被审计单位的财务状况、经营成果和现金流量发表意见。

审计意见的基本类型包括无保留意见、保留意见、否定意见、无法表示意见，其关系如图 10-1 所示。

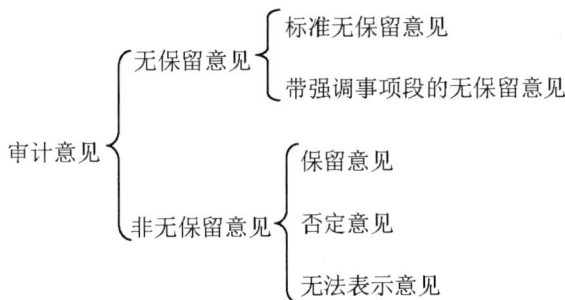

图 10-1 审计意见的基本类型

(一)无保留意见

无保留意见的审计报告分为标准无保留意见审计报告和带强调事项段的无保留意见审计报告。

1. 标准无保留意见

出具无保留意见的审计报告必须是被审计单位财务报表的编制同时满足以下条件。

(1) 财务报表符合国家颁布的企业会计准则和相关会计制度。

(2) 财务报表在所有重大方面公允地反映了被审计单位的财务状况、经营成果和现金流量。

(3) 已按照审计准则的要求实施了审计工作，在审计过程中未受阻碍和限制。

(4) 不存在应调整或披露，而被审计单位未予调整或披露的重要事项。

当出具无保留意见的审计报告时，注册会计师审计应当以"我们认为"作为意见段的开头，并使用"在所有重大方面""公允反映"等术语。

🔊 注意

当注册会计师出具的无保留意见的审计报告，不附加说明段、强调事项段或任何修饰性用语时，该报告称为标准审计报告，其审计意见类型称为标准无保留意见。

2. 带强调事项段的无保留意见

审计报告的强调事项段是指注册会计师在审计意见段之后增加的对重大事项予以强调的段落。

(1) 强调事项应当同时符合下列条件。

① 可能对财务报表产生重大影响，但被审计单位进行了恰当的会计处理，且在财务报表中作出充分披露。

② 不影响注册会计师发表的审计意见。注册会计师应当在强调事项段中指明，该段内容仅用于提醒财务报表使用者关注，并不影响已发表的审计意见。强调事项段可以出现在无保留意见、保留意见的审计报告的意见段之后。

(2) 注册会计师应当在审计意见段之后增加强调事项段的情况应包括下列各点。

① 对持续经营能力产生重大疑虑。当存在可能导致对持续经营能力产生重大疑虑的事项或情况，但不影响已发表的审计意见时，注册会计师应当在审计意见段之后增加强调事项段对此予以强调。例如，被审计单位有巨额债务即将到期等。

② 重大不确定事项。当存在可能对财务报表产生重大影响的不确定事项(持续经营问题除外)，但不影响已发表的意见时，注册会计师应当考虑在审计意见段之后增加强调事项段对此予以强调。例如，被审计单位受到其他单位起诉，指控其侵犯专利权，要求其停止侵权行为并赔偿造成的损失，法院已经受理但尚未审理。该诉讼事项是一种不确定事项，因为诉讼事项的结果依赖于法院的判决或原告采取的行动，不受被审计单位直接控制，也不以被审计单位的意志为转移。但该诉讼事项一旦被法院审理判决，可能给被审计单位带来损失。

③ 其他审计准则规定增加强调事项段的情形。

注意

除上述两种情形以及其他审计准则规定的增加强调事项段的情形外，注册会计师不应在审计报告的审计意见段之后增加强调事项段或任何解释性段落，以免财务报表使用者产生误解。

(二)非无保留意见

非无保留意见的审计报告包括保留意见的审计报告、否定意见的审计报告和无法表示意见的审计报告。

1. 保留意见

保留意见是注册会计师认为被审计单位的财务报表就整体而言是公允的，但对财务报表的反映有所保留的审计意见。一般是由于某些事项的存在，使无保留意见的条件不完全具备，影响了被审计单位财务报表的表达，因而注册会计师对无保留意见加以修正，对影响事项提出保留意见，并表示对该意见负责。

如果认为财务报表是公允的，则存在下列情形之一时，注册会计师应当出具保留意见的审计报告。

(1) 会计政策的选用、会计估计的作出或财务报表的披露不符合企业会计准则和相关会计制度的规定，虽影响重大，但不至于出具否定意见的审计报告。

(2) 因审计范围受到限制，无法获取充分、适当的审计证据，虽影响重大，但不至于出具无法表示意见的审计报告。

当出具保留意见的审计报告时，注册会计师应当在审计意见段中使用"除……的影响外"等术语。如果因范围受到限制，注册会计师还应当在注册会计师的责任段中提及这一情况。

2. 否定意见

否定意见是指与无保留意见相反，注册会计师对财务报表公允地反映被审计单位财务状况、经营成果和现金流量不认可的审计意见。即被审计单位的财务报表不符合国家颁布的企业会计准则和相关会计制度的规定，未能公允地反映被审计单位的财务状况、经营成果和现金流量。这种情况在审计实务中很少见。

出具否定意见审计报告的条件如下所述。

(1) 当未调整事项、未确定事项等对财务报表的影响程度超出一定范围，以致对财务报表产生了无法接受的影响，被审计单位的财务报表已失去其价值时。

(2) 注册会计师如果认为被审计单位的财务报表不符合国家颁布的企业会计准则和相关会计制度的规定，未能从整体上公允反映被审计单位的财务状况、经营成果和现金流量时。

当出具否定意见的审计报告时，注册会计师应于意见段之前另设说明段，说明所持否定意见的理由，并在意见段中使用"由于上述问题造成的重大影响"等术语，并指出财务报表"不能公允地反映"问题。

3. 无法表示意见

注册会计师出具无法表示意见，不是注册会计师拒绝接受委托，而是注册会计师实施了一系列的审计程序后发表审计意见的一种方式；注册会计师出具无法表示意见，也不是不愿发表意见。

出具无法表示意见审计报告的条件：注册会计师在审计过程中，由于审计范围受到主观或客观环境的限制，不能对某些重要事项取得审计证据，没有完成取证工作，使注册会计师无法判断问题的归属及其对财务报表的影响程度，因而无法表示(肯定、否定或保留)意见。

注意

如果注册会计师已能确定应当出具保留意见或否定意见的审计报告，不得以无法表示意见的审计报告来代替。这种情况在审计实务中只能用罕见来形容。

二、区分审计报告类型的重要依据

注册会计师在出具保留意见、否定意见和无法表示意见的审计报告时，要判断是否符合国家颁布的企业会计准则和相关会计制度的规定或因审计范围受到限制是否影响重大，往往离不开重要性水平。在其他条件相同的情况下，重要性水平是考虑审计报告类型的重要依据。如果某项错报或审计范围受到限制对被审计单位财务报表的影响并不重要，预计也不会对未来各期财务报表产生重要影响，注册会计师就可出具无保留意见的审计报告。

审计报告的类型.mp4

(一)错报金额与重要性水平的比较

根据《独立审计具体准则第 10 号——审计重要性》的规定，重要性是指被审计单位财务报表中错报的严重程度，这一程度在特定环境下可能影响财务报表使用人的判断或决策。在确定审计程序的性质、时间和范围以及评价审计结果时，注册会计师应当合理运用重要性原则。注册会计师对重要性水平的评估取决于被审计单位的具体情况、财务报表项目的性质和自身的专业判断。注册会计师在运用重要性原则时，应当考虑错报的金额和性质，并合理选用重要性水平的判断基础，采用固定比率、变动比率等确定财务报表层次的重要性水平。

重要性水平的判断基础通常包括资产总额、净资产、营业收入、净利润等。例如，注册会计师可以采用资产总额的 0.5%~1%，净资产的 1%，营业收入的 0.5%~1%或净利润的 5%~10%等，确定重要性水平。注册会计师可以对财务报表确定一个重要性水平，也可以根据不同的行业确定两个重要性水平(如金融企业)。验证重要性水平是否合适的方法是将其纳入计算财务指标体系中，观察其对财务指标的影响。测试时，运用的财务指标既涉及资产负债表又涉及利润表和其他财务资料时更加有效，如净资产收益率。

下面将错报金额(或审计范围受到限制金额)与重要性水平进行比较，以判断出具审计报告的类型。

1. 错报金额不重要

当错报金额或审计范围受到限制而影响的金额不大，远远低于重要性水平，不至于影响财务报表使用者的决策，因而注册会计师认为该金额是不重要的，就可以出具无保留意见的审计报告。例如，被审计单位办公用品直接作为管理费用，因其金额很小，错报就不重要，可以出具无保留意见的审计报告。

2. 错报金额重要但就财务报表整体而言是公允的

当错报金额或审计范围受到限制的金额超过重要性水平，在某些方面影响财务报表使用者的决策，但对财务报表整体而言仍然是公允的，注册会计师可以出具保留意见的审计报告。例如，被审计单位在资产负债表日拥有的存货金额较大(超过重要性水平)，已将其用作商业银行贷款抵押品，但没有在财务报表附注中进行披露。如果其他商业银行利用该财务报表进行贷款决策，因不了解存货已作抵押就会受到一定影响。但存货的错报并不影响现金、应收账款和其他财务报表项目以及整个财务报表，因此，注册会计师出具保留意见的审计报告是合适的。

3. 错报金额非常重大且影响非常广泛以致财务报表整体公允性存在问题

当错报金额或审计范围受到限制的金额非常重大且影响又非常广泛，将会全面影响财务报表使用者的决策，注册会计师应当出具否定意见或无法表示意见的审计报告。例如，被审计单位在资产负债表日拥有的存货金额很大，远远超过重要性水平。如果存货出现错报，对财务报表许多项目乃至整个财务报表都会产生影响。因此，注册会计师需要考虑存货错报对净资产、流动资产、营运资本、资产总额、销售成本、利润总额、所得税、税后净利润的综合影响。在判断综合影响时，必须考虑该项目对财务报表其他项目的影响程度，亦即牵扯性。现金和应收账款之间的分类不当只会影响这两个账户，因此并无牵扯性；而一项重要的销售业务没有入账则会影响应收账款、流动资产、资产总额、销售收入、所得税、利润总额、净利润、留存收益等，因此牵扯性很广。一项错报金额或审计范围受到限制的金额产生的牵扯性越广，注册会计师出具否定或无法表示意见的审计报告的可能性就越大。例如，注册会计师可能对现金与应收账款的分类不当出具保留意见的审计报告，而对相同金额的销售业务没有入账则出具否定意见的审计报告。

(二)判断错报金额产生的影响

在实际工作中，确定错报金额或审计范围受到限制的金额对财务报表的影响程度并不容易，需要根据具体情况进行判断。

如果因会计政策的选用、会计估计的作出或财务报表的披露不符合国家颁布的企业会计准则和相关会计制度的规定，注册会计师应当采取以下措施判断错报金额产生的影响。

(1) 将错报金额与重要性水平比较。注册会计师应当将被审计单位拒绝调整的错报金额与推断的尚未发现的错报金额综合起来，判断是否对财务报表使用者的决策产生影响，并重点考虑错报金额的牵扯性。

(2) 确定错报的可计量性。有时，错报金额是难以计量的。例如，被审计单位拒绝披露当前的诉讼案件或在资产负债表日后购入的公司。在此情况下，注册会计师要判断事项涉及的金额可能对财务报表使用者决策造成的影响。

(3) 确定错报的性质。错报性质的不同对财务报表使用者的决策产生的影响不一样，对注册会计师出具审计报告类型的影响也不一样。

如果因审计范围受到限制，无法获取充分、适当的审计证据，注册会计师应当将由此引起的错报与重要性水平进行比较，并考虑其牵扯性。

第二节　审　计　报　告

一、审计报告的含义和作用

(一)审计报告的含义

审计报告是指注册会计师根据审计准则的规定，在实施审计工作的基础上对被审计单位财务报表发表审计意见的书面文件。注册会计师应当在审计报告中清楚地表达对财务报表的意见，并对出具的审计报告负责。

审计报告是注册会计师在完成审计工作后向委托人提交的最终产品，具有以下特征。

(1) 注册会计师应当按照中国注册会计师审计准则(以下简称审计准则)的规定执行审计工作。

(2) 注册会计师在实施审计工作的基础上才能出具审计报告。

(3) 注册会计师通过对财务报表发表意见履行业务约定书约定的责任。

(4) 注册会计师应当以书面形式出具审计报告。

(二)审计报告的作用

注册会计师签发的审计报告，主要具有鉴证、保护和证明三方面的作用。

1. 鉴证作用

注册会计师签发的审计报告，不同于政府审计和内部审计的审计报告，是以超然独立的第三者身份，对被审计单位财务报表的合法性、公允性发表意见。这种意见，具有鉴证作用，得到了政府及其各部门和社会各界的普遍认可。政府有关部门，如财政部门、税务部门等了解、掌握企业的财务状况和经营成果的主要依据是企业提供的财务报表。财务报表是否合法、公允，主要依据注册会计师的审计报告作出判断。股份制企业的股东，主要依据注册会计师的审计报告来判断被投资企业的财务报表是否公允地反映了财务状况和经营成果，以进行投资决策等。

2. 保护作用

注册会计师通过审计，可以对被审计单位财务报表出具不同类型审计意见的审计报告，以提高或降低财务报表信息使用者对财务报表的信赖程度，能够在一定程度上对被审计单位的财产、债权人和股东的权益及企业利害关系人的利益起到保护作用。如投资者为了减少投资风险，在进行投资之前，必须查阅被投资企业的财务报表和注册会计师的审计报告，了解被投资企业的经营情况和财务状况。投资者根据注册会计师的审计报告作出投资决策，可以降低其投资风险。

3. 证明作用

审计报告是对注册会计师审计任务完成情况及其结果所作的总结，它可以表明审计工作的质量并明确注册会计师的审计责任。因此，审计报告可以对审计工作质量和注册会计师的审计责任起证明作用。通过审计报告，可以证明注册会计师在审计过程中是否实施了必要的审计程序，是否以审计工作底稿为依据发表审计意见，发表的审计意见是否与被审计单位的实际情况相一致，审计工作的质量是否符合要求。通过审计报告，可以证明注册会计师审计责任的履行情况。

二、审计报告的基本要素

审计报告应当包括下列要素。

(一)标题

审计报告的标题应当统一规范为"审计报告"。

(二)收件人

审计报告的收件人是指注册会计师按照业务约定书的要求致送审计报告的对象,一般是指审计业务的委托人。注册会计师应当与委托人在业务约定书中约定致送审计报告的对象,以防止在此问题上发生分歧或审计报告被委托人滥用。审计报告应当载明收件人的全称,致送对象通常为被审计单位的全体股东或董事会。

(三)引言段

审计报告的引言段应当说明被审计单位的名称和财务报表已经过审计,并包括下列内容。

(1) 指出被审计单位的名称。

(2) 说明财务报表已经过审计。

(3) 指出构成整套财务报表的每张财务报表的名称。

(4) 提及财务报表附注。

(5) 指明构成整套此案无报表的每张财务报表的日期和涵盖的期间。

(四)管理层对财务报表的责任段

管理层对财务报表的责任段应当说明,编制财务报表是管理层的责任,这种责任包括以下各点。

(1) 设计、实施和维护与财务报表编制相关的内部控制,以使财务报表不存在由于舞弊或错误导致的重大错报。

(2) 选择和运用恰当的会计政策。

(3) 作出合理的会计估计。

(五)注册会计师的责任段

注册会计师的责任段应当说明下列内容。

(1) 注册会计师的责任是在实施审计工作的基础上对财务报表发表审计意见。

(2) 审计工作涉及实施审计程序,以获取有关财务报表金额和披露的审计证据。

(3) 注册会计师相信已获取的审计证据是充分、适当的,为其发表审计意见提供了基础。

(六)审计意见段

(1) 财务报表是否符合国家颁布的企业会计准则和相关会计法律法规的规定。

(2) 财务报表在所有重大方面是否公允地反映了被审计单位的财务状况、经营成果和现金流量。

(七)注册会计师的签名和盖章

审计报告应当由两名具备相关业务资格的注册会计师签名盖章并经会计师事务所盖章

方为有效。注册会计师在审计报告上签名并盖章，有利于明确法律责任。

(1) 合伙会计师事务所出具的审计报告，应当由一名对审计项目负最终复核责任的合伙人和一名负责该项目的注册会计师签名盖章。

(2) 有限责任会计师事务所出具的审计报告，应当由会计师事务所主任会计师或其授权的副主任会计师和一名负责该项目的注册会计师签名盖章。

(八)会计师事务所的名称、地址及盖章

审计报告应当载明会计师事务所的名称和地址，并加盖会计师事务所公章。

(九)报告日期

审计报告日期是指注册会计师完成审计工作的日期，而不是审计报告的撰写日期或提交日期。

(1) 审计报告应当注明报告日期。审计报告的日期不应早于注册会计师获取充分、适当的审计证据(包括管理层认可对财务报表的责任且已批准财务报表的证据)，并在此基础上对财务报表形成审计意见的日期。

(2) 确定审计报告日期应考虑的条件：①应当实施的程序已经完成；②应当提请被审计单位调整的事项已经提出，被审计单位已作出调整或拒绝调整；③管理层已经正式签署财务报表。

在实务中，注册会计师在正式签署审计报告前，通常需将审计报告草稿和已审计财务报表草稿一同提交给管理层。如果管理层批准并签署已审计财务报表，注册会计师即可签署审计报告。注册会计师签署审计报告的日期通常与管理层签署已审计财务报表的日期为同一天，或晚于管理层签署已审计财务报表的日期。

三、审计报告的格式

(一)标准审计报告的参考格式

标准审计报告是指不含有说明段、强调事项段、其他事项段或其他任何修饰性用语的无保留意见的审计报告。标准审计报告参考格式如下。

审　计　报　告

ABC 股份有限公司全体股东：

我们审计了后附的 ABC 股份有限公司(以下简称 ABC 公司)财务报表，包括 2016 年 12 月 31 日的资产负债表、2016 年度的利润表、股东权益变动表和现金流量表以及财务报表附注。

一、管理层对财务报表的责任

编制和公允列报财务报表是 ABC 公司管理层的责任。这种责任包括①设计、实施和维护与财务报表编制相关的内部控制，以使财务报表不存在由于舞弊或错误导致的重大错报；②选择和运用恰当的会计政策；③作出合理的会计估计。

二、注册会计师的责任

我们的责任是在实施审计工作的基础上对财务报表发表审计意见。我们按照中国注册会计师审计准则的规定执行了审计工作。中国注册会计师审计准则要求我们遵守注册会计师职业道德守则，计划和执行审计工作以对财务报表是否不存在重大错报获取合理保证。

审计工作涉及实施审计程序，以获取有关财务报表金额和披露的审计证据。选择的审计程序取决于注册会计师的判断，包括对由于舞弊或错误导致的财务报表重大错报风险的评估。在进行风险评估时，我们考虑与财务报表编制和公允列报相关的内部控制，以设计恰当的审计程序，但目的并非对内部控制的有效性发表意见。审计工作还包括评价管理层选用会计政策的恰当性和作出会计估计的合理性以及评价财务报表的总体列报。

我们相信，我们获取的审计证据是充分、适当的，为发表审计意见提供了基础。

三、审计意见

我们认为，ABC 公司财务报表在所有重大方面均严格按照企业会计准则的规定编制，公允反映了 ABC 公司 2016 年 12 月 31 日的财务状况以及 2016 年度的经营成果和现金流量。

衡信会计师事务所   中国注册会计师：王豪

(盖章)   (签名并盖章)

中国注册会计师：李明

(签名并盖章)

中国北京市   二○一七年二月二十七日

(二)带强调事项段的无保留意见审计报告的参考格式

带强调事项段的无保留意见审计报告是指在审计意见段之后增加对重大事项予以强调段落的无保留意见的审计报告。下面以"诉讼案件存在重大不确定性"而出具带强调事项段无保留意见的审计报告的参考格式。

审 计 报 告

ABC 股份有限公司全体股东：

我们审计了后附的 ABC 股份有限公司(以下简称 ABC 公司)财务报表，包括 2016 年 12 月 31 日的资产负债表、2016 年度的利润表、股东权益变动表和现金流量表以及财务报表附注。

一、管理层对财务报表的责任

编制和公允列报财务报表是 ABC 公司管理层的责任。这种责任包括①设计、实施和维护与财务报表编制相关的内部控制，以使财务报表不存在由于舞弊或错误导致的重大错报；②选择和运用恰当的会计政策；③作出合理的会计估计。

二、注册会计师的责任

我们的责任是在实施审计工作的基础上对财务报表发表审计意见。我们按照中国注册会计师审计准则的规定执行了审计工作。中国注册会计师审计准则要求我们遵守注册会计师职业道德守则，计划和执行审计工作以对财务报表是否不存在重大错报获取合理保证。

审计工作涉及实施审计程序，以获取有关财务报表金额和披露的审计证据。选择的审计程序取决于注册会计师的判断，包括对由于舞弊或错误导致的财务报表重大错报风险的评估。在进行风险评估时，我们考虑与财务报表编制和公允列报相关的内部控制，以设计恰当的审计程序，但目的并非对内部控制的有效性发表意见。审计工作还包括评价管理层选用会计政策的恰当性和作出会计估计的合理性以及评价财务报表的总体列报。

我们相信，我们获取的审计证据是充分、适当的，为发表审计意见提供了基础。

三、审计意见

我们认为，ABC 公司财务报表在所有重大方面均严格按照企业会计准则的规定编制，公允反映了 ABC 公司 2016 年 12 月 31 日的财务状况以及 2016 年度的经营成果和现金流量。

四、强调事项

我们提醒财务报表使用者关注，如财务报表附注×所述，截至财务报表批准日，东方股份有限公司对 ABC 公司提出的诉讼尚在审理当中，其结果具有不确定性。本段内容不影响已发表的审计意见。

衡信会计师事务所　　　　　　　　　　　　　　　中国注册会计师：王豪

(盖章)　　(签名并盖章)

中国注册会计师：李明

(签名并盖章)

中国北京市　　　　　　　　　　　　　　　　　　二〇一七年二月二十七日

(三)保留意见审计报告的参考格式

当出具保留意见的审计报告时，注册会计师应于意见段之前另设说明段，注册会计师应当在审计意见段中使用"除……的影响外"等术语。下面是以"会计政策的选用不恰当"而出具保留意见的审计报告参考格式。

<h2 style="text-align:center">审 计 报 告</h2>

ABC 股份有限公司全体股东：

我们审计了后附的 ABC 股份有限公司(以下简称 ABC 公司)财务报表，包括 2016 年 12 月 31 日的资产负债表、2016 年度的利润表、股东权益变动表和现金流量表以及财务报表附注。

一、管理层对财务报表的责任

编制和公允列报财务报表是 ABC 公司管理层的责任。这种责任包括①设计、实施和维护与财务报表编制相关的内部控制，以使财务报表不存在由于舞弊或错误导致的重大错报；②选择和运用恰当的会计政策；③作出合理的会计估计。

二、注册会计师的责任

我们的责任是在实施审计工作的基础上对财务报表发表审计意见。我们按照中国注册会计师审计准则的规定执行了审计工作。中国注册会计师审计准则要求我们遵守注册会计师职业道德守则，计划和执行审计工作以对财务报表是否不存在重大错报获取合理保证。

审计工作涉及实施审计程序，以获取有关财务报表金额和披露的审计证据。选择的审计程序取决于注册会计师的判断，包括对由于舞弊或错误导致的财务报表重大错报风险的评估。在进行风险评估时，我们考虑与财务报表编制和公允列报相关的内部控制，以设计恰当的审计程序，但目的并非对内部控制的有效性发表意见。审计工作还包括评价管理层选用会计政策的恰当性和作出会计估计的合理性以及评价财务报表的总体列报。

我们相信，我们获取的审计证据是充分、适当的，为发表保留意见提供了基础。

三、导致保留意见的事项

ABC 公司 2016 年 12 月 31 日资产负债表中存货的列示金额为 100 万元。管理层根据成本对存货进行计量，而没有根据成本与可变现净值孰低的原则进行计量，这不符合企业会计准则的规定。公司的会计记录显示，如果管理层以成本与可变现净值孰低来计量存货，存货列示金额将减少 5 万元。相应地，资产减值损失将增加 5 万元，所得税、净利润将分别减少 1.25 万元、3.75 万元。

四、审计意见

我们认为，除了"三、导致保留意见的事项"所述事项产生的影响外，ABC 公司财务报表在所有重大方面均严格按照企业会计准则的规定编制，公允反映了 ABC 公司 2016 年 12 月 31 日的财务状况以及 2016 年度的经营成果和现金流量。

衡信会计师事务所　　　　　　　　　　　　　　　　中国注册会计师：王豪

(盖章)　(签名并盖章)

中国注册会计师：李明

(签名并盖章)

中国北京市　　　　　　　　　　　　　　　　　二〇一七年二月二十七日

下面是以"审计范围受到限制"而出具保留意见的审计报告参考格式。

审 计 报 告

ABC 股份有限公司全体股东：

我们审计了后附的 ABC 股份有限公司(以下简称 ABC 公司)财务报表，包括 2016 年 12 月 31 日的资产负债表、2016 年度的利润表、股东权益变动表和现金流量表以及财务报表附注。

一、二项内容(略)

三、导致保留意见的事项

如财务报表附注×所述，ABC 公司于 2015 年取得了 XYZ 公司 30%的股权，因能够对

XYZ 公司施加重大影响，故采用权益法核算该项股权投资，于 2015 年度确认对 XYZ 公司的投资收益×元，截至 2015 年 12 月 31 日该项股权投资的账面价值为×元。由于我们未被允许接触 XYZ 公司的财务信息、管理层和执行 XYZ 公司审计的注册会计师，我们无法就该项股权投资的账面价值以及 ABC 公司确认的 2015 年度对 XYZ 公司的投资收益获取充分、适当的审计证据，也无法确定是否有必要对这些金额进行调整。

四、审计意见

我们认为，除了"三、导致保留意见的事项"所述事项产生的影响外，ABC 公司财务报表在所有重大方面均严格按照企业会计准则的规定编制，公允反映了 ABC 公司 2016 年 12 月 31 日的财务状况以及 2016 年度的经营成果和现金流量。

衡信会计师事务所　　　　　　　　　　　　　　　中国注册会计师：王豪

(盖章)　(签名并盖章)

中国注册会计师：李明

　　　　　　　　　　　　　　　　　　　　　(签名并盖章)

中国北京市　　　　　　　　　　　　　　　二〇一七年二月二十七日

(四)否定意见审计报告的参考格式

当出具否定意见的审计报告时，注册会计师应于意见段之前另设说明段，说明所持否定意见的理由，并在意见段中使用"由于上述问题造成的重大影响"等术语，并指出财务报表"不能公允地反映"问题。

下面是以"会计政策的选用不恰当"而出具否定意见的审计报告参考格式。

审 计 报 告

ABC 股份有限公司全体股东：

我们审计了后附的 ABC 股份有限公司(以下简称 ABC 公司)财务报表，包括 2016 年 12 月 31 日的资产负债表、2016 年度的利润表、股东权益变动表和现金流量表以及财务报表附注。

一、管理层对财务报表的责任

编制和公允列报财务报表是 ABC 公司管理层的责任。这种责任包括①设计、实施和维护与财务报表编制相关的内部控制，以使财务报表不存在由于舞弊或错误导致的重大错报；②选择和运用恰当的会计政策；③作出合理的会计估计。

二、注册会计师的责任

我们的责任是在实施审计工作的基础上对财务报表发表审计意见。我们按照中国注册会计师审计准则的规定执行了审计工作。中国注册会计师审计准则要求我们遵守注册会计师职业道德守则，计划和执行审计工作以对财务报表是否不存在重大错报获取合理保证。

审计工作涉及实施审计程序，以获取有关财务报表金额和披露的审计证据。选择的审计程序取决于注册会计师的判断，包括对由于舞弊或错误导致的财务报表重大错报风险的评估。在进行风险评估时，我们考虑与财务报表编制和公允列报相关的内部控制，以设计恰当的审计程序，但目的并非对内部控制的有效性发表意见。审计工作还包括评价管理层选用会计政策的恰当性和作出会计估计的合理性以及评价财务报表的总体列报。

我们相信，我们获取的审计证据是充分、适当的，为发表否定意见提供了基础。

三、导致否定意见的事项

如财务报表附注×所述，2015 年 ABC 公司通过非同一控制下的企业合并获得对 XYZ 公司的控制权，因未能取得购买日 XYZ 公司某些重要资产和负债的公允价值，故未将 XYZ 公司纳入合并财务报表的范围，而是按成本法核算对公司的股权投资。ABC 公司的这项会计处理不符合企业会计准则的规定。如果将 XYZ 公司纳入合并财务报表的范围，ABC 公司合并财务报表的多个报表项目将受到重大影响，但我们无法确定未将 XYZ 公司纳入合并范围对财务报表产生的影响。

四、审计意见

我们认为，由于"三、导致否定意见的事项"所述事项的重要性，ABC 公司财务报表没有在所有重大方面按照企业会计准则的规定编制，未能公允反映 ABC 公司 2016 年 12 月 31 日的财务状况以及 2016 年度的经营成果和现金流量。

衡信会计师事务所　　　　　　　　　　　　中国注册会计师：王豪

(盖章)　　(签名并盖章)

中国注册会计师：李明

(签名并盖章)

中国北京市　　　　　　　　　　　　　　二〇一七年二月二十七日

(五)无法表示意见的审计报告参考格式

下面是以"审计范围受到严重限制，无法针对财务报表多个要素获取充分、适当的审计证据"而出具无法表示意见的审计报告参考格式。

审 计 报 告

ABC 股份有限公司全体股东：

我们接受委托，审计后附的 ABC 股份有限公司(以下简称 ABC 公司)财务报表，包括 2016 年 12 月 31 日的资产负债表、2016 年度的利润表、股东权益变动表和现金流量表以及财务报表附注。

一、管理层对财务报表的责任

编制和公允列报财务报表是 ABC 公司管理层的责任。这种责任包括①设计、实施和维护与财务报表编制相关的内部控制，以使财务报表不存在由于舞弊或错误导致的重大错报；②选择和运用恰当的会计政策；③作出合理的会计估计。

二、注册会计师的责任

我们的责任是在按照中国注册会计师审计准则的规定执行审计工作的基础上对财务报表发表审计意见。但由于"三、导致无法表示意见的事项"中所述的事项，我们无法获取充分、适当的审计证据以为发表审计意见提供基础。

三、导致无法表示意见的事项

我们于 2017 年 1 月接受 ABC 公司的审计委托，因而未能对 ABC 公司 2016 年年初金额为×元的存货和年末金额为×元的存货实施监盘程序。此外，我们也无法实施替代审计程序获取充分、适当的审计证据。并且，ABC 公司于 2016 年 9 月采用新的应收账款电算化系统，由于存在系统缺陷导致应收账款出现大量错误。截至审计报告日，管理层仍在纠正系统缺陷并更正错误，我们也无法实施替代审计程序，以对截至 2016 年 12 月 31 日的应收账款总额×元获取充分、适当的审计证据。因此，我们无法确定是否有必要对存货、应收账款以及财务报表其他项目作出调整，也无法确定应调整的金额。

四、审计意见

由于"三、导致无法表示意见的事项"中所述事项的重要性，我们无法获取充分、适当的审计证据以为发表审计意见提供基础，因此，我们不对 ABC 公司财务报表发表审计意见。

衡信会计师事务所   中国注册会计师：王豪

(盖章)   (签名并盖章)

中国注册会计师：李明

(签名并盖章)

中国北京市   二〇一七年二月二十七日

课堂实训

【实训操作内容】编制恰当意见类型的审计报告。

【实训操作要求】掌握非标准审计报告的具体类型，并学会编制非标准审计报告。

【实训资料】衡信会计师事务所接受宏达股份有限公司的委托，对该公司 2016 年度的财务报表进行审查。注册会计师王豪和李明进驻该公司后，发现因几天的连续暴雨，该公司遭受严重的水灾，办公室进水，许多手工记账的会计账簿受损。该公司账簿记录部分手工处理，部分计算机处理，但主要还是依赖手工处理。由于保护得当，计算机处理的账簿记录未受损，王豪和李明试图根据计算机资料重建 2016 年度的账户系统，但由于缺少重要的数据而难以全面恢复当初的会计记录。

【实训要求】

(1) 王豪和李明应编制哪一种类型的审计报告？请说明理由。

(2) 请代为编制一份恰当的审计报告。

能 力 训 练

一、判断题(正确打√，错误打×)

1. 无保留意见的审计报告意味着注册会计师通过实施审计工作认为被审计单位财务报表的编制符合合法性和公允性的要求，合理保证财务报表不存在重大错报。　　（　　）

2. 注册会计师承办业务，由其所在的会计师事务所统一受理并与委托人签订委托合同。因此，审计报告除了应由注册会计师签名并盖章外，还应载明会计师事务所的名称和地址，并加盖会计师事务所公章。　　（　　）

3. 在审计报告日期早于管理层签署已审计财务报表日期时，注册会计师应当获取自管理层书面声明日到审计报告日期之间的进一步审计证据，如补充的管理层书面声明。　　（　　）

4. 无保留意见的审计报告意味着注册会计师通过实施审计工作认为被审计单位财务报表的编制不存在错报。　　（　　）

5. 注册会计师在审计意见段之前增加说明段，用来说明发表保留意见、否定意见和无法表示意见的理由；而在意见段之后增加强调事项段，只是增加审计报告的信息含量，提高审计报告的有用性，不影响发表的审计意见。　　（　　）

6. 对财务报表审计过程中注意到的内部控制重大缺陷，注册会计师应在审计报告意见段之后增加说明段予以说明。　　（　　）

7. 在实务中，注册会计师在正式签署审计报告前，通常应将审计报告草稿和已审计财务报表草稿一同提交给管理层。如果管理层批准并签署已审计财务报表，注册会计师即可签署审计报告。　　（　　）

8. 当存在可能对财务报表产生重大影响的不确定事项、但不影响已发表的意见时，注册会计师应当考虑在审计报告的意见段之后增加强调事项段对此予以说明。　　（　　）

9. 根据获取的审计证据，得出财务报表整体存在重大错报的结论，但不具有广泛性，注册会计师应当在审计报告中发表保留意见。　　（　　）

10. 如果无法获取充分、适当的审计证据以作为形成审计意见的基础，但认为未发现的错报对财务报表可能产生的影响重大且具有广泛性，注册会计师应当发表否定意见。　　（　　）

二、单项选择题

1. 审计意见的基本类型包括无保留意见和非无保留意见，非无保留意见不包括（　　）。

    A. 带强调事项段的无保留意见　　　　B. 保留意见

    C. 否定意见　　　　　　　　　　　　D. 无法表示意见

2. 当出具非无保留意见的审计报告时，注册会计师应当在注册会计师的责任段之后、审计意见段之前增加说明段，清楚地说明导致所表示意见或无法表示意见的所有原因,并在可能情况下,指出其对(　　　)的影响程度。

  A. 审计报告 B. 财务报表 C. 审计意见 D. 财务信息

3. 由于无法获取充分、适当的审计证据以作为形成审计意见的基础,但认为未发现的错报(如存在)对财务报表可能产生的影响重大且具有广泛性,注册会计师应当(　　　)。

  A. 拒绝接受委托   B. 拒绝提供审计报告

  C. 出具无法表示意见的审计报告 D. 出具否定意见的审计报告

4. 注册会计师出具无保留意见的审计报告,如果认为必要,可以在(　　　)增加强调事项段,对重大事项加以说明。

  A. 引言段之后 B. 意见段之后 C. 意见段之前 D. 审计报告附注中

5. 如果被审计单位限制注册会计师监盘构成总资产 50%的存货,尽管对财务报表的其他项目都取得了满意的证据,但无法对存货运用替代审计程序,则注册会计师应出具(　　　)审计报告。

  A. 标准   B. 带强调事项段的无保留意见

  C. 保留意见   D. 无法表示意见

6. 当被审计单位存在会计估计的作出不恰当但所涉金额不大,远远低于重要性水平时,注册会计师对该报表应出具审计报告的意见类型是(　　　)。

  A. 保留意见   B. 否定意见

  C. 无保留意见   D. 无保留意见加强调事项段

7. 以下事项中,(　　　)既可能导致注册会计师出具保留意见,又可能导致否定意见,但一般不导致无法表示意见。

  A. 审计范围受到客观条件的限制

  B. 被审计单位的律师拒绝对注册会计师的询问作必要的答复

  C. 管理层拒绝提供注册会计师认为必要的书面声明

  D. 被审计单位对重大事项的处理不符合《企业会计准则》的规定,并拒绝调整

8. 下列(　　　)情况属于由被审计管理层造成的无法获取充分适当的审计证据。

  A. 外国子公司的存货,无法监盘

  B. 截至资产负债表日处于公海的远洋捕捞船队的捕鱼量,无法监盘

  C. 管理层不允许注册会计师观察存货盘点

  D. 被审计单位的部分会计资料被洪水冲走,无法检查

9. 下列情况中,注册会计师应出具带有强调事项段无保留意见审计报告的是(　　　)。

  A. 资产负债表日的一项未决诉讼,律师认为胜负难料,一旦败诉对企业将产生重大影响,被审计单位已在会计报表附注中进行了披露

  B. 资产负债表日的一项未决诉讼,律师认为胜负难料,一旦败诉对企业将产生重大影响,被审计单位拒绝在会计报表附注中进行披露

  C. 审计年度中转入不需用设备一台,未计提折旧金额为 5 万元(累计折旧重要性水平为10 万元)被审计单位未予调整

  D. 被审计单位将按正常市价出售给子公司商品全部确认为当期收入,已在会计

报表附注中作为关联方交易予以披露

10. 注册会计师认定被审计单位连续出现巨额营业亏损时，下列观点中，(   )不正确。

    A. 若被审计单位拒绝披露，应出具保留意见或否定意见

    B. 应提请被审计单位在财务报表附注中予以充分披露

    C. 若被审计单位充分披露，则应在意见段后增加强调事项段予以说明

    D. 无论被审计单位是否作了披露，都不在审计报告中提及

三、多项选择题

1. 如果注册会计师是首次接受委托，按照规定对存货实施了一定的审计程序，仍不能获得有关期末存货余额充分、适当的审计证据，应出具的审计意见有(   )。

    A. 无保留意见   B. 保留意见   C. 否定意见   D. 无法表示意见

2. 发现以下情况，注册会计师可以出具保留意见审计报告(   )。

    A. 审计范围受到重要局部限制，无法取得必要的审计证据

    B. 财务报表严重歪曲被审计单位财务状况、经营成果和资金变动情况，被审计单位拒绝调整

    C. 个别重要会计处理方法的选用不符合一贯性原则

    D. 审计范围受到严重限制，无法对会计报表整体发表审计意见

3. 下列有关审计报告的说法中正确的有(   )。

    A. 如果认为管理层选用的其他编制基础是适当的，且财务报表已作出充分披露，注册会计师可以出具无保留意见的审计报告，但无须增加强调事项段

    B. 当以前针对上期财务报表出具的审计报告为非无保留意见的审计报告时，如果导致非无保留意见的事项虽已解决，但对本期仍重要，注册会计师可在审计报告中增加强调事项段提及这一情况

    C. 注册会计师出具非无保留意见的审计报告时往往是由于注册会计师与管理层产生了分歧或者审计范围受到了限制

    D. 如果因审计范围受到重大限制，那么注册会计师可以出具保留意见或否定意见的审计报告

4. 注册会计师与管理层在会计政策选用方面的分歧，主要体现在以下方面(   )。

    A. 管理层选用的会计政策不符合适用的会计准则和相关会计制度的规定

    B. 管理层选用的会计政策不符合具体情况的需要

    C. 管理层选用了不适当的会计政策，导致财务报表在所有重大方面未能公允反映被审计单位的财务状况、经营成果和现金流量

    D. 管理层选用的会计政策没有按照适用的会计准则和相关会计制度的要求得到一贯运用，即没有一贯地运用于不同期间相同的或者相似的交易和事项

5. 审计报告的引言段应当包括下列内容(   )。

    A. 指出构成整套财务报表的每张财务报表的名称

    B. 提及财务报表附注

C. 指明财务报表公允反映了财务状况、经营成果和现金流量

D. 指明财务报表的日期和涵盖的期间

6. 管理层对财务报表的责任段应当说明按照适用的会计准则和相关会计制度的规定编制财务报表是管理层的责任，这种责任包括(　　)。

A. 设计、实施和维护与财务报表编制相关的内部控制，以使财务报表不存在由于舞弊或错误而导致的重大错报

B. 确定财务报表真实反映了经济活动内容

C. 选择和运用恰当的会计政策

D. 作出合理的会计估计

7. 注册会计师的责任段应当说明下列内容(　　)。

A. 注册会计师的责任是在执行审计工作的基础上对财务报表发表审计意见

B. 审计工作涉及实施审计程序，以获取有关财务报表金额和披露的审计证据

C. 注册会计师相信已获取的审计证据是充分、适当的，为其发表审计意见提供了基础

D. 注册会计师审计的目的应当包括对内部控制的有效性发表意见

8. 注册会计师在确定审计报告日期时，应当考虑(　　)。

A. 应当实施的审计程序已经完成

B. 应当提请被审计单位调整的事项已经提出，被审计单位已经作出调整或拒绝作出调整

C. 管理层已经正式签署财务报表

D. 该会计师事务所内部控制已经审核

9. 注册会计师在评价财务报表的公允性时，应当考虑下列内容(　　)。

A. 经管理层调整后的财务报表是否与注册会计师对被审计单位及其环境的了解一致

B. 财务报表的列报、结构和内容是否合理

C. 财务报表是否真实地反映了交易和事项的经济实质

D. 财务报表使用者是否确认不存在重大错报

10. 下列情况中，注册会计师可能发表保留意见或无法表示意见的有(　　)。

A. 因审计范围受到被审计单位限制，注册会计师无法就可能存在的对财务报表产生重大影响的错误与舞弊，获取充分、适当的审计证据

B. 因审计范围受到被审计单位限制，注册会计师无法就对财务报表可能产生重大影响的违反或可能违反法律法规的行为，获取充分适当的审计证据

C. 由于被审计单位存货的性质和位置特殊而无法实施存货监盘

D. 被审计单位管理当局拒绝就对财务报表具有重大影响的事项，提供必要的书面声明，或拒绝就重要的口头声明予以书面确认

四、综合分析题

(一)资料:

1. A 公司拥有自购置之日起就大幅度增值的房屋一栋。资产负债表中将该房屋以现行评估价表示，并已充分披露，该公司深信资产负债表中所列房屋估价较为合理。

2. B 公司为非银行金融公司，该公司遵照政府有关部门的规定编制会计报表，但某些项目严重背离企业会计准则。这些项目所涉及的金额不大，而且在会计报表的附注中作了充分披露。

3. C 公司对各子公司都拥有股票投资。已查明，各项投资均以原始成本入账，但难以审核各子公司，以查明资产负债表中长期投资数额的真实性。

4. D 公司正作为某诉讼案件的被告，一旦败诉，将用公司的部分资产赔偿，公司已在会计报表附注中作了说明。

【要求】请分别就上述四种情况，指出注册会计师杨敏应出具何种审计意见类型的审计报告，并简要说明理由。

(二)衡信会计师事务所于 2016 年 12 月 30 日接受了东方股份有限公司的审计委托，该公司注册资本为 2000 万元，审计前财务报表的资产总额为 5000 万元。衡信会计师事务所委派该所注册会计师王豪和李明共同承担东方公司的审计业务。他们在计划阶段确定的重要性水平为 90 万元，而在完成阶段确定的重要性水平为 100 万元。注册会计师王豪和李明于 2017 年 2 月 15 日完成了对东方股份有限公司 2016 年度的财务报表进行审查。注册会计师王豪和李明在复核工作底稿时，发现以下需要考虑的事项:

1. 由于该公司一幢建于 1991 年、原值 200 万元、预计使用年限为 50 年、已提折旧 136 万元的办公大楼因为未经核实的原因出现裂缝，经过专家鉴定后将预计使用年限改为 40 年，决定从 2016 年起改变年折旧率，该公司同意在 2016 年年末报表中作相应披露。

2. 该公司在国外一家联营企业内据称有 675000 元的长期投资，投资收益为 365000 元，这些金额已列入 2015 年的净收益中，但王豪和李明未能取得上面所述的联营企业经审计的财务报表。受公司记录性质的限制，也未能采取其他审计程序查明此项长期投资和投资收益的金额是否属实。

3. 该公司全部存货占资产总额的 50%以上，放置于邻近单位仓库内。由于此仓库倒塌尚未清理完毕，不仅无法估计损失，也无法实施监盘程序。

4. 由于存货使用受到仓库倒塌的限制，正常业务受到严重影响，可能影响即将到期的 100 万元债务。

5. 2016 年 11 月间，该公司被控侵犯专利权，对方要求收取专利权费并收取罚款，公司已提出辩护，此案正在审理之中，最终结果无法确定。

6. 由于财务困难，公司没有预付下年度的 15 万元广告费。

【要求】(1) 逐一分析上述 6 种情况，分别对每种情况指出应出具的审计报告类型，并简要说明理由。将答案填入下列表格中。

标　号	审计报告类型	简明原因
(1)		
(2)		
(3)		
(4)		
(5)		
(6)		

(2) 仅考虑情况1和5，代王豪和李明草拟一份审计报告，请省略责任段。

五、思考题

1. 简述审计意见的类型。

2. 审计报告的构成要素有哪些？

3. 简要说明出具各类审计报告的格式。

参 考 文 献

[1] 中国注册会计师协会. 中国注册会计师执业准则(2017)[M]. 北京：中国财政经济出版社，2017.

[2] 秦荣生，卢春泉. 审计学[M]. 北京：中国人民大学出版社，2017.

[3] 本书编写组. 中华人民共和国现行审计法规与审计准则及政策解读[M]. 上海：立信会计出版社，2018.

[4] 李晓慧. 审计学实务与案例[M]. 北京：中国人民大学出版社，2017.

[5] 余浩，黎向华. 审计基础[M]. 武汉：华中科技大学出版社，2016.

[6] 彭新媛. 审计基础与实务[M]. 北京：清华大学出版社，2015.

[7] 周慧玲. 审计基础与实务[M]. 北京：机械工业出版社，2014.

[8] 苗美华，孙宗彬. 审计基础[M]. 北京：人民邮电出版社，2016.

[9] 李雪. 审计学原理[M]. 上海：立信会计出版社，2014.

[10] 李雪. 审计学原理学习指导书[M]. 上海：立信会计出版社，2017.

[11] 张庆龙. 内部审计学[M]. 北京：中国人民大学出版社，2017.

[12] 高翠莲. 基础审计与实务[M]. 北京：高等教育出版社，2014.

[13] 李莎. 审计基础与实务[M]. 北京：高等教育出版社，2017.

[14] 中国注册会计师协会. 审计[M]. 北京：中国财政经济出版社，2018.

[15] 中华人民共和国财政部. 企业会计准则(2018 年版)[M]. 上海：立信会计出版社，2018.

[16] 李凤鸣. 审计学原理[M]. 上海：复旦大学出版社，2014.

[17] 李凤鸣. 审计与内部控制系列：内部控制设计与评价[M]. 上海：复旦大学出版社，2015.

[18] 李晓慧. 审计学：原理与案例[M]. 北京：中国人民大学出版社，2015.

[19] 杜方，王保军，姜泽清. 审计原理与实务[M]. 北京：中国经济出版社，2017.

[20] 李代俊. 审计实务[M]. 北京：中国财政经济出版社，2015.

[21] 盛永志，唐秋玲. 企业内部控制审计[M]. 2 版. 北京：清华大学出版社，2017.

[22] 陈继红. 审计基础[M]. 北京：中国书籍出版社，2015.

[23] 蔺宁，邵华标. 审计基础与实务[M]. 北京：中国人民大学出版社，2016.

[24] 梁慧媛，叶江虹. 审计基础模拟实训[M]. 北京：中国人民大学出版社，2017.

[25] 李雪. 审计基础与实务[M]. 上海：立信会计出版社，2017.

[26] 陈力生，肖伟根. 审计基础与实务[M]. 上海：立信会计出版社，2016.